HIPNOSIS DE PÉRDIDA DE PESO RÁPIDA Y EXTREMA:

Impresionante Guía Que Deje De Comer Emocionalmente Y Supere La Ansiedad Mediante La Banda Gástrica . ¡Aumente Su Autoestima Con La Meditación!

Robert Williams

<u>Este Libro Incluye</u>

Libro 1:

Hipnosis de Pérdida de Peso Rápida y Extrema

Potentes Mini Hábitos para Detener la Alimentación Emocional, Activar la Quema de Grasa, Crear un Control Perfecto de las Porciones Sin Esfuerzo y Aumentar su Autoestima

Libro 2:

Hipnosis de Pérdida de Peso Rápida y Extrema para Mujeres

Método Innovador para Crear Resultados Usando Mini Hábitos, Quemar Grasa, Parar con Azúcar, Banda Gástrica Hipnótica y mucho más!

Hipnosis de Pérdida de Peso Rápida y Extrema

Índice de Contenidos

INTRODUCCIÓN **18**

¿PARA QUÉ ES LA AUTO HIPNOSIS? 18

¿CÓMO REALIZAS LA AUTO HIPNOSIS? 20

EL MÉTODO BETTY ERICKSON 20

¿CÓMO LO PRACTICAS? 20

CAPÍTULO 1: BENEFICIOS DE LA HIPNOSIS **22**

USO DE LA HIPNOSIS PARA ALENTAR CAMBIOS SALUDABLES EN EL ESTILO DE VIDA 22

LOS BENEFICIOS DE LA HIPNOTERAPIA PARA LA PÉRDIDA DE PESO........ 23

HIPNOTERAPIA CLÍNICA 24

HIPNOTERAPIA PARA HACER TU MISMO.. 25

CAPÍTULO 2: BANDA GÁSTRICA CON HIPNOSIS..................... **28**

CÓMO FUNCIONA LA HIPNOTERAPIA DE BANDA GÁSTRICA................ 31

CAPÍTULO 3: CÓMO FUNCIONA LA HIPNOSIS **34**

ENTENDIENDO LA HIPNOSIS 34

¿CÓMO FUNCIONA LA HIPNOSIS? 36

¿QUÉ LE SUCEDE AL CEREBRO DURANTE UNA SESIÓN DE HIPNOSIS? 37

CAPÍTULO 4: LA HIPNOSIS Y LA PÉRDIDA DE PESO **38**

TE AYUDA A EVITAR EL COMER EN EXCESO..................................... 38

ENCUENTRAS OTRAS FORMAS DE REDUCIR EL ESTRÉS 39

PERMITE HACER FRENTE A TRASTORNOS ALIMENTICIOS 39

CAPÍTULO 5: RIESGOS DE LA HIPNOSIS DE PÉRDIDA DE PESO RÁPIDA **42**

CAPÍTULO 6: LA HIPNOTERAPIA PARA PERDER PESO **48**

LA HIPNOSIS PARA AYUDAR CON EL SOBREPESO............................ 49

PÉRDIDA DE PESO DURADERA CON LA HIPNOSIS........................... 50

CAPÍTULO 7: MEDITACIÓN Y LA PÉRDIDA DE PESO **52**

CAPÍTULO 8: ESTRATEGIAS PARA LA PÉRDIDA DE PESO CON HIPNOSIS...........58

MANTENER FORTALEZA MENTAL.. 58
CONECTE SU MENTE Y SU CUERPO A LO LARGO DEL TIEMPO 58
TOME TIEMPO PARA ESCUCHAR AL CUERPO Y CONECTARLO A LA MENTE 59
MANEJO DE COMIDAS SOCIALES.. 60

CAPÍTULO 9: CREANDO TU MENTALIDAD SALUDABLE 62

AFIRMACIONES POSITIVAS PARA LA REDUCCIÓN DE ESTRÉS................................ 65
¿CÓMO FUNCIONAN LAS AFIRMACIONES POSITIVAS?....................................... 66
¿CÓMO PUEDE HACER QUE LAS AFIRMACIONES POSITIVAS TRABAJEN MEJOR PARA USTED?
.... 67
AFIRMACIONES POSITIVAS PARA LIBERAR ESTRÉS... 68

CAPÍTULO 10: CÓMO MANTENER HÁBITOS ALIMENTICIOS EN TU VIDA.........70

NO OLVIDES POR LO QUE HAS LUCHADO.. 71
MANTENTE ACTIVO 73

CAPÍTULO 11: CÓMO USAR LA HIPNOSIS PARA CAMBIAR LOS HÁBITOS ALIMENTICIOS..76

EXPLORAR TU RELACIÓN CON LA COMIDA UTILIZANDO EL MINDFULNESS....................... 77
¿CÓMO TE HACE SENTIR TU COMIDA? 77
SIGUE EL VÍNCULO ENTRE LA COMIDA Y LOS SENTIMIENTOS.............................. 78
EXPERIMENTAR CON DIFERENTES COMBINACIONES DE ALIMENTOS 78
COMER PARA LLENAR UN VACÍO VS COMER PARA MEJORAR SU BIENESTAR 79
8 HÁBITOS CONSCIENTES QUE PRACTICAS TODOS LOS DÍAS 80
1. SENTARSE EN LA MAÑANA.. 80
2. COMER CONSCIENTEMENTE 81
3. PASE TIEMPO AL AIRE LIBRE.. 81
4. MEDITE 81
5. ENFÓQUESE EN UNA TAREA A LA VEZ... 82
6. SENTIR LOS SENTIMIENTOS 82
7. CREAR ALGO.. 82
8. INVOLÚCRESE EN ACTIVIDADES FÍSICAS QUE LE APASIONEN.......................... 82

CAPÍTULO 12: USAR LA HIPNOSIS PARA CAMBIAR LOS HÁBITOS ALIMENTICIOS 84

PRESTA ATENCIÓN A TUS HÁBITOS 84
PREPÁRATE PARA EL ÉXITO 87

CAPÍTULO 13: QUÉ ES LA ALIMENTACIÓN EMOCIONAL..................................90

EMOCIONES DE PRESIÓN; IRA, FRUSTRACIÓN, O RESENTIMIENTO 91

CAPÍTULO 14: CAUSAS DE ALIMENTACIÓN EMOCIONAL................................**94**

¿QUIÉN PUEDE PROBAR LA HIPNOSIS? 95
¿SE PUEDE CONTROLAR EL PESO CON LA HIPNOTERAPIA? 95
EL ESTRESANTE CICLO DE ALIMENTACIÓN EMOCIONAL..............................97

CAPÍTULO 15: ESTRATEGIAS PARA MANTENER UNA RELACIÓN SALUDABLE CON LA COMIDA **100**

HACER DIETA 101
ABORDANDO BARRERAS PARA LA PÉRDIDA DE PESO 101
ESTABLECER METAS REALISTAS..102
SIEMPRE SEA RESPONSABLE 102
MODIFICA TU MENTALIDAD...103
MANEJE EL ESTRÉS REGULARMENTE 103
EDÚQUESE SOBRE LA PÉRDIDA DE PESO...103
RODÉESE CON UN SISTEMA DE APOYO...104

CAPÍTULO 16: TÉCNICAS Y ESTRATEGIAS DE EJERCICIO DEL MINDFULNESS .. **106**

DESPIERTE TEMPRANO...106
MEDITA 107
EJERCÍTESE 107
COMER SALUDABLE 107
LEA Y ESCRIBA 108
ESTABLEZCA METAS 108
PERSEVERANCIA..109
PENSAMIENTO POSITIVO 109
DESARROLLE HABILIDADES DE ADMINISTRACIÓN FINANCIERA 109
CULTIVE HABILIDADES SOCIALES 110

CAPÍTULO 17: UTILIZAR AFIRMACIONES POSITIVAS PARA PERDER PESO **112**

¿QUÉ SON LAS AFIRMACIONES? 112
LOS BENEFICIOS DE LAS AFIRMACIONES POSITIVAS 113
CÓMO FUNCIONAN LAS AFIRMACIONES POSITIVAS 114
MEDITACIÓN GUIADA Y LAS AFIRMACIONES 115
CÓMO PREPARARSE PARA USAR AFIRMACIONES POSITIVAS PARA PERDER DE PESO.........115

CAPÍTULO 18: HERRAMIENTAS PARA UN COMPORTAMIENTO COGNITIVO DELGADO..**118**

AYUDAS PARA EL MINDFULNESS...119
HERRAMIENTAS PARA IDENTIFICAR LAS VERDADERAS NECESIDADES Y RESPONDER A LO QUE NECESITA ATENCIÓN 120

CAPÍTULO 19: CÓMO REDUCIR LA INGESTA DIARIA DE CALORÍAS PARA BAJAR DE PESO 124

¿Son Terribles Mis Calorías? 125
Instrucciones Paso a Paso para Contar Calorías 125
Cómo Reducir Tu Ingesta de Calorías para Perder Peso 126
Más Tips para Asistirlo en el Control Calórico 128
Métodos Efectivos para Quemar Calorías 128

CAPÍTULO 20: CREAR PLANES ALIMENTICIOS PARA LOGRARLO 132

¿Cuál es el Mejor Enfoque Dietético para una Pérdida de Peso Saludable? 133
Manteniendo el Peso 134
Obstáculos en la Pérdida de Peso 135

CAPÍTULO 21: MINI HÁBITOS 140

Meditación para Hábitos Más Saludables 140

CAPÍTULO 22: DETENER LA PROCRASTINACIÓN 144

CAPÍTULO 23: PASOS PRÁCTICOS PARA DETENER EL TRASTORNO ALIMENTICIO EMOCIONAL 150

Manejar el Estrés 150
Planifique Comer Tres Comidas al Día 151
Disfrute Snacks Saludables 152
Establezca Patrones Alimenticios Saludables y Estables 152
Evite la Tentación 153
Ejercítese 153
Lidiar con el Aburrimiento y Evitar el "No" 154

CAPÍTULO 24: GUÍA PASO A PASO PARA DETENER EL COMER EN EXCESO 156

Cambie Sus Hábitos Alimenticios 156
Intente No Castigarse a Si Mismo 157
¿Cómo Será la Sesión de Hipnoterapia? 157
La Importancia de Establecer Metas 158
Visualice el Éxito 159
El Método Más Efectivo para Comer la Cantidad Exacta de Comida 159
Digestión 160

CAPÍTULO 25: CÓMO MANTENER HÁBITOS ALIMENTICIOS CONSCIENTES EN SU VIDA 162

Establezca Metas Alcanzables 162
Prepárate para el Nuevo Tú 163

Intente de No Ceder a la Culpa..163
La Historia de Kevin: Ver el Precio Oculto de los Alimentos No Saludables 163
Porcionando Su Comida 165

CAPÍTULO 26: CÓMO EVITAR SALIRSE DEL CAMINO.........................170

Mantenga Sus Emociones Bajo Control 170
Practique el Desapego 171
Acepte Lo Que Está Más Allá de Su Control.....................................171
Siempre Esté Preparado 172
Tómese el Tiempo para Aceptar el Éxito...173
Sea Feliz con Lo Que Tiene..174
Sea Feliz Con Quién Es 174

CAPÍTULO 27: TÉCNICAS DE RELAJACIÓN 176

Entrenamiento Autógeno 177
Ejercicios Básicos de Entrenamiento Autógeno 179
Posiciones Recomendadas..180
Acostarse...180
En El Sillón 180
Posición del Cochero...181
Otras Sugerencias 181

CONCLUSIÓN 184

Hipnosis de Pérdida de Peso Rápida y Extrema para Mujeres

Índice de Contenidos

INTRODUCCIÓN 190

CAPÍTULO 1: EL SECRETO PARA UNA PÉRDIDA DE PESO DURADERA 192

    LA HIPNOSIS Y LA PÉRDIDA DE PESO 192

    CÓMO LA HIPNOSIS PUEDE AYUDAR EN LA PÉRDIDA DE PESO Y ELIMINAR MALOS HÁBITOS
    ALIMENTICIOS 193

    CÓMO PUEDE GARANTIZAR RESULTADOS DURADEROS............................... 194

    LOS PASOS A SEGUIR PARA PERDER PESO CON LA HIPNOSIS 195

CAPÍTULO 2: CÓMO PUEDES HACKEAR TU MENTE PARA DEJAR DE ANHELAR EL
AZÚCAR 200

CAPÍTULO 3: CÓMO SUPERAR LOS ATRACONES DE COMIDA Y CAMBIAR LA
FORMA EN QUE MIRAS LA COMIDA 202

    ¿QUÉ ES LA ADICCIÓN A LA COMIDA?... 202

    ¿QUÉ CAUSA LA ADICCIÓN A LA COMIDA?.. 203

    RESULTADOS DE LA ADICCIÓN A LA COMIDA 204

    HIPNOTERAPIA PARA EL ABUSO DE ALIMENTOS...................................... 205

    ¿CÓMO CONSIGO UN HIPNOTERAPEUTA? 206

    HIPNOSIS POR ATRACONES: SUPERAR LAS ADICCIONES A LA COMIDA CON HIPNOTERAPIA. 206

    CÓMO NUESTROS SENTIMIENTOS FORTALECEN LOS ATRACONES DE COMIDA 209

CAPÍTULO 4: LA MOTIVACIÓN Y LA AUTO CONFIANZA QUE LO AYUDARÁN A
COMENZAR SU TRAVESÍA DE PÉRDIDA DE PESO 210

CAPÍTULO 5: ¿POR QUÉ ES DIFÍCIL PERDER PESO? 214

    ¿POR QUÉ ES TAN DIFÍCIL CAMBIAR TUS HÁBITOS ALIMENTICIOS? 214

    PORQUE LAS DIETAS A VECES NO FUNCIONAN....................................... 216

    CÓMO LA MENTE AFECTA LA GANANCIA O LA PÉRDIDA DE PESO 216

    CÓMO REPROGRAMAR NUESTRA MENTE PARA PERDER PESO 217

CAPÍTULO 6: DETENER LA ALIMENTACIÓN EMOCIONAL 218

    MANEJAR EL ESTRÉS.. 218

Planifique Comer Tres Comidas al Día 219
Disfrute Snacks Saludables 220
Establezca Patrones Alimenticios Saludables y Estables 220
Evite la Tentación 220
Ejercítese 221
Lidiar con el Aburrimiento y Evitar el "No" 222

CAPÍTULO 7: COMER SALUDABLE 224

Te Ayuda a Evitar el Comer en Exceso 224
Encuentras Otras Formas de Reducir el Estrés 225
Permite Hacer Frente a Trastornos Alimenticios 225

CAPÍTULO 8: COMER LOS ALIMENTOS CORRECTOS SE VUELVE AUTOMÁTICO 228

Los Beneficios de una Alimentación Consciente 230

CAPÍTULO 9: HACER DIETA NO CAMBIA TUS HÁBITOS 232

Explorar tu Relación con la Comida Utilizando el Mindfulness 233
¿Cómo Te Hace Sentir Tu Comida? 233
Sigue el Vínculo Entre la Comida y los Sentimientos 233
Experimentar con Diferentes Combinaciones de Alimentos 234
Comer para Llenar un Vacío vs Comer para Mejorar su Bienestar .. 235
8 Hábitos Conscientes que Practicas Todos Los Días 236

CAPÍTULO 10: CÓMO REEMPLAZAR TUS HÁBITOS Y PATRONES ALIMENTICIOS NEGATIVOS POR UNOS POSITIVOS 240

No Eliminas un Mal Hábito, lo Sustituyes 240
Cómo Interrumpir una Mala Práctica 241

CAPÍTULO 11: ¡NO TIENES QUE HACER NINGÚN EJERCICIO! 244

Modificar tu Dieta para la Pérdida de Peso 244
Mantener tu Peso Perdido 246
Dormir lo Suficiente para la Pérdida de Peso 247
Hacer Cambios en el Estilo de Vida para Perder Peso 249

CAPÍTULO 12: ¡NO HAY DIETAS ESTRICTAS! 250

Amarte a Ti Misma y a Tu Cuerpo con un Nuevo Enfoque Sobre la Comida 252
Vive Una Vida Saludable y Serena 253

CAPITULO 13: ¡NO TENDRÁS QUE RENUNCIAR A TUS ALIMENTOS FAVORITOS NI PASAR HAMBRE! 256

El Azúcar y Sus Alimentos Sustitutos 256
Escoger Tu Comida Sabiamente 258

ALIMENTACIÓN CONSCIENTE 258
QUÉ HACER CON LOS ANTOJOS... 258
MANEJO DE LAS RESISTENCIAS PARA PERDER PESO.................................... 259
CREANDO UN TIPO DE VIDA SUPERIOR 260
MOVER TU CUERPO 260

CAPÍTULO 14: ¡NO HAY MEDICAMENTOS PELIGROSOS QUE TOMAR! 262

AYUDAS PARA EL MINDFULNESS... 263
HERRAMIENTAS PARA IDENTIFICAR LAS VERDADERAS NECESIDADES Y RESPONDER A LO QUE
NECESITA ATENCIÓN 264

CAPÍTULO 15: OLVIDA EL CONCEPTO DE 3 COMIDAS AL DÍA 268

**CAPÍTULO 16: CÓMO PRACTICAR LA ALIMENTACIÓN CONSCIENTE Y DISIPAR
LOS PENSAMIENTOS NEGATIVOS. 272**

¿QUÉ ES LA ALIMENTACIÓN CONSCIENTE? 273
VENTAJAS DE UNA ALIMENTACIÓN CONSCIENTE 273
EL MÉTODO MÁS EFICAZ PARA PRACTICAR LA ALIMENTACIÓN CONSCIENTE ... 274
CAMBIAR DE UNA ALIMENTACIÓN INCONSCIENTE A UNA CONSCIENTE 277
UTILIZAR EL MINDFULNESS PARA INVESTIGAR TU RELACIÓN CON LA COMIDA ... 278

CAPÍTULO 17: INGREDIENTES ESENCIALES PARA UNA MEJOR NUTRICIÓN 280

FRUTAS... 280
HUEVOS.. 280
CARNE ROJA Y BLANCA 281
NUECES Y SEMILLAS... 281
VEGETALES 282
AJO 282
CEREALES 282
PAN 283
LEGUMBRES 283
PRODUCTOS LÁCTEOS 283
GRASAS Y ACEITES.. 284
TUBÉRCULOS... 284
VINAGRE DE SIDRA DE MANZANA... 285
MARISCOS... 285
FRIJOLES 285
CHOCOLATE OSCURO... 285
BAYAS 286

CAPÍTULO 18: TRUCOS PARA QUEMAR GRASA 288

FORMAS NATURALES DE QUEMAR GRASA 288
QUEMAR GRASA.. 290

CAPÍTULO 19: OTRO ELEMENTO BÁSICO PARA TRIUNFAR CON LA PÉRDIDA DE PESO 294

COMER SALUDABLE 294
FUERA DE LA VISTA, FUERA DE LA MENTE 297
AGREGA FRUTAS Y VEGETALES A TUS PLATOS 297
HAZ UN COMPROMISO 298
CÁRGATE DE LÍQUIDOS 298
TOMAR UN SUPLEMENTO 299

CAPÍTULO 20: CÓMO FUNCIONA LA HIPNOTERAPIA DE BANDA GÁSTRICA ...300

CÓMO FUNCIONA LA HIPNOTERAPIA DE BANDA GÁSTRICA 303

CAPÍTULO 21: HIPNOTERAPIA PARA DIFERENTES TIPOS DE BANDA GÁSTRICA 306

CAPÍTULO 22: EL PODER DE LA AFIRMACIÓN 310

¿QUÉ SON AFIRMACIONES POSITIVAS? 310
AFIRMACIONES POSITIVAS Y CÓMO USARLAS................. 312
AFIRMACIONES POSITIVAS EN TIEMPOS MODERNOS 313
AFIRMACIONES POSITIVAS EN LA VIDA DIARIA................ 314
LAS AFIRMACIONES POSITIVAS SON SIGNIFICANTES 315
¿CUÁNTO SE NECESITA PARA LOGRAR BENEFICIOS? 316

CAPÍTULO 23: MEDITACIÓN GUIADA PARA LA PÉRDIDA DE PESO 318

CAPÍTULO 24: LA COMIDA ADECUADA QUE TE AYUDARÁ 326

FRUTAS Y VEGETALES 326
GRANOS SALUDABLES 328
PRODUCTOS LÁCTEOS.. 329
FUENTES DE PROTEÍNAS... 329
GRASAS SALUDABLES 330

CAPÍTULO 25: LAS VISUALIZACIONES Y EL PERDER PESO 332

LAS FASES DE LA VISUALIZACIÓN................................ 332
IMAGINACIÓN CREATIVA PARA PERDER PESO 333
CÓMO USAR LAS VISUALIZACIONES PARA PERDER PESO........ 334

CAPÍTULO 26: LA MEDITACIÓN Y EL PERDER PESO 338

MEDITACIÓN PARA PERDER PESO 338

CAPÍTULO 27: CAUSAS DEL AUMENTO DE PESO 340

DISPONIBILIDAD 340
SENTIMIENTOS.. 340
ABURRIMIENTO... 341

ESTRÉS Y ANSIEDAD..341
LIDIAR CON LAS EMOCIONES 341
POR CONFORT...341
POR COSTUMBRE...342
SOCIALIZACIÓN 342
CONDICIONAMIENTO INFANTIL 342
CANSADO Y PRIVADO...343
COMIDA POR TODAS PARTES 343
ANTOJOS...343

CAPÍTULO 28: PREGUNTAS FRECUENTES ACERCA LA HIPNOSIS 346

¿PUEDO USAR LA HIPNOSIS PARA PERDER PESO? 346
¿ES LA HIPNOSIS EFECTIVA PARA PERDER PESO?.........................346
¿ES LA HIPNOSIS PELIGROSA? 346
¿PUEDE LA HIPNOSIS CAMBIAR TU PERSONALIDAD?....................346
¿CÓMO PUEDO SABER SI ALGUIEN ESTÁ HIPNOTIZADO?...............347
¿CUÁNTO TARDA EN FUNCIONAR LA HIPNOSIS? 347
¿CUÁLES SON LOS EFECTOS NEGATIVOS DE LA HIPNOSIS?............347
¿CUÁL ES LA TASA DE ÉXITO DE LA HIPNOSIS? 347
¿FUNCIONA LA HIPNOSIS MIENTRAS DUERMO? 348
¿CUÁNTO PESO PUEDO PERDER CON LA HIPNOSIS? 348
¿LA MEDITACIÓN HACE QUE PIERDA PESO? 348
¿PUEDE SER INDUCIDO ALGUIEN A HACER LO QUE NO QUIERE? 348
¿EXISTE LA HIPNOSIS INSTANTÁNEA?..349
¿PUEDES HIPNOTIZAR A DISTANCIA? 349

CAPÍTULO 29: AUTO HIPNOSIS Y LA PÉRDIDA DE PESO 350

AUTO HIPNOSIS (QUÉ ES Y CÓMO FUNCIONA).............................350
CÓMO PREPARARSE PARA LA AUTO HIPNOSIS..............................351
TÉCNICAS DE AUTO HIPNOSIS (LA AUTO HIPNOSIS Y EL PODER DE LA SUGESTIÓN)...........352
CÓMO USAR ESTAS TÉCNICAS PARA MEJORAR LA VIDA 353
AUTO HIPNOSIS PARA LA PÉRDIDA DE PESO (BENEFICIOS, ESTUDIOS) 353

CONCLUSIÓN 358

Hipnosis de Pérdida de Peso Rápida y Extrema

Potentes Mini Hábitos para Detener la Alimentación Emocional, Activar la Quema de Grasa, Crear un Control Perfecto de las Porciones Sin Esfuerzo y Aumentar su Autoestima

Robert Williams

Introducción

La hipnosis de pérdida rápida de peso es un registro de hipnosis de nivel muy avanzado que está diseñado para ayudarlo a perder peso súper rápido, pero lo más importante es que no implica pasar hambre. Este sistema ha sido extremadamente eficaz para mí y para otros en el pasado. También está diseñado para ayudarlo a perder peso de una manera saludable y no dañina para que pueda mantener su estilo de vida de pérdida de peso a largo plazo.

Personalmente llegué a un peso muy poco saludable, que logré perder con este sistema. De ninguna manera podría haberlo hecho sin el ya que es uno muy poderoso. Ahora soy más del peso saludable que quería tener y ahora estoy usando la ropa que siempre quise usar. Mi vida ha cambiado por completo gracias a este método.

¿Para qué es la Auto Hipnosis?

Fue Milton H. Erickson, fundador de la hipnoterapia moderna, quien dio una ilustración exhaustiva de los efectos y propósitos de la hipnosis y la auto hipnosis. El académico afirmó que esta práctica tiene como objetivo comunicarse con el subconsciente de los sujetos mediante el uso de metáforas e historias llenas de significados simbólicos (Tyrrell, 2014).

Si se aplica incorrectamente, la auto hipnosis ciertamente no puede dañar, pero puede no ser útil para lograr los resultados deseados, con el riesgo de no sentirse motivado para continuar una relación constructiva con el inconsciente. Sin embargo, para hacerlo de la manera más eficiente posible, debemos estar en un estado mental relajado. Entonces, en consecuencia, comenzamos con la relajación para atraer la atención hacia el interior, mientras suspendemos el control consciente. Luego insertamos sugerencias y afirmaciones en la mente inconsciente. Al final del tiempo asignado para el proceso, un procedimiento de despertar gradual facilita el retorno al estado de conciencia permanente. Cuando está tranquilo, su subconsciente es un 20-25% más programable que cuando está agitado. Además, alivia eficazmente el estrés (puede reparar mucha información y estímulos que entiende), ayuda a la regeneración, energiza, desencadena cambios fisiológicos positivos, mejora la concentración, lo ayuda a encontrar soluciones y lo ayuda a tomar las decisiones correctas. Si se alcanza el estado de trance consciente, entonces si el paciente logra dejarse llevar concentrándose en las palabras del hipnotizador, olvidándose progresivamente de los estímulos externos, entonces los parámetros fisiológicos sufren variaciones considerables. La confirmación proviene de la ciencia, y de hecho, se encontró que durante la hipnosis, el hemisferio izquierdo, el racional, disminuye su actividad a favor del hemisferio más creativo, el derecho (Harris, n. d.). Puede realizar la auto hipnosis de manera más rápida e inmediata, incluso durante las diversas actividades diarias después de haber experimentado el estado que necesita alcanzar durante la hipnosis. Una mejor comprensión de la comunicación con la mente inconsciente resalta cuán indispensable es nuestra colaboración para adentrarnos hacia el estado fuera de la conciencia ordinaria. En otras palabras, entramos en un estado alterado de conciencia porque lo deseamos, y toda forma de hipnosis, incluso si es inducida por otra persona, es siempre auto hipnosis.

Deseamos acceder al extraordinario poder de la creatividad inconsciente; para ello entendemos que es necesario dejar de lado por un tiempo el control de la mente racional y dejarnos adentrar por completo en la relajación y en el mundo mágico del inconsciente donde todo es posible.

Se pueden obtener inmensos beneficios de una relación que se vuelve natural y habitual con el propio inconsciente. La auto hipnosis favorece el surgimiento de respuestas constructivas desde nuestro ser, puede permitirnos conocernos mejor a nosotros mismos, nos ayuda a ser más conscientes de nuestro potencial, y a ser más capaces de expresarlo y utilizarlo para fomentar nuestro éxito en todos los campos de aplicación posible.

¿Cómo realizas la Auto Hipnosis?

Existen varias técnicas de auto hipnosis; sin embargo, todos se basan en un concepto: centrarse en una sola idea, objeto, imagen o palabra. Esta es la llave que abre la puerta al trance. Puede lograr el enfoque de muchas maneras, razón por la cual hay tantas técnicas diferentes que se pueden aplicar. Después de un período de aprendizaje inicial, aquellos que han aprendido un método y lo han continuado practicando, se dan cuenta de que pueden saltarse ciertos pasos. En esta parte, veremos las técnicas esenciales de auto hipnosis.

El Método Betty Erickson

Aquí resumiré los puntos más prácticos de este método de Betty Erickson, esposa de Milton Erickson, el hipnotizador más famoso de 1900.

Elija algo que no le guste de usted mismo. Conviértalo en una imagen y luego conviértalo en una imagen positiva. Si no le gusta la forma de su cuerpo, tome una foto de su cuerpo, luego conviértala en una imagen de su hermoso yo con un cuerpo que le gustaría tener. Antes de inducir la auto hipnosis, date un límite de tiempo antes de hipnotizarte mentalmente o mejor aún, diciendo en voz alta la siguiente oración: "Induzco la auto hipnosis durante X minutos". Tu mente tomará el tiempo como un reloj suizo.

¿Cómo lo Practicas?

Toma tres objetos a tu alrededor, preferiblemente pequeños y brillantes, como un pomo de puerta, un punto de luz en un cuadro, etc., y fija tu atención en cada uno de ellos. Tome tres sonidos de su entorno, tráfico, ruido de la nevera, etc., y fije su atención en cada uno. Tome tres sensaciones que está sintiendo, la picazón en la nariz, hormigueo en la pierna, la sensación de pasar aire por la nariz, etc. Es mejor usar sensaciones inusuales, a las que no se suele llamar la atención, como la sensación del pie derecho dentro del zapato. No fijes tu atención por mucho tiempo, solo lo suficiente para hacerte consciente de lo que estás viendo, sintiendo o probando. La mente es rápida. Luego, de la misma forma, cambia a dos objetos, dos sonidos, dos sensaciones. Esté siempre tranquilo, mientras cambia a un objeto, un sonido, una sensación. Si ha hecho las cosas correctamente, está en trance, listo para el siguiente paso.

Ahora deja que tu mente divague, como lo hiciste en clase cuando el profesor habló y miraste por la ventana, y estabas en otro lugar, en otro tiempo, en otro espacio, en un lugar donde te hubiera gustado estar, así que olvídate por completo de todo lo demás. Ahora recuerda la imagen inicial. Quizás la mente divague, de vez en cuando se distraiga, quizás se vaya a la deriva, pero no importa. Tan pronto como pueda, tome la imagen inicial y comience a trabajar en ella. No hagas esfuerzos para intentar recordarte lo que significa o es. Su mente trabaja de acuerdo con asociaciones mentales, déjela trabajar de la mejor manera sin perturbarla innecesariamente: ella sabe lo que debe hacer. Manipule la imagen, juegue un poco con ella. Vea si se ve más brillante, o si es más pequeño o es más agradable. Si es una imagen en movimiento, envíela de un lado a otro en cámara lenta o acelere. Cuando la imagen inicial siempre empeora, reemplácela instantáneamente con la segunda imagen.

CAPÍTULO 1:

Beneficios de la Hipnosis

Uso de la Hipnosis para Alentar Cambios Saludables en el Estilo de Vida

Además de ayudarlo a alentarse a comer de manera más saludable mientras se desalienta a comer alimentos poco saludables, también puede usar la hipnosis para ayudar a alentar la realización de cambios saludables en su estilo de vida. Esto puede ayudarlo con todo, desde hacer ejercicio con más frecuencia hasta adquirir pasatiempos más activos que respalden su bienestar en general.

También puede usar esto para ayudarlo a eliminar pasatiempos o experiencias de su vida que, en primer lugar, pueden fomentar hábitos dietéticos poco saludables. Por ejemplo, si tiende a tener atracones de comida cuando está estresado, puede usar la hipnosis para ayudarlo a navegar el estrés de manera más efectiva, de modo que sea menos probable que coma en exceso cuando se sienta estresado. Si tiende a comer cuando se siente emocional o aburrido, también puede usar la hipnosis para ayudarlo a cambiar esos comportamientos.

La hipnosis se puede usar para cambiar prácticamente cualquier área de su vida que lo motive a comer de manera poco saludable, o descuidar el cuidado personal hasta el punto en que se esté saboteando para perder peso de manera saludable. Realmente es una práctica increíblemente versátil en la que puede confiar y que le ayudará a perder peso, así como a crear un estilo de vida más saludable en general. Con la hipnosis, hay innumerables formas en que puede mejorar la calidad de su vida, lo que la convierte en una práctica increíblemente útil en la que puede confiar.

Los Beneficios de la Hipnoterapia para la Pérdida de Peso

Es difícil identificar el mejor beneficio que se obtiene al usar la hipnosis como una forma de perder peso. La hipnosis es un hábito de pérdida de peso natural, duradero y profundamente impactante que puede utilizar para cambiar por completo la forma en que aborda la pérdida de peso y la comida en general, por el resto de su vida.

Con la hipnosis, no ingieres nada que haga que la hipnosis funcione. En cambio, simplemente está escuchando meditaciones de hipnosis guiadas que lo ayudan a transformar la forma en que funciona su mente subconsciente. A medida que cambie la forma en que funciona su mente subconsciente, en primer lugar, se encontrará sin antojos o impulsos alimentarios poco saludables. Esto significa que ya no tendrá que luchar contra sus deseos, hacer dietas yo-yo, "caer en la tentación" o experimentar ningún conflicto interno en torno a sus patrones de alimentación o sus ejercicios de pérdida de peso que lo están ayudando a perder peso. En cambio, comenzará a tener una mentalidad y una perspectiva completamente nuevas sobre la pérdida de peso que lo llevarán a tener más éxito en perder peso y mantenerlo para siempre.

Además de que la hipnosis en sí es eficaz, también puede combinar la hipnosis con cualquier otra estrategia de pérdida de peso que esté utilizando. Los cambios en los comportamientos dietéticos, las rutinas de ejercicio, cualquier medicamento que pueda estar tomando con el consejo de su médico y cualquier otra práctica de pérdida de peso en la que esté participando se pueden realizar de manera segura con hipnosis. Al incluir la hipnosis en sus rutinas de pérdida de peso existentes, puede mejorar su eficacia y aumentar rápidamente el éxito que experimenta en sus patrones de pérdida de peso.

Finalmente, la hipnosis puede ser beneficiosa para muchas cosas más allá de la pérdida de peso. Uno de los efectos secundarios que probablemente notará una vez que comience a usar la hipnosis para ayudar a cambiar su experiencia de pérdida de peso es que también experimentará un aumento en su confianza, autoestima y sentimientos generales de positividad. Muchas personas que utilizan la hipnosis con regularidad se sienten más positivas y de mejor humor en general. Esto significa que no solo perderá peso, sino que también se sentirá increíble y tendrá un estado de ánimo feliz y positivo.

Si puede permitirse someterse a una serie de sesiones de hipnoterapia con un especialista, puede hacerlo. Esto es ideal, ya que trabajará con un profesional que puede guiarlo a través del tratamiento y también le brindará valiosos consejos sobre nutrición y ejercicios.

Hipnoterapia Clínica

Cuando se reúne por primera vez con un terapeuta, comienza por explicarle el tipo de hipnoterapia que está usando. Luego, hablará sobre sus objetivos personales para que el terapeuta pueda comprender mejor sus motivaciones.

La sesión formal comenzará con su terapeuta, hablando con voz suave y relajante. Esto le ayudará a relajarse y sentirse seguro durante toda la terapia.

Una vez que su mente esté más receptiva, el terapeuta comenzará a sugerir formas que puedan ayudarlo a modificar sus hábitos de ejercicio o alimentación, así como otras formas de ayudarlo a alcanzar sus objetivos de pérdida de peso.

Las palabras específicas o la repetición de frases particulares pueden ayudarlo en esta etapa. El terapeuta también puede ayudarlo a visualizar la imagen corporal que desea, que es una técnica eficaz en hipnoterapia.

Para finalizar la sesión, el terapeuta te sacará de la fase hipnótica y comenzarás a estar más alerta. Sus objetivos personales influirán en la duración de las sesiones de hipnoterapia, así como en el número total de sesiones que pueda necesitar. La mayoría de las personas comienzan a ver resultados en tan solo dos o cuatro sesiones.

Hipnoterapia para Hacer Tu Mismo

Si no se siente cómodo trabajando con un hipnoterapeuta profesional o no puede pagar las sesiones, puede optar por realizar la auto hipnosis. Si bien esto no es tan efectivo como las sesiones con un profesional, aún puede probarlo y ver si puede ayudarlo con sus objetivos de pérdida de peso.

Estos son los pasos si desea practicar la auto hipnosis:

1. Crea en el poder del hipnotismo. Recuerde, este tratamiento alternativo requiere que la persona sea abierta y esté dispuesta. No funcionará para usted si su mente ya está en contra.
2. Busque una habitación cómoda y tranquila para practicar la hipnoterapia. Idealmente, debe encontrar un lugar que esté libre de ruido y donde nadie pueda molestarlo. Use ropa holgada y ponga música relajante para ayudar a crear el ambiente.
3. Encuentre un punto focal. Elija un objeto en una habitación en el que pueda concentrarse. Use su concentración en este objeto para que pueda comenzar a despejar su mente de todos los pensamientos.
4. Respire profundamente. Comience con cinco respiraciones profundas, inhalando por la nariz y exhalando por la boca.
5. Cierre los ojos. Piense en que sus párpados se vuelven pesados y déjelos cerrarse lentamente.
6. Imagina que todo el estrés y tensión salen de tu cuerpo. Deje que esta sensación baje desde su cabeza, sus hombros, su pecho, sus brazos, su estómago, sus piernas y finalmente sus pies.
7. Aclare su mente. Cuando esté relajado, su cuenta debe ser clara y puede iniciar el proceso de auto hipnotismo.
8. Visualiza un péndulo. En tu mente, imagina un columpio en movimiento. El movimiento del péndulo es una imagen popular que se utiliza en el hipnotismo para fomentar el enfoque.
9. Empiece a visualizar su imagen y tamaño corporal ideal. Esto debería ayudarlo a inculcar en su subconsciente la importancia de una dieta saludable y ejercicio.

10. Sugiérase a usted mismo que evite los alimentos poco saludables y comience a hacer ejercicio con regularidad. Puede utilizar un mantra en particular, como "Haré ejercicio al menos tres veces a la semana. La comida poco saludable me enfermará".

11. Despierta. Una vez que haya logrado lo que desea durante la hipnosis, debe despertarse. Empiece contando hacia atrás del uno al 10 y levántese cuando llegue al 10.

Recuerde, una dieta saludable no significa que deba reducir significativamente la ingesta de alimentos. Simplemente reduzca el consumo de alimentos que no sean saludables para usted. Nunca te hipnotices para no comer. Solo sugiérete a ti mismo comer menos de los alimentos que sabes que solo te están engordando.

CAPÍTULO 2:

Banda Gástrica con Hipnosis

M uchos tipos diferentes de hipnosis benefician al cuerpo humano de diferentes maneras. Algunos de estos métodos incluyen la hipnosis para bajar de peso y una vida sana, que son diferentes tipos de hipnosis para bajar de peso. La hipnoterapia con banda gástrica es una de ellas y popularmente conocida como un tipo de estado hipnótico que es sugerido a su subconsciente, que implica colocar una banda gástrica alrededor de su estómago. Esto a cambio le ayuda a perder peso, junto a la hipnosis general para las sesiones de pérdida de peso.

Este tipo de hipnoterapia se considera a menudo como el último tipo de hipnoterapia que la gente intenta si desea alcanzar sus objetivos. La práctica implica una cirugía conocida como cirugía de banda gástrica. Durante la cirugía, se coloca una banda gástrica alrededor de la parte superior de su estómago, con el propósito de limitar la cantidad total de alimentos que consume diariamente. Este es un tipo más extremo de hipnoterapia para bajar de peso, que ha demostrado ayudar a las personas a perder peso. Dado que es quirúrgico, no puede realizar este método usted mismo. También incluye riesgos potenciales, por lo que debe ser tratado con respeto y solo realizado por un médico certificado.

Sin embargo, puede implementar usted mismo la hipnoterapia con banda gástrica. Es una técnica más comúnmente utilizada por los hipnoterapeutas con el propósito de engañar al subconsciente haciéndole creer que se ha colocado una banda gástrica cuando en realidad no es así. Dado que la hipnoterapia se centra en silenciar su mente consciente e implementar pensamientos y creencias en su mente subconsciente, como un tipo de hipnoterapia, es bastante eficaz. Dado que la hipnoterapia nos ofrece muchos beneficios, además de permitirnos imaginarnos y aceptar lo que somos capaces de hacer, actúa como la solución perfecta para alcanzar algunos de los objetivos que pueden parecer fuera de su alcance.

La hipnoterapia con banda gástrica implica el proceso de creer que ha experimentado la cirugía física en sí, lo que finalmente le hace creer que el tamaño de su estómago también se ha reducido.

La banda gástrica utilizada en la cirugía de ajuste de banda gástrica es una estructura de silicona ajustable, que se utiliza como dispositivo para perder peso. Esta banda gástrica se usa durante la cirugía y se coloca estratégicamente alrededor de la parte superior de su estómago, dejando un pequeño espacio sobre el dispositivo. El espacio que queda abierto por encima de la banda gástrica restringe la cantidad total de alimento que se almacena dentro del estómago. Esto se hace para implementar un control adecuado de las porciones diarias y evitar comer en exceso. La banda gástrica ajustada físicamente dificulta que uno consuma grandes cantidades de alimentos, lo que puede crear el hábito de implementar un control adecuado de las porciones diarias. Esto esencialmente hará que se sienta más lleno después de comer menos, lo que a cambio fomenta la pérdida de peso.

La mayoría de las personas optan por someterse a la cirugía después de haber probado otros métodos para perder peso, incluidas dietas yoyó, suplementos dietéticos o medicamentos de venta libre, todo con la esperanza de perder peso. La cirugía de banda gástrica actúa como un último recurso para aquellos que desean desesperadamente perder peso y han estado luchando durante mucho tiempo.

La hipnoterapia de banda gástrica es un método muy útil, ya que puede permitirle obtener un resultado similar al de la propia cirugía de ajuste de banda gástrica. Esto se debe a que está visualizando literalmente cómo se realiza el mismo procedimiento y cómo se beneficia de él.

Durante la hipnosis de banda gástrica, se visualiza a sí mismo perdiendo peso inconscientemente, lo que se traduce en su realidad consciente.

Los hipnoterapeutas que se especializan en hipnoterapia de banda gástrica se centran en encontrar la raíz de lo que impide que sus clientes pierdan peso. La mayoría de las veces, descubren que la alimentación emocional es una de las principales causas que contribuyen a que las personas mantengan su peso. También hacen hincapié en abordar las experiencias que permanecen en su mente subconsciente pero que aún no se han abordado. Estas experiencias a menudo hacen que las personas se tornen hacia una alimentación emocional e inconsciente, que luego se convierte en un patrón que parece imposible de eliminar.

Dado que el estrés se agrega a nuestras vidas todos los días, y la gente no se detiene y se toma el tiempo para procesar los sentimientos o tal vez ni siquiera pensar en ello, la mayoría recurre a la comida en busca de consuelo. Esto también influye en la alimentación emocional, que tiene efectos extremadamente negativos en el cuerpo a largo plazo, ya que también contribuye a una de las principales causas de obesidad.

Dado que la obesidad es una enfermedad increíblemente grave y que cada día se diagnostica a más personas con la enfermedad, es algo que debe abordarse. Si la hipnoterapia de banda gástrica puede prevenirlo o reestructurar nuestros patrones de pensamiento para no actuar sobre nuestras emociones, sino invitarlas y procesarlas, entonces es una solución que todas las personas que necesitan perder peso deberían probar.

Una vez que un hipnoterapeuta reconoce el motivo por el cual está luchando para implementar un control adecuado de las porciones, lo abordará con el tratamiento de banda gástrica virtual a un nivel subconsciente. Durante esta sesión de visualización, habrá imaginado que se ha sometido a la operación y que le han colocado la banda gástrica alrededor de la parte superior del estómago. Esto le llevará a pensar que se sentirá más lleno más rápido, lo que le servirá como una opción más segura a diferencia de la cirugía.

Cómo Funciona la Hipnoterapia de Banda Gástrica

La hipnoterapia para bajar de peso, especialmente para el control de las porciones, es excelente porque le permite concentrarse en crear una versión más saludable de sí mismo de manera segura.

Cuando a las personas se les recomienda la cirugía con banda gástrica, es generalmente porque las dietas, los suplementos para bajar de peso y las rutinas de ejercicios no parecen funcionar para ellos, es posible que se muestren escépticos sobre la realización de la cirugía.

Nadie quiere someterse a una cirugía innecesaria y usted tampoco debería tener que hacerlo. El hecho de que tenga dificultades para seguir una dieta, rutina de ejercicios o falta de motivación, no significa que un procedimiento extremo como la cirugía sea la única opción. De hecho, pensar que es la única opción que te queda, es una locura.

Algunos hipnoterapeutas sugieren que las dietas no funcionan en absoluto. Bueno, si está motivado y le resulta fácil seguir un plan de dieta y una rutina de ejercicios, entonces debería estar bien. Sin embargo, si sufre de obesidad o sobrepeso y no tiene el impulso y la motivación necesarios, es probable que falle. Cuando las personas encuentran el coraje y la determinación para reconocer que necesitan perder peso o realmente se esfuerzan por hacerlo, pero fallan continuamente, es cuando tienden a darse por vencidos.

La hipnoterapia de banda gástrica utiliza técnicas de relajación, que están diseñadas para modificar su forma de pensar sobre el peso que necesita perder, le proporciona una base sobre la que pararse y alcanzar sus objetivos, y también le recuerda constantemente por qué de hecho está haciendo lo que está haciendo. Es necesario desarrollar su forma de pensar más allá de dónde se encuentra en este momento actual y evolucionar mucho más allá de sus expectativas.

Las dietas también se centran más en cambios temporales de estilo de vida que en cambios permanentes y sostenibles, por lo que no se considera realista en absoluto. A menos que cambie de opinión, siempre permanecerá en una rutina que implica primero perder y luego posiblemente volver a subir de peso repetidamente. Algunos incluso pueden tirar la toalla por completo.

Dado que su mente es increíblemente poderosa, esta le permitirá aceptar cualquier idea o sugerencia hecha durante su sesión de hipnosis de banda gástrica. Esto puede resultar en un cambio permanente de su comportamiento, ya que las ideas practicadas durante la sesión se traducirán en la realidad de su mente consciente. Al educarse sobre hábitos saludables, nutrición adecuada y ejercicio, también tiene más posibilidades de alcanzar sus objetivos de pérdida de peso de manera sostenible.

El procedimiento de ajuste de la banda gástrica requerirá una consulta con su hipnoterapeuta donde discutirá qué es lo que le gustaría obtener de la hipnoterapia. Después de establecer su estado de salud actual, hábitos positivos y negativos, estilo de vida, luchas diarias y metas, recomendarán la duración de la hipnoterapia que necesitará para ver resultados. Durante este tiempo, debe informar a su hipnoterapeuta sobre su dieta y su historial de actividad física. Es probable que le hagan preguntas sobre su estilo de vida actual y si lo cambió a lo largo de los años. Si ha tenido un estilo de vida saludable antes, entonces ellos intentarán encontrar y abordar las razones por las que se abandonó a sí mismo y a su salud. Si siempre ha vivido su estilo de vida actual poco saludable y desequilibrado, lo examinarán a través de los años con la esperanza de descubrir las razones detrás de él. Durante su sesión inicial, se abordarán sus intentos de pérdida de peso, hábitos alimenticios y cualquier problema de salud que pueda experimentar. También se explorará su actitud hacia la comida, así como su relación con ella, con las personas y con su entorno.

Ahora su terapeuta tendrá una mejor idea del tipo de tratamiento que necesita. El procedimiento está diseñado para que experimente la cirugía de banda gástrica inconscientemente, como si realmente hubiera tenido lugar. Se le hablará en un estado profundo y relajado, exactamente igual que en la hipnosis estándar. Durante esta sesión, estarás al tanto de todo lo que sucede a tu alrededor. Las sugerencias para ayudar a aumentar su autoestima y confianza a menudo también se incorporan en la sesión, lo que también puede ayudarlo en lo que le gustaría lograr conscientemente.

Se le guiará paso a paso a través del procedimiento. Su hipnoterapeuta también puede hacer ruidos de teatro para convencer aún más a su subconsciente. Después de su sesión, su hipnoterapeuta puede brindarle guías y técnicas de auto hipnosis para ayudarlo a practicar una sesión similar para que los resultados sean más efectivos. A veces, la hipnoterapia de banda gástrica solo requiere unas pocas sesiones, dependiendo de cuáles sean sus necesidades.

La hipnosis con banda gástrica no solo implica tener que ir a sesiones físicas de hipnoterapia, sino que también requiere que implemente algún tipo de programa de control de peso que aborde específicamente sus hábitos de nutrición, adicción y ejercicio. Aborda los hábitos entre su cuerpo y mente y le ayuda a implementar nuevos hábitos constructivos.

Después de la hipnosis de banda gástrica, puede esperar sentir que tiene una relación mucho más saludable con la comida, así como un enfoque más consciente en todo lo que hace. Durante el proceso de visualización de la cirugía de ajuste de banda gástrica, llegará a creer que su estómago se ha encogido, lo que engañará a su cerebro para que piense que necesita menos comida. Esto también le hará pensar que no necesita mucha comida, lo que le ayudará a familiarizarse más con el consumo de porciones más saludables.

La hipnoterapia de banda gástrica tiene éxito ya que te hace pensar que estás lleno después de comer la cantidad diaria recomendada de alimentos para tu cuerpo. También se considera mucho más saludable que comer en exceso o en atracones. Aprenderás a reconocer la sensación de hambre versus estar lleno, lo que te ayudará a articularte entre los dos y a cultivar hábitos alimenticios más saludables.

CAPÍTULO 3:

Cómo Funciona la Hipnosis

Entendiendo la Hipnosis

Durante más de 200 años, las personas han estado contemplando y luchando por la hipnosis, pero la ciencia todavía necesita explicar completamente cómo sucede realmente. Vemos lo que hace un individuo en trance, pero no es obvio por qué lo hace. En última instancia, este acertijo es un pequeño fragmento de un acertijo mucho mayor: cómo funciona la personalidad humana. Es inverosímil que los especialistas, dentro de un período de tiempo razonable, piensen en una aclaración autoritaria del cerebro. Por lo tanto, es seguro decir que el fenómeno de la hipnosis seguirá siendo un misterio.

Sea como fuere, los especialistas conocen los aspectos generales de la hipnosis. Como tal, tienen algunos ejemplos de cómo funciona. Es una condición de estupor representada por un sueño serio, sugerente, desenredado y expandido. Es diferente al sueño regular ya que el individuo está alerta en todo momento. Por otro lado, deambular por la tierra de la fantasía o la sensación de "perderse" en un libro o una película, es generalmente común. Estás completamente consciente. Sin embargo, la mayor parte del entorno que te rodea está bloqueado. Concéntrese seriamente en el punto actual.

En el aturdimiento del día a día de la vida cotidiana, un universo evocado le parece hasta cierto punto genuino, ya que se conecta completamente con sus sentimientos. Ocasiones específicas pueden desencadenar pavor, desdicha o satisfacción genuinos, y en caso de que te sorprenda algo (por ejemplo, una bestia saltando de las sombras), puedes incluso temblar en tu asiento. Es por eso que la mayoría de los analistas caracterizan cada aturdimiento como una especie de auto-trance.

Milton Erickson, el maestro de conducción del siglo XX en la inducción del sueño, sostuvo que la gente está hipnotizada todos los días. En cualquier caso, la mayoría de los especialistas se centran en la condición de aturdimiento provocada por los entrenamientos deliberados para relajarse y pensar. Este fascinante significado se compara con frecuencia entre el estado de alerta y el descanso con el estado mental casual.

En un trance estándar, como si fueran la verdad, te acercas a las recomendaciones o consideraciones del especialista en trance. Si el inductor de trance demuestra que tu lengua se ha inflamado hasta el doble de su tamaño, sentirá una inclinación en la boca y es posible que experimente problemas para hablar. En caso de que esté bebiendo un batido de chocolate, el especialista en trance lo demuestra, probarás el batido y lo sentirá refrescando su boca y garganta. Si está asustado, el especialista subliminal se lo muestra, y puede sentir pánico o comenzar a sudar. Sin embargo, constantemente sabes que todo es fantasioso. Como hacen los jóvenes, "juegas a imaginar" a un nivel extraordinario.

Los individuos se sienten desinhibidos y agradables en este estado mental específico. Lo más probable es que esto se deba a que resuelven las preocupaciones y preguntas que normalmente mantienen bajo estrictas restricciones a los ejercicios. Mientras mira una película, puede encontrar una impresión similar; a medida que te inunda la trama, las preocupaciones sobre tu trabajo, tu familia, etc. se desvanecen, hasta que lo único que estás considerando es lo que está en la pantalla.

También eres sorprendentemente sugestionable en este estado. Es decir, si el especialista subliminal le aconseja que logre algo, es probable que acepte la idea por completo. Esto es lo que hace que sea tan agradable demostrar al especialista subliminal escénico. A los adultos delicados se les suele pedir que se paseen por el escenario de repente, cacareando como gallinas o cantando lo más fuerte posible. Según todos los informes, el miedo a la humillación sale volando por la ventana. Sin embargo, la sospecha de que todo va por el bien y la calidad ética del sujeto permanece instalada a lo largo de la experiencia. No puede conseguir que un especialista subliminal haga algo que preferiría no hacer.

¿Cómo Funciona la Hipnosis?

Un especialista certificado en trance o un especialista subliminal provocan una condición de fijación seria o consideración concentrada durante el trance. Esta es una estrategia guiada por signos verbales y redundancia.

En muchos aspectos, el estupor como el estado en el que ingresas puede parecer como un descanso, pero eres completamente consciente de lo que está sucediendo.

Su asesor le hará propuestas guiadas para ayudarlo a lograr sus objetivos restaurativos mientras se encuentra en este estado de estupor. Dado que se encuentra en un estado central aumentado, es posible que esté cada vez más abierto a recomendaciones o propuestas que puedan incurrir en negligencia o considerarse culminado en su estado mental estándar.

Su asesor lo despertará al final de la sesión del estado de estupor, o usted se irá. Es dudoso el impacto que tiene este extraordinario nivel de enfoque y consideración del pensamiento. Durante el estado de aturdimiento, la hipnoterapia puede situar las semillas de pensamientos inconfundibles en su psique, y rápidamente esos cambios florecen y prosperan.

La hipnoterapia también puede prepararnos para un tratamiento y reconocimiento más profundos. En el caso de que su cerebro esté "confuso" en su expresión mental cotidiana, lo más probable es que su psique no pueda retener propuestas y consejos.

¿Qué le Sucede al Cerebro durante una Sesión de Hipnosis?

Los científicos de Harvard examinaron el cerebro de 57 personas durante el trance guiado. Descubrieron que: dos áreas de la mente a cargo de manejar y controlar lo que sucede en su cuerpo durante la fascinación muestran un movimiento más alto.

Por lo tanto, durante este estado, el lugar de su mente que es responsable de sus actividades y el área que es consciente de esas actividades tienen todas las características de estar separados.

¿Es Todo un Impacto Engañoso?

Es posible, sin embargo, en la acción del cerebro, el trance muestra diferenciaciones comprobadas. Esto muestra que la mente reacciona inequívocamente a la fascinación, una que está más fundamentada que el tratamiento falso.

Como la fascinación, la recomendación genera un impacto engañoso. Los discursos guiados o cualquier tipo de tratamiento social pueden afectar fuertemente el liderazgo y los sentimientos. Encantar es uno de esos instrumentos de tratamiento.

¿Existen las Reacciones o los Peligros?

Hipnotizar con poca frecuencia crea o muestra riesgos de reacciones. Tiende a ser una decisión de tratamiento electiva segura siempre que el tratamiento sea realizado por un especialista subliminal certificado o inductor de trance.

Algunas personas pueden encontrar síntomas de suaves a directos, que incluyen dolor cerebral, cansancio, inestabilidad, malestar situacional. Sin embargo, una práctica antagónica se utiliza de manera fascinante para la recuperación de la memoria. Las personas que, en consecuencia, usan la fascinación están destinadas a encontrar nerviosismo, miseria y reacciones opuestas. Asimismo, puede tener una posibilidad más notable de hacer recuerdos falsos.

CAPÍTULO 4:

La Hipnosis y la Pérdida de Peso

Parte de ser humano significa que tienes sentimientos. En ocasiones, es posible que se sienta más emocional que otras. Algunas de estas emociones pueden llevarnos a una alimentación emocional. Descubres que todo lo que quieres hacer es seguir comiendo incluso cuando no tienes hambre. Este es un hábito de alimentación poco saludable que puede resultar en un aumento de peso o, en ocasiones, provocar algunas enfermedades. La meditación te permite hacerte cargo de tus emociones. En lugar de ser emocional con regularidad, le permite a uno encontrar algunas soluciones para los desafíos que enfrentamos. A medida que enfoca su mente en analizarlos, puede encontrar fácilmente una posible solución.

Te Ayuda a Evitar el Comer en Exceso

Es posible que haya tenido hambre todo el día, y todo lo que está esperando es poner sus manos en una comida cuantiosa. Descubres que has invertido tu mente en pensar mucho en los alimentos que quieres consumir. Cuando haces eso, tu apetito aumenta. Una vez que comes, terminas comiendo en exceso porque tu mente ya ha registrado que tenías mucha hambre. Independientemente de la cantidad de comida que consuma, tiene la necesidad de seguir comiendo más. En el proceso, terminas comiendo en exceso y arrepintiéndote tarde. A veces, los alimentos dulces pueden hacernos comer en exceso. Puede ser uno de esos días buenos en los que te sientes con energía y cocinas una buena comida. Pasas gran parte de tu tiempo preparándola y, cuando es momento de consumirla, te encuentras comiendo en exceso, ya que es deliciosa. La meditación te permite saber cuándo estás lleno y, por lo tanto, puedes comprender que no es necesario seguir agregando más comida. Puedes comer la porción que necesitas y puedes guardar el resto para otro día. En este caso, le permite tener autocontrol mientras consume sus alimentos.

Encuentras Otras Formas de Reducir el Estrés

La alimentación por estrés es un gran desafío entre una variedad de personas. La vida puede volverse desafiante y sientes que estás bajo presión. Hay diferentes desafíos a los que nos enfrentamos. Algunos de ellos están fuera de nuestro control, mientras que otros son manejables. Es posible que haya perdido recientemente a un ser querido. El duelo te hace sentir estresado y quizás te preguntes por qué tuvieron que irse. Una persona puede encontrarse en una situación en la que se siente sola y esto genera estrés. Por otro lado, es posible que haya aplazado una evaluación y se sienta mal por esta situación. Probablemente se pregunte si logrará graduarse en el año previsto o si tendrá que permanecer más tiempo en la escuela. Estas son algunas de las situaciones que provocan estrés. Cuando ocurren, su solución podría ser comer. Siempre que se sienta triste o tenga ganas de llorar; terminas buscando una comida para comer. En este proceso, terminas comiendo en exceso y los alimentos consumidos no son útiles para tu cuerpo. La meditación le permite encontrar formas de manejar situaciones tan estresantes y, por lo tanto, ya no es necesario comer en exceso.

Permite Hacer Frente a Trastornos Alimenticios

Algunas personas tienen problemas alimentarios crónicos, como bulimia y anorexia. Las personas con anorexia tienden a negarse a comer. Descubres que comen pequeñas porciones de comida en un día, que es menor que la cantidad de comida que su cuerpo necesita. Descubres que algunas personas que luchan con el aumento de peso tienden a ser anoréxicas. Con el aumento de peso, su autoestima disminuye y desarrollan otras complicaciones. A veces pueden sentirse incómodos alrededor de algunas personas, y cada vez que consumen algo, todo lo que quieren hacer es vomitar y liberar los alimentos consumidos. También tenemos algunos modelos que luchan contra la anorexia. Quieren tener una determinada forma y, por lo tanto, reducen la ingesta de alimentos. No consumen las porciones de alimentos requeridas y puede tener algunos efectos nocivos en sus cuerpos. La bulimia se refiere a una condición por la cual el individuo consume mucha comida, lo cual es innecesario. Este es un desafío para las personas pequeñas que desean aumentar de peso. Descubres que, independientemente de la cantidad de comida que consuman, no se producen grandes cambios en su cuerpo. La meditación te permite aceptarte a ti mismo tal como eres y, por lo tanto, no necesitas alimentos para aumentar tu autoestima.

CAPÍTULO 5:

Riesgos de la Hipnosis de Pérdida de Peso Rápida

Existen varios riesgos asociados con la obesidad. Las enfermedades cardíacas, el colesterol y la diabetes son solo algunos de los peligros del sobrepeso. Sin embargo, perder peso no es que sea lo más fácil de hacer. Las personas con problemas de peso están perdiendo peso continuamente y volviéndolo a ganar. ¿Es de extrañar que las dietas rápidas para perder peso rápidamente se estén volviendo tan populares? La pérdida de peso rápida es algo que las personas con sobrepeso esperan. Pero, ¿existe algún programa de pérdida de peso rápida que pueda no solo reducir los kilos sino mantenerlos así? Es más, ¿perder peso es una idea súper rápida? ¿Cuáles son los riesgos para la salud?

Sí, estas son algunas de las preguntas que deberían venir a su mente cuando mira los comerciales de programas de pérdida de peso rápida. Podría ser tentador mirar un plan de pérdida de peso rápido que signifique que estás viendo un reflejo de ti mismo de 20 libras más delgado en una semana, pero no cedas a esa tentación. Es posible que los beneficios de una pérdida rápida de peso no sean irreversibles y que usted pueda causar un daño irreparable a su metabolismo. Por lo tanto, los efectos positivos no pueden durar mucho, pero los efectos perjudiciales pueden terminar atormentándote para siempre.

Si ya es susceptible a problemas renales, tratar de perder peso rápidamente podría empeorarlos. Puede terminar con cálculos en la vesícula biliar o presión arterial baja, así como desequilibrios minerales en su cuerpo. Nada de esto será un buen augurio para su bienestar a largo plazo. A esto se suma la posibilidad de que recupere todo el peso perdido a los pocos meses de perderlo. Si bien algunas personas se benefician de los programas de pérdida de peso acelerada, los hallazgos no siempre han favorecido el plan. Oprah Winfrey fue un ejemplo de ello hace unos años cuando nos sorprendió después de perder peso por montón, pero lo ganó todo de nuevo en poco tiempo.

El programa de pérdida de peso más rápido parece requerir que se muera de hambre. Esta forma no es la forma de perder peso. Tenga en cuenta que si se priva de comer, corre el riesgo de atiborrarse de comida. Por lo tanto, puede terminar comiendo mucho más de lo que ha estado soñando. El resultado: todos los kilos que ha perdido volverán. También existe un alto riesgo de que desarrolle un trastorno alimentario.

¿Cómo planeas erradicar esos kilos y contenerlos? Come bien y haz ejercicio correctamente. Muchas personas prefieren pasar de sobrepeso a adelgazar a sobrepeso nuevamente porque establecen expectativas de pérdida de peso poco realistas. La intención es disminuir la velocidad pero seguir avanzando hacia ese objetivo. La forma más rápida de asegurarse de hacer esto es adoptando una dieta saludable. Coma grasas; coma carbohidratos; ingiera esas calorías, pero no se atiborre de ellas. Programe un entrenamiento diario, beba mucha agua y descanse bien. Pronto, debería estar viendo un cuerpo más delgado sin las consecuencias de una pérdida rápida de peso.

Tener sobrepeso es algo que casi cualquier persona en el mundo está tratando de detener. Este pensar es increíblemente correcto dado la cantidad de peligros para la salud a los que uno está expuesto mientras tiene sobrepeso y los problemas de autoestima que vienen con no estar en forma. Por lo tanto, no es sorprendente que las dietas para adelgazar y los ejercicios para perder grasa sean estándar en el mundo actual. Sin embargo, para deshacerse de la grasa extra, algunas personas suelen utilizar técnicas que les ayudan a perder peso rápidamente, lo que generalmente va en contra de sus cuerpos. Los siguientes son los peligros a los que uno se ve sometido cuando intenta perder peso rápidamente.

Por lo general, se recomienda que uno se asegure de no perder más de 2 libras por semana. Cualquier pérdida de peso de más de 2 libras generalmente se considera perjudicial, ya que generalmente expone el cuerpo de una persona a riesgos importantes para la salud. Esto se debe a que la pérdida rápida de peso normalmente le niega al cuerpo el tiempo que necesita para adaptarse a la misma y, por lo tanto, crea inestabilidad en el sistema metabólico del cuerpo, lo que a menudo puede tener consecuencias desastrosas.

Perder peso con hipnosis es una de las formas más rápidas, expeditas, seguras, más calmas y más económicas de perder peso de forma permanente. He estado hipnotizando a miles de personas durante más de 17 años, y no he visto a nadie que trate de hacer que este trabajo les falle cuando intentan hacer lo que se supone que deben hacer. Se han realizado muchos estudios independientes sobre las comunidades de adelgazamiento de muchas formas diferentes, desde medicamentos hasta dietas especiales, pero ninguno ha funcionado tan bien como la hipnosis. Si comprende lo que es la hipnosis y sabe qué esperar, será eficaz para perder todo el peso que desea y necesita perder, incluso si no cree que vaya a funcionar, de todos modos funcionará. La hipnosis está funcionando si quieres que funcione. Cualquiera puede ser hipnotizado si quiere. Perderás peso si lo vas a bajar. Lo único que puede salvarlo de ser hipnotizado es usted. Tengo gente que me dice: "No creo que me puedan hipnotizar". Suelen ser mis mejores clientes. Por lo general, son personas que tienen algunos mitos importantes sobre la hipnosis y pueden haberla probado, pero no sucedió nada mágico, por lo que se rindieron. Solo quieren que funcione, pero no sabían cómo hacerlo hasta que estuvieron mejor informados sobre la hipnosis.

Hay algunos datos básicos sobre la hipnosis que necesita saber. Cuando alguien con experiencia lo hipnotice, usted se sentará y se relajará, cerrará los ojos y escuchará la voz del hipnoterapeuta para guiarlo. No hay nada que puedas hacer mal; nada puede salir mal. No hay riesgos en esta forma de hipnosis. Toda hipnosis es auto hipnosis. Todavía estás a cargo de eso. Nunca vas a hacer o decir nada en contra de tu voluntad, intereses, valores o principios, independientemente de lo que piensen los demás. Es como una prueba mental o un juego mental. Y no estás perdiendo el control de tus pensamientos. Todavía estás a cargo de eso. No está perdiendo la audición ni ninguno de sus sentidos. En realidad, sus sentidos se agudizan y se vuelve más consciente, no menos. Todavía me vas a escuchar, creas que lo haces o no. Estás haciendo todo el trabajo y todo el trabajo está en tu cabeza. No tienes que decir ni hacer nada al respecto. El hipnoterapeuta usa su experiencia para guiarte en tu cabeza, para enviarte una guía, pero no tienes que seguirlos si no te sientes cómodo con alguna parte de ella. No tiene sentido estar hipnotizado. No te hipnotizarán. Lo único que vas a experimentar es estar entre cómodo y realmente cómodo. Otros se sienten un poco cómodos y escuchan cada palabra y lo recuerdan todo, mientras que otros se sienten tan cómodos que se sumergen. Aun así, nadie puede dormir hasta que esté en casa en la cama por la noche, y de todos modos está agotado cuando pone su CD. A menudo puede sentirse como dormir, pero no es dormir. Todo el trabajo está en tu cabeza, así que tienes que participar y pensar en lo que sugiere el hipnoterapeuta. Es solo una meditación guiada e increíblemente fuerte.

Con la Hipnosis, podrá alcanzar su peso y figura perfectos. Vas a perder todo el peso que quieras y necesites perder, sin tensiones ni desafíos emocionales con antojos, impulsos, sobrealimentación, atiborrándote como lo haces cuando haces dieta. No es una dieta, ¡pero no volverás a subir de peso! No se siente como si se estuviera muriendo de hambre, aunque busca alimentos más nutritivos, bajos en calorías y saludables. No querrá alimentos ricos, que engordan, no saludables, con muchas calorías, dulces, alimentos poco saludables y alimentos que no son buenos para usted. No va a comer bocadillos ni a comer entre horas ni tarde en la noche. Vas a comer lo que tu cuerpo quiera y cuando estés satisfecho, estarás completamente satisfecho. No perderá peso tan fácilmente como para dañar su salud. Te concentrarás en la forma y medidas perfectas y lograrás el tamaño ideal rápidamente y sin molestias y mantendrás ese tamaño todo el tiempo que quieras. Vas a querer beber más agua y ser feliz de una comida a otra. ¡Vas a bajar de peso sin intentarlo! Sus hábitos alimenticios pueden cambiar de repente, instantáneamente o gradualmente con el tiempo. Algunas personas serán hipnotizadas una vez y sus hábitos alimenticios cambiarán para siempre, y otras necesitarán ser hipnotizadas.

CAPÍTULO 6:

La Hipnoterapia para Perder Peso

Debido a que se sumerge en un segundo y modificado estado de conciencia, la hipnosis es un enfoque particularmente interesante en el caso del sobrepeso. ¿La idea? Te permite acceder a tu subconsciente para reprogramarlo.

A pesar de los drásticos cambios en el estilo de vida y una buena dosis de motivación, a veces es difícil deshacerse de ciertos hábitos alimenticios bien establecidos. A fuerza de regímenes repetidos que no dan resultados duraderos, surge la frustración y muy a menudo terminamos desanimándonos y rindiéndonos.

La hipnosis para perder peso es hipnosis terapéutica (hipnoterapia), llamada Ericksonian. No debe confundirse con la hipnosis de "espectáculo" durante la cual el practicante toma el control de su sujeto. Centrada en la relajación, la hipnosis para bajar de peso es un enfoque muy diferente. Durante la sesión, permanece consciente y perfectamente en control de sí mismo. El hipnoterapeuta está ahí para guiarlo suavemente y ayudarlo a comprender mejor de dónde provienen los comportamientos alimentarios que causan el aumento de peso. Mediante este sereno viaje al centro de tu subconsciente, modificas profundamente ciertos condicionamientos y malos hábitos alimenticios.

La medicina alternativa por excelencia, la hipnosis para adelgazar es una poderosa herramienta que te permitirá (re) tomar el control y recuperar tu peso ideal de forma duradera y sin frustraciones.

La Hipnosis para Ayudar con el Sobrepeso

Desde un punto de vista científico, varios estudios han demostrado la eficacia de la hipnosis en varios trastornos:

- Úlcera péptica
- Tinitus
- Colitis espática
- Picazón/eccema
- Migrañas crónicas
- Ciertas alergias
- Ciertas formas de bronquitis/asma
- Espasmofilia
- Fobias
- Problemas sexuales
- Adicción
- Ataques de ansiedad
- Insomnio

Este suave enfoque terapéutico ha demostrado su eficacia, tanto en términos de salud física como de equilibrio psicoemocional. A menudo, los comportamientos alimenticios que promueven el aumento de peso son una cuestión de estrés y manejo de las emociones. Incluso hablamos de "libras emocionales".

Además, cuando atravesamos un período especialmente estresante, surgen dos tendencias principales, la pérdida de apetito o, por el contrario, la necesidad de consumir alimentos calóricos, ricos en azúcares y grasas.

Debido a que permite este estado alterado de conciencia y promueve el dejar ir, la hipnosis para adelgazar da resultados reales y permite un mejor manejo del sobrepeso vinculado al estrés. En particular, ayuda a:

- Aliviar la ansiedad que provoca comer y picar de forma compulsiva.
- Deshacerte de las adicciones a la comida.

- Tomar el control cuando la tentación esté presente.
- Caza complejos y recupera la confianza en ti mismo.
- Fortalece tu mente y motivación.

Pérdida de Peso Duradera con la Hipnosis

Por supuesto, perder peso implica necesariamente cuestionar los hábitos alimenticios. Dado que tenemos que pasar por esto, es legítimo preguntarse cómo la hipnosis para perder peso desencadena concretamente estos cambios en la percepción. Durante la sesión, el terapeuta sumerge a su paciente en un estado de relajación muy profundo. Su objetivo lo impulsa a acceder a su subconsciente y a ciertos automatismos/condicionamientos que son la causa de sus malos hábitos alimenticios. Acompañado por la voz del hipnoterapeuta, el paciente revalora su relación con la comida. Esto es, por ejemplo, para sugerirle a su subconsciente que los alimentos ricos en calorías no son los únicos que le hacen bien.

Este profundo trabajo introspectivo es la garantía de una pérdida de peso duradera. Bajar de peso mediante hipnosis, por tanto, cumple con las expectativas de quienes buscan adelgazar de forma permanente... ¡sin pasar por el camino de la frustración!

CAPÍTULO 7:

Meditación y la Pérdida de Peso

L a meditación es solo hipnosis sin una sugestión... "- la mayoría de los hipnoterapeuta le dirán eso.

Y aunque esto puede ser cierto en algunos (muy pocos) casos, es lamentable que se exprese esta opinión, porque describe solo un aspecto muy limitado de la meditación y no toma en cuenta el número fenomenal de formas de meditación que existen. Tampoco tiene en cuenta la verdadera naturaleza de la mayoría de las formas de meditación.

Para ilustrar esto, le sugiero que considere la increíble cantidad de meditaciones guiadas que ofrecen, venden y promueven varias organizaciones con y sin fines de lucro. Por supuesto, para comprender completamente las implicaciones, uno debe considerar la composición de la mayoría de estas meditaciones guiadas, que contienen algunos elementos clave.

1. Generalmente diseñado para crear un estado de conciencia alternativo.

2. Generalmente diseñado con un objetivo específico de vida/meditación en mente.

3. A veces, estos objetivos se persiguen incluso en forma de metáfora, visualizada o no.

4. Puede ser administrado por usted mismo o por otra persona o en un contexto grupal con gran éxito.

Al marcar esto, queda claro que casi siempre hay un objetivo que perseguir en las meditaciones guiadas. También hay que reconocer que los objetivos no se pueden alcanzar sin una propuesta que empuje al especialista en la dirección correcta. Por supuesto, hay varias otras formas de meditación en las que la sugestión per se juega un papel subordinado. Sin embargo, debe tenerse en cuenta que la meditación sin un objetivo generalmente no tiene sentido y, por lo tanto, la mayoría de las formas de meditación se practican con un objetivo específico. Y no es de extrañar que también deba haber una propuesta en estos.

Otro ejemplo de esto sería una sencilla aplicación de meditación para la relajación (una práctica bastante común). En este caso, queda un objetivo. "La relajación." Y aunque la sugestión generalmente no se transmite durante la meditación, generalmente son sugerencias previas a la meditación las que luego se ejecutan durante la meditación y generalmente con los resultados deseados.

Por lo tanto, no sería justo reducir la meditación a un ejercicio sin sentido en la definición. Por supuesto, esto me recuerda otro punto de vista.

¿Existe alguna diferencia entre la hipnosis y la meditación? ... Después de todo, parecen tener propiedades primarias similares. Y si es así, ¿cuál es la diferencia, si la hay? ...

Aunque las respuestas a estas preguntas son algo más complejas, debe tenerse en cuenta que, si bien es posible que no se reconozca la meditación en este punto, la meditación es una forma menos formalizada de hipnosis y se considera hipnosis en la mayoría de las analogías, especialmente cuando se observan las características de una meditación promedio.

Si observa más a fondo esta analogía, debe saber que la meditación debe hacer lo mismo que la hipnosis. También se enfoca en crear estados mentales donde la mente puede ser manipulada para lograr los objetivos marcados. Sin embargo, una cosa para recordar es que esto generalmente se practica en un entorno mucho menos formal, y aún más en una situación individual que es esencialmente similar a la auto hipnosis. Por supuesto, hay entornos grupales en los que se practica la meditación, generalmente de forma guiada. Sin embargo, aún conservan propiedades similares y, como tales, pueden ser tan efectivas como la mayoría de las formas de hipnosis practicadas.

Teniendo esto en cuenta, parece que prácticamente no hay distinción que hacer en la definición excepto por su uso como herramientas terapéuticas.

1. La hipnosis se puede utilizar terapéuticamente para manipular y controlar las reacciones del paciente. Esto permite una terapia mental adaptable directa e inmediata en un entorno controlado. Esto también ofrece a los terapeutas la oportunidad de tratar enfermedades mentales más graves para las que la meditación no sería adecuada. Esto se logra mediante la creación de un control externo a través de la Hipnosis que promueve la sanación mental segura de pacientes con afecciones bastante graves. Esto también ofrece una alternativa bastante simple a la meditación para aquellos que no tienen la capacidad interior y la fuerza para hipnotizar/meditar sobre sí mismos.

2. La meditación también se puede utilizar como herramienta terapéutica, pero requiere más habilidades internas de los practicantes.

Dada la naturaleza de la meditación y las similitudes significativas entre la meditación y la hipnosis, la meditación se puede utilizar con la misma eficacia que la mayoría de las técnicas de auto hipnosis e incluso algunos usos terapéuticos como la regresión y otras formas. Los meditadores avanzados están disponibles en hipnoterapia relacionada. Un profesional puede lograr resultados similares a los de la hipnoterapia con meditación, por ejemplo, cuando dice: "Ayudarte a dejar de fumar".

Si acepto esto, sugeriría que los meditadores no tienen miedo de explorar sus mentes y habilidades usando la meditación como una plataforma y expandirlas a lo que tradicionalmente se considera técnicas de auto hipnosis. Si hace esto con cuidado, puede lograr mucho más de su meditación en un tiempo mucho más corto. Especialmente cuando se combinan técnicas de ambos géneros, cuando la atención se centra en la capacidad interna en lugar del requisito tradicional de hipnosis para el control externo. Aplicar esto también le brinda una oportunidad única para establecer sus propios objetivos de hipnosis/meditación, lo que generalmente no es posible con los hipnoterapeutas, ya que generalmente quieren decidir qué es lo mejor para usted.

Si se puede confiar en el terapeuta, también puede traer beneficios sorprendentes y puede resultar en algo más rápido de lo esperado que si intenta hacerlo usted mismo.

Aprender a perder peso de forma permanente no siempre es fácil. Mucho después de alcanzar su objetivo de peso, debe mantener o arriesgarse a caer justo donde comenzó. Hay algo que mucha gente pasa por alto: el valor de sus prospectos. Su actitud y mentalidad pueden contribuir significativamente a la motivación y al éxito. Si quieres saber cómo perder peso de forma permanente, primero aprende cómo afrontar adecuadamente la tarea y prepárate mentalmente para cualquier obstáculo que se te presente.

Piense en sus metas y habilidades. No, no parecerás loco cuando hables contigo mismo. A veces es útil repetir lo que quieres hacer, perder peso de forma permanente. Comience con esta técnica muy simple: cree una frase corta que pueda decirse a sí mismo. Esto debe hacerse por la mañana o antes de acostarse (o posiblemente ambas veces).

Cuando pruebe esta técnica, tenga en cuenta que las palabras que diga marcan la diferencia. Evite palabras como "yo siento" o "pienso" y apéguese a palabras positivas y firmes como "puedo" y "lo haré". Debes crear un mensaje 100% positivo y seguro que compartirás contigo mismo. Si está aprendiendo a perder peso de forma permanente, puede decir algo como "Voy a bajar de peso esta semana" o "Puedo alcanzar mi peso ideal".

Una vez que haya encontrado una frase corta, fácil de recordar y completamente positiva, es el momento de ponerla en práctica. Repita la oración catorce veces en horarios establecidos (ya sea antes de acostarse o cuando se despierte). Catorce funciona bien porque hay suficientes repeticiones para mantener el pensamiento en tu cabeza, pero no lo suficiente para sonar monótono. ¡La clave es decir cada palabra y ser serio! No tienes que mirarte al espejo ni nada, simplemente di la oración oralmente para que pueda escucharla y decirla al mismo tiempo.

Aprendiendo a perder peso de forma permanente, siempre está ayudándose a implementar una variedad de herramientas de motivación para garantizar el éxito. Si tu mente está en el lugar correcto, tu cuerpo te seguirá. Trate de pensar en algo personal y tangible que le recuerde sus metas y esfuerzos. Por ejemplo, mientras está en el trabajo, puede comprar un plato. El tipo reflectante que se usa en casas funciona bien porque son más grandes y más distintivos.

Elija el número que corresponda a la cantidad de libras que desea perder en una semana. No se recomienda utilizar pegatinas para indicar su peso objetivo en caso de que alguien más las vea. Coloque la pegatina en un lugar donde pueda encontrarla fácilmente. ¡Estos consejos motivadores pueden ayudarlo a perder peso de forma permanente si usa hipnosis o hipnoterapia para que pueda vivir una vida más saludable!!

CAPÍTULO 8:

Estrategias para la Pérdida de Peso con Hipnosis

Mantener Fortaleza Mental

El manejo del estrés es la causa más frecuente de comer en exceso. Independientemente de si está consciente o no, la posibilidad es escandalizarse porque está preocupado por otros aspectos de su vida, como el trabajo, las relaciones personales y la salud de sus seres queridos.

La forma más fácil de reducir la ingesta compulsiva es controlar el estrés en la vida. Esta es una solución que no se puede lograr con una bolsa de propinas que pueda ayudar con situaciones estresantes.

Actividades como yoga, meditación, caminatas, escuchar jazz y música clásica se pueden disfrutar cómodamente. Haz lo que tengas que hacer para sentir que tienes el control de tu vida. Trate de acostarse a la misma hora todos los días y descansar lo suficiente. Si ha descansado bien, podrá afrontar mejor las situaciones estresantes.

Conecte Su Mente y Su Cuerpo a lo Largo del Tiempo

Puede sacar más provecho de sus sentimientos escribiendo un diario que le permita escribir lo que se le ocurrió, hablar sobre sus deseos y ver en retrospectiva luego de un episodio abrumador.

Tomarse un poco de tiempo al día para pensar en sus acciones y sentimientos puede tener un gran impacto en la forma en que aborda su vida.

Se honesto contigo mismo. Escribe sobre cómo te sientes acerca de cada aspecto de la vida y tu relación con la comida.

Tú también puedes sorprenderte. Puede llevar un registro de los alimentos que come a menos que esté obsesionado con cada pequeña cosa que come. A veces puedes escapar de la tentación si sabes que tienes que escribir todo lo que comes.

Tome Tiempo para Escuchar al Cuerpo y Conectarlo a la Mente

Si sabe lo que su cuerpo realmente le está diciendo, le resultará más fácil comprender lo que le provocará enojo y controlar su dieta. Escuche a su cuerpo durante el día y dele tiempo para tener una mejor idea de lo que realmente necesita o quiere.

Siga la regla de los 10 minutos antes de comer un bocadillo. Si tiene un deseo, no se lo conceda de inmediato, espere 10 minutos y observe lo que realmente está sucediendo. Pregúntese si tiene hambre o antojos. Si tiene hambre, debe comer algo antes de que aumente su deseo.

Si tiene un fuerte deseo pero está cansado, debe encontrar una manera de lidiar con ese sentimiento. Por ejemplo, sal a caminar o haz otra cosa para distraerte de tus deseos. Pregúntese si está comiendo solo porque está aburrido.

¿Estás buscando en la nevera solo porque buscas algo? En ese caso, busque la manera de mantenerse activo bebiendo un vaso de agua. Diviértete de vez en cuando.

Si tiene el deseo general de comer mantequilla de maní, coma una cucharada de mantequilla con una banana. Esto le permitirá llegar al fondo después de cinco días y no comerse todo el frasco de mantequilla de maní.

Mantenga hábitos saludables, coma comidas saludables tres veces al día. Esta es la forma más sencilla de evitar comer en exceso. Si no ha comido durante medio día, disfrutará todo. Lo importante es encontrar la forma de comer la comida sana que te gusta.

Entonces, en lugar de comer lo que realmente desea, siente que está cumpliendo con su deber a través de una comida aburrida y sin sabor, su comida debe ser nutritiva y deliciosa.

Siga este método:

Siempre coma en la cocina o en otro lugar designado. No coma ni siquiera frente a un televisor o computadora o incluso cuando esté hablando por teléfono. Hay menos oportunidades de disfrutar sin concentrarse en lo que come. Coma al menos 20-25 minutos con cada comida.

Esto puede parecer mucho tiempo, pero evita que sienta cuando su cuerpo está realmente lleno. Hay una brecha entre el momento en que tu cuerpo está realmente lleno y el momento en que te sientes lleno, por lo que si muerdes un poco más de tiempo, serás más consciente de cuánto comes.

Cada comida necesita un comienzo y un final. No se mueva durante 20 minutos mientras cocina la cena. Además, no coma bocadillos mientras prepara bocadillos saludables. Necesita comer tres tipos de alimentos, pero debe evitar los bocadillos entre comidas, evitando opciones saludables como frutas, nueces y verduras.

Consuma comidas y snacks en platos pequeños con tenedores y cucharas pequeñas. Los platos y tazones pequeños te hacen sentir como si estuvieras comiendo más comida, y los tenedores y cucharas pequeñas te dan más tiempo para digerir la comida.

Manejo de Comidas Sociales

Al comer fuera de casa, es natural aumentar la tendencia a relajarse porque se siente menos controlado que en el entorno normal y las opciones de dieta normales. Sin embargo, estar fuera no debería ser una excusa para disfrutar de comer en exceso.

También debes encontrar formas de evitarlos, incluso si estás en un entorno social o rodeado de comida deliciosa. Siga este método:

Refrigerio antes de la salida. Al comer la mitad de la fruta y la sopa, puede reducir su apetito cuando está rodeado de comida. Si se encuentra en una zona con snacks ilimitados, cierre las manos.

Sostenga una taza o un plato pequeño de vegetales para evitar comer otros alimentos. Si está en un restaurante, consulte el menú para ver opciones más saludables. Trate de no dejarse influir por sus amigos. Además, si tiene un gran problema con el consumo de pan, aprenda a decir "No agregue pan" o coma dulces de menta hasta que tenga una comida.

CAPÍTULO 9:

Creando tu Mentalidad Saludable

La pérdida de peso puede parecer una lucha abrumadora, utilizar afirmaciones de pérdida de peso para ayudarlo en el proceso puede simplificarlo. Deberíamos sentirnos libres de auditar este monstruoso resumen para ayudarlo con su propósito de pérdida de peso.

1.   Perder libras cae en su lugar sin ningún problema para mí.

2.   Estoy cumpliendo con alegría mis objetivos de pérdida de peso.

3.   Estoy perdiendo kilos cada día.

4.   Me encanta practicar de forma constante.

5.   Estoy comiendo alimentos que aumentan mi bienestar y prosperidad.

6.   Como justo cuando tengo hambre.

7.   Actualmente, me observo en mi peso óptimo.

8.   Me encanta el sabor de los alimentos sólidos.

9.   Estoy a cargo de la cantidad que como.

10.   Me siento recargado por hacer ejercicio; me hace sentir genial

11.   Me siento más en forma y más conectado a la tierra de forma más regular a través del ejercicio.

12.   Estoy alcanzando y manteniendo efectivamente mi peso óptimo.

13.   Amo y cuido mi cuerpo.

14.   Tengo derecho a tener un cuerpo delgado, sano y atractivo.

15.   Estoy aumentando constantemente la propensión a seguir una dieta inteligente.

16.   Estoy adelgazando constantemente.

17.   Me veo y me siento increíble.

18.   Doy los pasos necesarios para estar sano.

19.   Estoy felizmente re-imaginando con alegría el logro.

20.   Decido hacer ejercicio.

21.   Necesito comer alimentos que me hagan ver y sentirme bien.

22.   Soy responsable de mi bienestar.

23.   Amo mi cuerpo.

24.   Entiendo con hacer mi mejor cuerpo.

25.   Estoy practicando alegremente cada mañana cuando me despierto para poder lograr la pérdida de peso que necesito.

26.   Me estoy suscribiendo a mi programa de pérdida de peso cambiando mis patrones dietéticos de no saludables a completos.

27.   Estoy contento con cada parte que hago en mi esfuerzo extraordinario para perder peso.

28.   Constantemente estoy adelgazando y obteniendo más ventajas.

29.   Estoy construyendo un cuerpo atractivo.

30.   Estoy construyendo una forma de vida de bienestar enérgico.

31.   Estoy haciendo un cuerpo que me gusta y aprecio.

32.   Afirmaciones positivas para bajar de peso

33. Los cambios en mis hábitos alimenticios están cambiando mi cuerpo.

34. Me siento increíble ya que he perdido más de 10 libras en aproximadamente un mes y no puedo esperar conocer a mi compañera.

35. Tengo el estómago a nivel.

36. Controlo mi capacidad para decidirme sobre la comida.

37. Con alegría estoy pesando 20 libras menos.

38. Me encanta pasear de 3 a 4 veces por semana y hago prácticas de acondicionamiento, en todo caso, tres veces por semana.

39. Bebo ocho vasos de agua al día.

40. Como alimentos de hoja todos los días y como, en su mayor parte, pollo y pescado.

41. Estoy aprendiendo y utilizando las aptitudes psicológicas, apasionadas y de otro mundo para el progreso. ¡Lo cambiaré!

42. Haré nuevas contemplaciones sobre mí y mi cuerpo.

43. Aprecio y valoro mi cuerpo.

44. Es energizante encontrar mi marco de ejercicio y nutrición excepcional para perder peso.

45. Soy un ejemplo de pérdida de peso de cómo superar la adversidad.

46. Estoy encantado de tener el peso perfecto para mí.

47. Es sencillo para mí seguir un plan de alimentos integrales.

48. Decidí captar las contemplaciones de la confianza en mi capacidad para desarrollar mejoras positivas a lo largo de mi vida.

49. Se siente genial mover mi cuerpo. ¡El ejercicio es agradable!

50.   Utilizo la respiración profunda para ayudarme a relajarme y manejar la presión.

51.   Soy una persona encantadora.

52.   Tengo derecho a tener mi peso óptimo.

53.   Soy un individuo adorable. Merezco el amor. Está bien que pierda peso.

54.   Estoy muy cerca de alcanzar mi peso más bajo.

55.   Pierdo la necesidad de reprender a mi cuerpo.

56.   Reconozco y aprovecho al máximo mi sexualidad. Está bien sentirse exótico.

57.   Mi digestión es increíble.

58.   Mantengo mi cuerpo con un bienestar ideal.

Estas afirmaciones de pérdida de peso lo ayudarán a adelgazar. Confío en que estas 50 afirmaciones sobre la pérdida de peso resultaron útiles. Intente marcar esta página para referencia futura.

Afirmaciones Positivas para la Reducción de Estrés

Es ineludible encontrar un nivel específico de preocupación en la vida. En cualquier caso, los sentimientos de ansiedad que se mantienen altos la mayoría de las veces pueden afectar efectivamente la prosperidad física y apasionada de un individuo.

Descubrir enfoques para controlar la presión es primordial para un bienestar y felicidad aceptables, y repetir afirmaciones positivas es un método útil para expandir los sentimientos de armonía interna. La examinación en curso ha supuesto que las afirmaciones positivas pueden retener los impactos de la presión e incrementar la capacidad de pensamiento crítico de un individuo y la ejecución de diligencias (J. David Creswell, 2013). Las afirmaciones positivas son explicaciones atractivas que te repites con seguridad. Estas preposiciones lo ayudan a imaginar y consolidar en su cerebro cómo debe responder y sentirse en circunstancias específicas o en general. Se hablan en el estado actual y reflejan las cosas que necesita encontrar en su vida.

Las afirmaciones positivas, repetidas para ti mismo con poder, pueden ayudarte a incrementar tu certeza y convicción de que puedes afrontar bien la vida y recibir todo lo que necesitas a cambio. Pueden lograr una menor sensación de ansiedad, una mentalidad más estable y un mejor bienestar.

¿Cómo Funcionan las Afirmaciones Positivas?

En caso de que esté pensando: "Parece poco realista que conversar conmigo mismo pueda cambiarme por completo", qué tal si lo consideramos así: cuando sentimos y seguimos adelante de manera positiva, la vida parece ir más fácilmente. En el momento en que nos sentimos negativos con nosotros mismos, irritables y opuestos, las cosas parecen ir de manera ineficaz. Podemos participar en prácticas fastidiosas que hacen que las cosas salgan muy mal. La presión y el antagonismo interminables pueden incluso provocar problemas médicos.

Como tal, nuestras consideraciones impactan nuestras actividades, que influyen en nuestras condiciones.

Las afirmaciones positivas se dicen en el estado actual. Esto es algo difícil para personas específicas porque la preposición puede ser algo que no sienten directamente en ese momento. La clave es preparar tu cerebro para aceptarlo a través de la reiteración y, de esta forma, empezar a sentir los sentimientos relacionados con el reporte. En el momento en que eso ocurra, estará obligado a realizar las actividades que son importantes para lograr ese cambio positivo. Aquí hay dos modelos:

Necesitas perder algo de peso. Utiliza la afirmación, "Estoy sano y encantador". Sentirse atractivo y en forma hace que se sienta genial y lo anima a participar en horarios más fijos en lugar de disfrutar del bienestar y socavar los requisitos de comodidad. Las transformaciones de bienestar que buscas, por ejemplo, la pérdida de peso, sucederán de manera más efectiva de lo que lo harían si te revelas a ti mismo algo más parecido a "Me sentiré encantado después de perder 10 libras".

Necesitas conseguir otra línea de trabajo y tienes una reunión. Utiliza la afirmación: "Estoy equipado para este puesto y el entrevistador ve mi valor". Al entrar en la reunión, la fe en esta afirmación le permite actuar con normalidad y positividad. Si de alguna manera te dijiste a ti mismo: "¡Confío en conseguir este puesto! Preferiría no arruinar esta reunión", el estrés podría llevarlo a continuar de manera contrastante en la reunión, probablemente con más aprensión y con menos certeza; menos dispuesto a hacer demostración de sus aptitudes.

Como debería ser obvio, utilizar afirmaciones positivas para cambiar su idea, los ejemplos y los deseos pueden generar resultados positivos en su vida.

¿Cómo Puede Hacer que las Afirmaciones Positivas Trabajen Mejor para Usted?

Hay algunas cosas que pueden mejorar la intensidad de las afirmaciones positivas para disminuir sus sentimientos de ansiedad y expandir sus capacidades de adaptación.

Elija una afirmación positiva que se refiera a las reflexiones, los sentimientos o la buena vida que desea tener. Asimismo, podría mantenerse en contacto con uno (o varios) usted mismo.

Repítete la afirmación positiva unas cuantas veces seguidas un par de veces al día. La redundancia puede ayudar a ofrecer la expresión cada vez más concreta en su cerebro.

Inhala profundamente varias veces seguidas antes de comenzar a recitar la afirmación. Concentre su psique en las palabras que está repitiendo en lugar de lo que sucede a su alrededor.

Repítete la afirmación a ti mismo en ocasiones cuando tu cerebro esté cada vez más relajado, por ejemplo, justo después de despertarte o mientras te quedas dormido. Suele ser más fantástico repetir una afirmación positiva con delicadeza mientras te quedas dormido.

Afirmaciones Positivas para Liberar Estrés

Junto con las afirmaciones positivas diarias y el aumento significativo de la inspiración en su vida, aquí hay algunas declaraciones increíbles que pueden ayudarlo explícitamente a descargar la presión inmediatamente cuando se sienta dominado. Tómate unos segundos para inhalar profundamente y repetir una de estas afirmaciones un par de veces. Visualízate a ti mismo, descargando la presión de tu psique y la tensión de tu cuerpo con cada exhalación. Aquí hay un par de afirmaciones entre las que puede elegir:

1.   Estoy contento, tranquilo y liberado del estrés.

2.   Soy una persona positiva que atrae cosas positivas a mi vida.

3.   Estoy preparado para afrontar esta circunstancia con éxito.

4.   Mi cuerpo y mi psique se sienten tranquilos.

5.   Constantemente suceden cosas útiles.

6.   Irradio un sentimiento de prosperidad y hago que otros en mi calidad se sientan bien y bien consigo mismos.

7.   Sentirme liberado es mi estado normal.

8.   Me siento liberado en el mundo porque es útil para mi bienestar.

9.   Estoy a cargo de mi vida y decido sentirme tranquilo.

10.   Estoy seguro de mi vida y de mis capacidades.

11.   Me perdono por los pasos en falso que he cometido anteriormente y me he beneficiado de ellos.

12.   Hay algunas cosas que no puedo cambiar, y estoy de acuerdo con eso.

13.   Decido descargar los sentimientos de estrés y aferrarme a consideraciones felices.

14.   Esta circunstancia pasará, por lo que decido manejarla sin problemas.

15.   Considero que las dificultades son ejercicios de vida para saber más y ser un individuo superior.

16.   Soy una persona decente que merece satisfacción, bienestar y armonía.

Cuanto más se repita estas afirmaciones, más rápida y viable le ayudarán a descargar la presión cuando sea necesario.

CAPÍTULO 10:

Cómo Mantener Hábitos Alimenticios en Tu Vida

Si cree que lo que le receto es solo una dieta, se equivocó. Los expertos han dicho durante mucho tiempo que para mantener el peso, las personas deben realizar cambios a largo plazo en su dieta y niveles de actividad. Según los CDC, quienes pierden peso a un ritmo de una a dos libras por semana tienden a mantener el peso perdido con más éxito. Además, enfatizan lo importante que es tomar medidas para asegurarse de mantener la pérdida de peso.

La hipnosis es diferente a las "dietas" normales porque no promueve cambios temporales. La hipnoterapia te ayuda a resistirte a volver a tus viejas costumbres, pero eso no significa que no tengas que seguir esforzándote. La hipnosis inculca una tendencia hacia el cambio a largo plazo, pero si no luchas por mantener ese cambio, volverás a ser como antes. En consecuencia, tome los mensajes que aprenda a través de la hipnosis y refuércelos tanto como pueda después de que haya terminado la hipnoterapia. Puede continuar usando guiones por su cuenta si desea asegurarse de mantener el progreso.

Demasiadas personas vuelven a su peso original después de perder peso. Solo entre el diez y el veinte por ciento de las personas mantienen su peso y no regresan a su peso original o más después de perder peso. Este peso a menudo se recupera en cinco años, a veces en tan solo unas semanas, dependiendo de cuánto haya perdido. Por lo tanto, si no permanece consciente de sus hábitos, puede comenzar a incorporar esos que había abandonado.

Lleve a cabo todos los cambios que ha realizado incluso después de haber dejado la hipnoterapia. Probablemente no desee continuar con la hipnoterapia para siempre, pero debe mantenerse al día con todos los cambios dietéticos, físicos y mentales que ha realizado en este viaje porque son vitales para su bienestar y felicidad en general. No dejes que este viaje termine volviendo a ser quien eras. Continúe en su camino de crecimiento.

Tienes que seguir luchando por tu salud, y cuando estás estresado o ansioso, hacer esto puede ser difícil, pero el mantenimiento de tu salud no tiene fin. Eso es algo que tendrás que hacer por el resto de tu vida. No puede evitar el esfuerzo requerido para mantener su nuevo peso, pero se vuelve más fácil con el tiempo. Te acostumbras a los cambios, y los cambios eventualmente se sienten tan naturales que son increíblemente fáciles de seguir.

No Olvides por Lo Que Has Luchado

Nunca olvides el esfuerzo que realizas una vez que alcanzas tu peso ideal. Debe recordar el tiempo y la energía que invirtió para sentirse motivado a no volver atrás. No querrás perder tu progreso y empezar de nuevo. Por lo tanto, nunca olvide esa lucha y cuando quiera volver a los viejos hábitos, recuerde cuánto tiempo le tomó perder peso y también recuerde el dinero que pagó para mejorar (¡porque nadie quiere pagar más dinero del que necesita!). No necesita retroceder y tiene las habilidades para seguir avanzando.

Tenga a mano una foto de su antiguo yo. Puede sacar esta imagen cuando necesite un recordatorio visual de lo lejos que ha llegado. Recuerda a ese adulto pasado y ten en cuenta que ya no quieres serlo otra vez. Te has convertido en una persona que te hace más feliz y no hay necesidad de sabotear esta versión mejorada de ti. Respeta tu crecimiento personal amando a la persona que eras sin querer seguir siendo esa persona. Estabas bien tal como lo estabas en el pasado, pero tu yo cambiado se siente mejor, y esa es la diferencia.

Recuerde lo mal que se sentía antes de hacer un cambio. ¡Querías cambiar por una razón! No se sentía cómodo con usted mismo antes de hacer el cambio, por lo que nunca debe olvidar que cambió por una razón. Querías crecer como persona, y lograste este objetivo soñando con un yo mejor y trabajando para hacer de esa persona una realidad.

Piense en lo mejor que se siente ahora que ha realizado un cambio. ¿No se siente estimulante tomar un problema y observar cómo mejora gradualmente? Por supuesto que sí, así que toma ese sentimiento victorioso y llévalo contigo siempre que te ataque la tentación. Cuando quiera comerse una bolsa entera de papas fritas, piense en cuan mejor se sentiría si no hiciera eso.

Prométete a ti mismo que nunca vas a retroceder. Repítete este mensaje todos los días si es necesario porque si te dices a ti mismo que no sucederá, es probable que tu cerebro escuche. Tienes que seguir avanzando o terminarás dando vueltas en círculos de insatisfacción. Puede ser muy fácil quedarse atascado en el pasado y dejar que todo lo que te atrajo tenga una falsa sensación de seguridad, pero al confiar tanto en el pasado, perderás de vista el presente, y perderás gran parte de la felicidad que podrías tener al no ver todas las cosas hermosas que están justo frente a ti.

Sepa que el futuro es suyo para que lo tome. Tú decides cuál quieres que sea tu futuro y lo construyes. Hay algunas variables en la vida sobre las que no tienes poder, y esas cosas pueden ser aterradoras y hacer que no quieras pensar en el futuro. Te lastimas, la gente muere, cambias de trabajo, etc. Mucho cambiará en el futuro de formas que no puedes predecir, pero tienes el poder de tomar esos cambios de manera positiva o negativa. Cualquier cambio se puede utilizar para mejorar de alguna manera. Solo tiene que determinar cómo utilizará ese cambio a su favor.

Elija opciones saludables. Una vez que haya perdido peso, no se le permite dejar de comer alimentos ricos en nutrientes. Su cuerpo todavía necesita frutas, verduras, grasas saludables, proteínas y cereales integrales tanto como antes. No empiece a recurrir a alimentos con calorías vacías para las comidas. Continúe haciendo comidas bien balanceadas y comiendo alimentos que sean buenos para su cuerpo y que le darán la energía que necesita para pasar el día.

Siempre atienda sus necesidades emocionales y físicas. Estas necesidades deben anteponerse a cualquier otra cosa. Prioriza lo que tu cuerpo quiere de ti y deja que tu cuerpo sea apreciado en lugar de degradado. Atender sus necesidades le indica a su cuerpo que lo está cuidando, lo cual reducirá sus antojos de ciertos alimentos y comportamientos poco saludables que lo han perseguido en el pasado. Continúe practicando la alimentación consciente y sea consciente de sus emociones para asegurarse de no descuidar su cuerpo o mente.

Has trabajado tan duro para progresar, que te haría sentir como la peor persona del mundo volver a esos cambios una vez que finalmente hayas alcanzado tu meta de pérdida de peso. En consecuencia, debe recordar lo lejos que ha llegado para que la victoria por haber perdido peso esté siempre fresca en su mente. Siéntete orgulloso de tu progreso, lo suficientemente orgulloso de ser responsable de mantener ese progreso incluso cuando sea difícil hacerlo (porque algunos días serán más difíciles que otros).

Mantente Activo

Los humanos necesitan actividad. Es importante seguir haciendo cosas y logrando metas físicas incluso si ya alcanzó su peso ideal. Una vez que haya perdido peso, es posible que pueda disminuir la actividad, pero dejar de estar activo por completo perjudicará su salud física y emocional. El aburrimiento es una de las principales razones por las que las personas comen en exceso, así que manténgase ocupado para evitar los peligros de no tener nada que hacer más que comer mientras mira televisión.

Continúe con su actividad física. Si ha encontrado actividades físicas que le encantan, no las deje una vez que haya alcanzado su peso ideal. Continúe permitiendo que mejoren su vida y lo lleve a ser una persona más feliz y saludable. Manténgase en sintonía con las necesidades de su cuerpo y encuentre el poder en todas las cosas maravillosas que su cuerpo puede hacer.

Desafíe la actividad que ya realiza y trate de seguir esforzándose. Apuesto a que puedes estar haciendo más de lo que ya haces. No dejes que tu régimen de ejercicios se estanque. Sigue impulsando tus habilidades y fortaleciendo tu cuerpo. Nunca debes estar contento con cómo estás ahora. Siempre puedes hacer más y mejorar tu condición física.

Mantenga pasatiempos que le traigan satisfacción. Los estudios han demostrado que los pasatiempos son buenos para la salud y reducen el estrés. Estos pasatiempos no tienen que ser físicos, pero mantenerlos te dará un propósito y los proyectos te ayudarán a mantenerte motivado. Necesita tener salidas para su energía creativa, que se pueden encontrar a través de pasatiempos. Sus pasatiempos deben ser recreativos y no tener nada que ver con su trabajo u otras responsabilidades. Pasatiempos como construir modelos, escribir o dibujar son solo algunas de las opciones ideales que la gente debe considerar. Algunos de los pasatiempos más comunes son los juegos, coleccionar cosas, actividades al aire libre o construir cosas. ¡Las posibilidades son infinitas!

Sea mentalmente activo. Encontrar actividades que desafíen a tu cerebro puede ser una buena forma de mantenerte ocupado. Quizás te guste completar rompecabezas. Quizás te guste escribir historias. Quizás te guste resolver acertijos. Quizás te guste leer libros. Sea lo que sea que mantenga su mente activa, hágalo. Tu cerebro es un músculo y puedes entrenarlo como lo haces con otras partes de tu cuerpo, así que no descuides tu cerebro. ¡Se aburrirá si no lo mantiene alerta!

Pasa tiempo con personas que te hagan sentir bien contigo mismo. Mantenga amistades de calidad una vez que haya perdido peso. No busque personas que solo lo acepten porque ha perdido peso o que lo harán sentir mal consigo mismo. Elija pasar su tiempo con personas que lo mantendrán involucrado en sus relaciones y que se sienta seguro de esas amistades. Las personas que lo apoyan son tan importantes tanto cuando mantiene su peso como cuando lo pierde.

Estar activo es una de las mejores formas de mantener su peso, y no importa qué métodos elija para mantenerlo ocupado, pero trate de mantener varias cosas que lo mantengan fuerte y busque oportunidades que lo hagan feliz y seguro en su posición en la vida. Estar activo te ayudará a evitar los malos hábitos.

CAPÍTULO 11:

Cómo Usar la Hipnosis para Cambiar los Hábitos Alimenticios

E s impráctico para cualquiera de nosotros creer que debemos ser conscientes de cada bocado o incluso de cada comida que consumimos. Las demandas del trabajo y la familia a menudo implican que coma sobre la marcha o que tenga solo una pequeña ventana durante el resto del día para comer algo o enfrentarse a la inanición. Pero aunque no pueda ceñirse a una práctica rigurosa de alimentación consciente, puede resistirse a comer sin sentido y seguir las advertencias del cuerpo. Antes de consumir una comida o un refrigerio, tal vez debería tomar algunas respiraciones profundas y considerar en silencio lo que traerá a su estómago. En reacción a las señales de hambre, ¿se está alimentando por necesidad o se está alimentando como reacción a una señal emocional? ¿Estás aburrido o nervioso o solo, quizás?

Del mismo modo, ¿está consumiendo alimentos nutricionalmente equilibrados o está consumiendo alimentos reconfortantes para la mente? Aunque, por ejemplo, tenga que alimentarse en su lugar de trabajo, ¿se tomará un par de minutos en lugar de realizar múltiples tareas o ser interrumpido por su pantalla o teléfono para concentrar toda su energía en la comida? Piense en la alimentación consciente como un ejercicio: cuenta hasta el último detalle.

Cuanto más haga para calmarse, reflexionar únicamente sobre el proceso de alimentación y responder a su cuerpo, más disfrute podrá sentir de sus comidas y más influencia podrá tener con respecto a su dieta y comportamientos dietéticos.

Explorar tu Relación con la Comida Utilizando el Mindfulness

La comida afecta drásticamente su bienestar, ya sea consciente de ello o no. La forma en que se siente físicamente, reacciona emocionalmente y se las arregla mentalmente puede verse influenciada. Puede mejorar su energía y perspectiva, o puede agotar sus activos y hacer que se sienta cansado, de mal humor y desanimado.

Todos estamos de acuerdo en que se puede consumir azúcar, alimentos refinados y más bayas y verduras. Porque si fuera necesario reconocer las "leyes" de una vida segura, ninguno de nosotros tendría sobrepeso ni sería adicto a la comida rápida. Sin embargo, una vez que coma deliberadamente y se sintonice más con el cuerpo, comenzará a sentir cómo varios alimentos lo afectan física, psicológica y emocionalmente. Y hará que la transición a mejores opciones para comer sea mucho más sencilla de realizar.

Para empezar, si sabe que cuando está agotado o estresado, la golosina dulce que desea simplemente lo deja sintiéndose mucho peor, es mejor controlar esos antojos y simplemente optar por un bocadillo saludable que mejore su energía y estado de ánimo. Cuando nos permite estar mentalmente aquejados, siempre nos enfocamos en cómo la comida nos hace actuar. La pregunta que debemos abordar no es: "¿Mi dieta me enferma?" Más bien, "¿Qué tan bien me va a hacer sentir?" En otras palabras, ¿cuánto más saludable se siente después de comer? Después de una comida o un refrigerio, ¿cuánta más energía y emoción tienes?

¿Cómo Te Hace Sentir Tu Comida?

Es importante tomar conciencia de cómo los distintos alimentos le hacen descubrir verdaderamente su relación con la comida. ¿Cómo se siente después de cinco minutos, una hora o unas horas de comer? ¿Cómo te va normalmente durante el día? Prueba el siguiente experimento para comenzar a observar la relación entre lo que consumes y cómo te hace sentir:

Sigue el Vínculo Entre la Comida y los Sentimientos

Coma con regularidad. Elija los ingredientes, las cantidades y los períodos que consume habitualmente, pero ahora enfatice lo que hace. Mantenga una lista durante las comidas de todo lo que consume, como snacks y golosinas. No se engañe a sí mismo; ya sea que lo escriba todo o lo siga en una aplicación, no lo recordará todo. Preste atención a las emociones físicas y mentales cinco minutos después de despertarse, una hora después de comer, dos o tres horas después de comer.

Observe si ha surgido un cambio o transición debido a la alimentación. ¿Está mejor o peor que antes de comer? ¿Te sientes lleno de energía o cansado? ¿Alerta o aburrido? Mantener un registro en su teléfono móvil o en un diario puede mejorar su comprensión de cómo las comidas y los refrigerios que ingiere influyen en su estado de ánimo y bienestar.

Experimentar con Diferentes Combinaciones de Alimentos

El método de comer se convierte en una práctica de escuchar su propio cuerpo hasta que pueda relacionar sus preferencias alimentarias con su bienestar físico y mental. Por ejemplo, puede notar que se ve lento y letárgico durante horas después de consumir carbohidratos. Los alimentos con alto contenido de carbohidratos, entonces, es algo que intenta prevenir. Por supuesto, debido a influencias como la genética y el estilo de vida, múltiples alimentos nos impactan a todos de manera diferente. Por lo tanto, encontrar los alimentos y las variaciones de alimentos que funcionan mejor para usted puede requerir un poco de prueba y error. El siguiente ejercicio le ayudará a aprender cómo las combinaciones y cantidades de alimentos influyen en su bienestar:

Mezclar y Combinar Diferentes Alimentos

Comience a experimentar con su comida:

- Empiece a consumir menos cosas con más frecuencia o menos comidas.

- Dedique dos o tres días a eliminar la carne de su dieta, en caso de que consuma carnes.

- O tal vez debería eliminar las carnes rojas, pero debería agregar aves y pescado.

- Elimina de tu dieta estos alimentos: sal, cafeína, azúcar o pizza, por ejemplo, para ver si esto influye en cómo te sientes.

- Juegue con combinaciones de alimentos. Trate de consumir comidas con carbohidratos, proteínas, carne o vegetales únicamente.

- Mantenga una nota cuando juegue en sus patrones dietéticos con todo lo que nota en usted mismo. La consulta que busca abordar es: "¿Qué hábitos alimentarios llevan al valor de mi vida y qué desvía la atención de eso?" Durante dos o tres semanas, comience a jugar con múltiples estilos, proporciones y cantidades de comida, controlando cómo se siente psicológica, física y emocionalmente.

Comer para Llenar un Vacío vs Comer para Mejorar su Bienestar

Aunque la comida influye sin lugar a dudas en cómo te sientes, sigue siendo bastante cierto que el cuándo, dónde y cuánto consumes también afectan cómo te sientes. Muchos de nosotros a veces confundimos los sentimientos de miedo, fatiga, aislamiento o frustración con hambre y usamos la comida para lidiar con estas emociones. El dolor que experimentas te dice que deseas más y necesitas algo en tu vida para llenar un vacío. Una amistad más fuerte, una carrera más gratificante o un deseo espiritual podrían ser la necesidad. Sin embargo, como continuamente desea llenar los vacíos con comida, eventualmente olvida su verdadero anhelo.

Te volverás consciente de cuánto tiene poco que ver tu ingesta de alimentos con el hambre real y todo con la satisfacción de un deseo emocional mientras practicas la alimentación consciente, y tu conocimiento aumentará. Cuando se siente y se alimente, pregúntese:

"¿De qué tengo hambre?" Ya que tienes mucha hambre o tienes alguna excusa, ¿estás esperando un "poquito para picar"?

Llenarte de comida y saturarte te ayudará a ocultar lo que realmente quieres, pero solo por un momento. Y entonces volvería la verdadera necesidad o hambre. Practicar la alimentación consciente te ayuda a calmarte, reflexionar sobre el momento y comprender lo que realmente pensaste. Y cuando te preguntas con frecuencia: "Después de una comida o un snack, ¿qué tan bien me siento?" Comenzará la fase de adquirir conocimiento de sus necesidades dietéticas.

Tomar Respiraciones Profundas Antes de Comer

La respiración también puede ayudar a aliviar el hambre, sobre todo cuando la comida no es especialmente hambre. El oxígeno alimenta nuestro cuerpo, y la energía y la sensación de bienestar se verán reforzadas al respirar profundamente. También alivias el estrés y la tensión, típicos imitadores de la falsa hambre, cuando respiras profundamente.

8 Hábitos Conscientes que Practicas Todos Los Días

1. Sentarse en la Mañana

Se ofrece una oportunidad fantástica para el Mindfulness (también llamado atención plena o conciencia plena) en la mañana. El día recién comienza, es tranquilo y agradable, y es posible que tenga algunos recuerdos para usted. Disfruto esperar un par de minutos en lugar de saltar de la cama y seguir la rutina matutina. Solo hablo de ser feliz por el día y estar en el momento. Es posible que solo desee relajarse en el sofá y concentrarse en la respiración sincronizada, o también puede tener lugar la meditación. Noto que hacerlo me permite comenzar con el marco mental correcto todos los días.

2. Comer Conscientemente

¿Cuál fue el último momento en que disfrutó de una comida? Eso es fácilmente comprensible. Tu vida es complicada y, como resultado, comer ha sido algo que se ha logrado de pasada. Tenemos cadenas de comida rápida que también podemos recorrer y consumir mientras viajamos. Alternativamente, le animo a que intente reducir la velocidad, prepararse la comida para usted y comer deliberadamente.

Elija alimentos enérgicos con una selección de matices, texturas y sabores diferentes. Tómese el tiempo para masticar realmente cada bocado y disfrutarlo. Para la digestión, hacerlo es más saludable y puede ser un período divertido y relajante. Muchos de nosotros llevamos las distracciones a la mesa como un punto extra. Algunas personas ven televisión, otras aprenden y es posible que otras no puedan dejar el teléfono.

3. Pase Tiempo al Aire Libre

Otro enfoque para obtener la atención plena sería invertir un poco de tiempo al aire libre y no es necesario dirigirse a un lugar lejano para lograr los efectos óptimos. Todo lo que necesita hacer es dar un paseo por su vecindad. Será el lugar ideal para estar en contacto con la naturaleza e interactuar con el momento presente, ya sea que tengas hermosos senderos, parques o áreas verdes. Observe lo que ve en su caminata, cómo se siente con el clima, lo que escucha y lo que huele.

4. Medite

El arte del Mindfulness es la meditación. Aprovechas la oportunidad para interactuar con tu mente cuando meditas. Requiere algo de tiempo aprender a respirar de forma controlada y silenciar todo el ruido, pero puede ser útil en muchos aspectos. También puede ser útil para relajarse y controlar el estrés y ser un período de atención plena.

5. Enfóquese en una Tarea a la Vez

Es casi natural suponer que lograr todo a la vez es más fácil, pero no es real. No le presta a cada uno de ellos la atención que necesita dividiendo la energía en varias actividades. Los estudios también muestran que la multitarea aumenta la probabilidad de errores, ya que lleva más tiempo que completar cada actividad de forma individual. Tomar un trabajo a la vez y concentrarse en la misión en cuestión. Tómate un breve descanso cuando hayas terminado y luego continúa con la siguiente misión. Es una forma más cómoda y consciente de lograr las cosas, y es de esperar que la eficiencia aumente.

6. Sentir los Sentimientos

No debes evitar tus sentimientos mientras estás en proceso de atención plena o Mindfulness. En el momento, parte de la vida es exactamente lo que es. Puede implicar emoción a veces, pero no querrás seguir impulsando emociones positivas o evitar una reacción emocional real. Quizás, debido al momento, solo necesitas reconocer los sentimientos negativos. Acepte la deshonestidad, los celos, el dolor, la frustración, etc. como lo que son y permítase sentirlos. Debe ser consciente de cómo reacciona a las emociones, pero aceptarlas por lo que son es seguro.

7. Crear Algo

Esta también será una forma exitosa de ejercitar el Mindfulness si tienes un pasatiempo artístico. Tu lado artístico es consciente de su esencia, ya sea que quieras dibujar, pintar, crear o tomar fotografías. La práctica del Mindfulness, como beneficio adicional, inspirará imaginación. Puede notar que pensamientos frescos e innovadores vienen a usted más rápidamente mientras está de paseo o meditando.

8. Involúcrese en Actividades Físicas que le Apasionen

Cuando hacemos algo que amamos y que necesita la concentración del cuerpo y la mente, es más fácil estar plenamente atento. Surf, baloncesto, fútbol o ciclismo, por ejemplo. Puede significar un objetivo perdido o malgastado si olvida su Mindfulness al participar en estas prácticas. Puede dedicar tiempo a participar plenamente buscando una actividad que disfrute y que pueda enseñarle cómo llevar esa consciencia plena a otros aspectos de la vida. Sentirás que has logrado un tipo diferente de poder sobre tu vida porque estás más atento y en el momento. Te ayudará a lograr una satisfacción general que no sea tan temporal. Consulte cualquiera de estas estrategias para ver la diferencia que puede crear la atención plena.

CAPÍTULO 12:

Usar la Hipnosis para Cambiar los Hábitos Alimenticios

Presta Atención a Tus Hábitos

Los hábitos gobiernan gran parte de sus actividades diarias, especialmente sus hábitos alimenticios y de ejercicio. Además de la hipnosis, prestar atención a sus hábitos es un paso importante en la pérdida de peso porque son sus hábitos los que dictan si adaptará sus hábitos alimenticios para que coincidan con los objetivos que necesita. El cuarenta por ciento de lo que hace cada día es habitual, por lo que si no presta atención a sus hábitos, se está perdiendo una parte importante de su comportamiento y sin lograr alinearlo con sus objetivos. Si desea perder peso, algunos hábitos, pero no todos, deberán cambiar.

Debido a que gran parte de nuestra vida está regida por hábitos, debe determinar cuáles son sus peores hábitos dietéticos y de ejercicio. Durante una semana más o menos, lleve un registro de sus patrones de alimentación y ejercicio, especialmente preste atención a los momentos en los que come sin pensar o emocionalmente. Haga un seguimiento de lo que come y por qué lo come. Además, lleve un registro de los tipos de ejercicios que hace y durante cuánto tiempo. Durante este proceso, puede comenzar a captar algunos de sus hábitos que pueden no ser evidentes inicialmente cuando intenta identificar los hábitos que desea cambiar. Algunos de sus hábitos pueden ser obvios desde el principio, pero otros estarán más encubiertos. Una vez que los haya descubierto, busque formas de reemplazar sus malos hábitos por buenos para fomentar los cambios que desea en su vida.

Reemplazar los hábitos poco saludables puede ser difícil porque ellos están tan arraigados en usted que a menudo no se da cuenta de que los está haciendo, pero concentrarse en crear buenos hábitos en lugar de malos puede alegrar su actitud y facilitar el cumplimiento de su plan. A medida que reemplaza sus malos hábitos, cree hábitos que disfrute y que le brinden enriquecimiento. Si no le gusta el apio, no reemplace su hábito de comer patatas fritas por un hábito de comer apio. Pruebe las zanahorias y el humus o las tortas de arroz. Hay cientos de buenas alternativas para cualquier mal hábito, así que encuentre las que le funcionen y no le hagan sentir que está perdiendo por completo.

No intente cambiar todo a la vez. Empiece con uno o dos hábitos a la vez. Si intenta hacer varios grandes cambios de hábitos a la vez, su cerebro tendrá dificultades para concentrarse y mantenerse al día con todos los cambios que necesita hacer. Integre sus nuevos hábitos gradualmente, para que no sea un shock para su sistema. Tienes mucho tiempo para completar tu transformación, así que no te apresures. No querría que un contratista se apresurara a construir su casa solo para hacerlo, y se enojaría si hiciera un trabajo a medias, por lo que debe tomarse su tiempo para perder peso y hacerlo de la manera adecuada y manera efectiva. Si logra romper más de un par de hábitos a la vez, agregue algunos hábitos más para romper, pero como siempre, conozca sus límites.

Recompénsese cuando lo haga bien. Anímese siempre que se dé cuenta de que no está haciendo esos hábitos que le perjudican. Por ejemplo, si puedes pasar veintiún días sin comer sin darte cuenta frente al televisor, prométete que puedes ir a arreglarte las uñas o que puedes comprarte un par de zapatos nuevos. Haz que valga la pena. Darse cosas por las que esperar es una gran motivación y pone su mente en lo que puede ganar en lugar de dejar que se fije en lo que está perdiendo. Puede ser difícil ver esto ahora, pero al final de su viaje, no sentirá que ha perdido nada. Simplemente te sentirás equilibrado y como si hubieras ganado una nueva oportunidad de ser la persona que quieres ser.

Involucre a sus seres queridos en su proceso de pérdida de peso y permítales ser parte de sus planes. Quizás uno de tus amigos también quiera perder peso o lograr nuevos objetivos fitness. Hacer este proceso juntos puede ser una importante experiencia de vinculación, y no tener que pasar por el proceso solos lo hace mucho más fácil. Por lo tanto, si encuentra un amigo que esté dispuesto y sea capaz, sean el sistema de apoyo mutuo de cada uno y háganse responsables. Incluso si no hacen dieta contigo, apóyate en tu familia y amigos para que sean tus porristas, y empújate para que seas lo mejor que puedas incluso cuando te sientas desanimado.

Deshágase de las cosas que puedan fomentar los malos hábitos. Si eres un adicto a las golosinas, limita la cantidad de glosinas que guardas en tu casa. Cuando tienes hábitos de los que quieres deshacerte, lo mejor que puedes hacer es alejar las tentaciones. De esa manera, cuando por lo general buscaría la bolsa de papas fritas, debe ser consciente de que no tiene ninguna. A partir de ahí, se te da la decisión de enseñarte a ti mismo a buscar otra cosa, o tener que esforzarse conscientemente para conseguir esas golosinas. Cuando tienes que hacer algo conscientemente, eso te ayuda a resistir la atracción habitual porque tienes que detenerte y pensar en lo que estás haciendo.

Utilice la visualización para verse a sí mismo como la persona que quiere ser. La visualización es una herramienta excelente que le ayudará a imaginar sus objetivos y luego alcanzarlos. Imagínese dónde quiere estar dentro de un año. Piense en cómo se verá, pero también imagine cómo se sentirá. Piense en cómo se moverá de manera diferente cuando pierda peso. Piense en todos los obstáculos que ya no tendrá que enfrentar. Piense en la libertad que sentirá y el peso que se le quitará de los hombros. Imagínese tranquilo, sin estrés y más delgado. Cada día, puede ayudar irse a la cama y despertarse, visualizando la persona que le gustaría ser.

Sea consciente de las dificultades y la recompensa. Mantenga siempre la recompensa en su mente y recuérdese por qué quiere cambiar. Si no mantienes lo que quieres al frente de tu mente, tus sueños se perderán en el caos de tu cabeza. La dificultad parece mucho peor cuando piensas en todas las cosas maravillosas que pueden surgir de ese trabajo. Los desafíos también pueden ser psicológicamente gratificantes porque, cuando no te sientes desafiado, te sientes aburrido y estancado, lo que genera inquietud e infelicidad.

No te permitas decir que no está funcionando y rendirte. Ten paciencia contigo mismo. Si solo lleva una semana y ya está empezando a convencerse de que no tiene remedio, entonces usted es el problema. Cuando no te permites ver el proceso completo, te estás fallando y te niegas a dar los pasos necesarios para convertirte en la persona que quieres ser. Vuelve atrás y haz más preparación mental hasta que te sientas listo para darlo todo. Date al menos un mes. Los hábitos pueden tardar desde veintiún días hasta dos meses en formarse. Por lo tanto, si no se logra en ese tiempo, no renuncie a sus planes de dieta hasta que haya realizado al menos un mes de esfuerzo, preferiblemente más. Si le da tanto tiempo, verá que comienza a ser más fácil

Empiece de inmediato. No posponga la pérdida de peso para mañana. Debes comenzar este proceso ahora mismo y no permitirte huir con miedo de las cosas que quieres lograr. Si no comienza de inmediato, seguirá posponiendo sus sueños de perder peso hasta que no haya otro mañana. No hay absolutamente ninguna razón para retrasar este viaje. Puede parecer abrumador ahora, pero es completamente manejable para cualquiera que esté dispuesto a dedicar tiempo y esfuerzo.

Prepárate para el Éxito

El objetivo final de la hipnosis y el corazón de todo este libro es prepararse para el éxito. Muchas dietas están destinadas a fallar, pero debido a que este plan le permite hacer cambios permanentes y enseñarle a su cerebro a actuar de mejor manera, por lo tanto, no está preparado para fallar. Sin embargo, por muy buena que sea esta información, la mayor parte del peso del éxito recae sobre usted. Usted es quien tiene que hacer todo el trabajo para prepararse para el éxito, así que tómese ese deber en serio.

Tómate el tiempo para concentrarte en ti mismo. No es egoísta querer tomarse un tiempo especial para atender sus propias necesidades. Tantas personas dedicaron su vida a otras personas, y eso es algo noble, pero cada persona también debe cuidar sus propias necesidades para poder servir mejor a otras personas y sentirse seguro de quiénes son. Encuentre tiempo para reflexionar sobre su proceso de crecimiento y pérdida de peso, además de encontrar tiempo para la hipnosis. Todos tenemos vidas ocupadas, pero reducir un episodio de televisión al día puede marcar una enorme diferencia en cuanto a lo que puede lograr. Mereces sentirte bien contigo mismo, así que dale prioridad a eso y podrás encontrar el tiempo.

Esté abierto al cambio. No podrás seguir con tus viejos y cómodos hábitos. Tendrás que aprender a dar la bienvenida a lo nuevo y a aceptar la incertidumbre que trae cada nuevo viaje. A veces te sentirás como si estuvieras fuera de tu elemento, ¡pero eso es algo bueno! Cuando te sientes así, estás cambiando y creciendo como persona. No tenga miedo de probar cosas nuevas y experimentar con lo que come y las actividades que realiza. No hay límite en cuanto a lo que puede aprender sobre usted mismo y, por supuesto, si está abierto al cambio, agradecerá la pérdida de peso. Demasiadas personas se cierran inconscientemente a la pérdida de peso, así que haga un esfuerzo consciente para permanecer abierto a la nueva información sobre el mundo y usted mismo.

No dudes de ti mismo. Tenga fe en su capacidad para lograr sus metas. Realmente no hay nada que se interponga en su camino hacia el éxito. Tienes todo el poder en esta transformación, así que si quieres hacerlo bien, creer en ti mismo puede ser de gran ayuda.

La hipnoterapia puede funcionar mejor cuando estás en el espacio mental adecuado para hacerlo, por lo que hemos enfatizado en entrar en el espacio mental adecuado para la hipnosis y aprender sobre qué es fundamentalmente la hipnosis. Con toda la información que ha leído hasta ahora, debería sentirse listo para prepararse para el éxito y finalmente sumergirse en la hipnosis real. Todavía habrá mucho trabajo mental por delante, pero ahora que ha creado la base mental, puede manejarlo todo con gracia y relativa facilidad. Tu mente tiene poderes asombrosos, unos que solo necesitas canalizar para hacerlo bien. Nunca cuestione que puede hacer cambios que durarán el resto de su vida.

CAPÍTULO 13:

Qué Es la Alimentación Emocional

La elección de alimentos, mientras está en un momento turbio o de confusión, puede reflejar qué emociones están causando su deseo de comer. Los diferentes tipos de necesidades emocionales, como el estrés, la fatiga o el aburrimiento, lo impulsan a comer diferentes alimentos.

Conocer la razón detrás de la alimentación emocional es el primer paso para conquistarla. Preste atención a cómo se siente cuando come lo que come. Notarás la conexión entre el estrés y la comida.

Cuando está estresado o frustrado, tiende a buscar alimentos masticables o crujientes como galletas o barras de chocolate. Cuando se siente triste, solo o deprimido, tiende a buscar alimentos de textura suave o cremosa como helado o chocolate. La tristeza, la soledad y la depresión reflejan una falta de amor y atención.

Cuando preste atención al patrón de alimentación, notará la diferencia entre los dos tipos de alimentación. Una vez que identifique lo que lo lleva a desear comer, puede ocuparse de lo que necesita en lugar de buscarlo en la comida.

Esta no es la única forma para identificar la conexión. Puede que no funcione para todos. Hay ocasiones en las que no identificará la necesidad específica que tiene, pero siga buscando. Con el tiempo, sabrá la conexión exacta entre la comida y las emociones con cierto grado de precisión.

Emociones de Presión; Ira, Frustración, o Resentimiento

Los antojos son por un alimento específico. Sabes exactamente lo que quieres. El antojo es tan preciso que puedes ir a la tienda de alimentos a comprar una marca específica de galletas o frutos secos. Haces lo que sea necesario para satisfacer la idea de la comida, incluso levantarte por la noche para comprar una bolsa de papas fritas.

Los alimentos que anhela cuando se siente frustrado a menudo incluyen nueces, papas fritas, masticables, carne, perros calientes, pizza o galletas saladas. Estos alimentos aportan la masticabilidad o el crujido que requiere un esfuerzo para dar la sensación de satisfacción. Reemplaza la idea de tener que expresar la frustración o el enojo hacia otra persona. En cambio, lo dirige a la comida.

El antojo por estos alimentos aparece rápidamente. En un minuto, las anhelas desesperadamente. Una vez que termine de comer, se sentirá mejor por un tiempo. La comida calma las intensas emociones que tenías y te sientes más tranquilo y en paz, aunque temporalmente. Es bueno anotar cuándo sucede esto para que pueda trabajar en ello.

Debemos comer para proporcionar nutrición y energía a nuestro cuerpo. Pero comemos por muchas otras razones. Comemos como lo hacemos debido a nuestra cultura y a cómo nos criaron. Comemos por costumbre o para satisfacer las expectativas de nuestros compañeros. Otras veces comemos en respuesta a nuestras emociones, ya sea para calmar la ira o para consolarnos. También comemos por obligación o como recompensa.

La razón principal para comer debería ser satisfacer el hambre física, que es la forma en que el cuerpo obtiene el combustible que necesita para funcionar durante el día. En el ritmo acelerado de nuestra sociedad actual, nuestra ingesta de alimentos es mucho mayor de lo que necesitamos. Nuestro nivel de actividad es inexistente. Todo se ha hecho fácil de lograr. En el trabajo, trabajamos en nuestros escritorios hasta el amanecer. Cuando llegamos a casa, la facilidad de los dispositivos controlados a distancia nos mantiene en el sofá mientras vemos la televisión, atenuamos las luces o cerramos las cortinas. El resultado es que estamos sufriendo por las decisiones que hemos tomado.

Para revertir esto, necesitamos crear una vida de equilibrio. Planifique el día en términos de qué actividades hacer y qué alimentos comer. Cuando hay una sensación de equilibrio, puedes disfrutar de la vida. Equilibre su nutrición, actividades y tiempo de descanso. Organice su plan de menú semanal y sus compras de comestibles. Programe todas las actividades que necesita hacer en el trabajo y en casa.

CAPÍTULO 14:

Causas de Alimentación Emocional

Cuando se refiere a la hipnoterapia, las personas tienen algunas opciones: citas individuales con un hipnoterapeuta, escuchar cintas de hipnosis y autohipnosis. Entre las más convenientes se encuentra la autohipnosis, para que puedas hacerlo en el calor de tu propia casa o en el lugar de trabajo.

Para la alimentación compulsiva, a menudo se recomienda encarecidamente. El método es, como puede ver, sencillo. Aquí hay algunos aspectos que puede que le guste recordar:

Considere Su Bienestar— ¿Cómo te sientes? Evaluar cómo se sintió es beneficioso porque, al final de la sesión, puede reevaluarlo.

Respiración Dirigida y Visualización— El cuerpo y la mente adquieren la respiración profunda como mensaje de que es hora de descansar. Otra estrategia para desencadenar la relajación es la imaginación.

Una Cuenta Regresiva Dirigida— A partir de 10, puede elegir para iniciar la cuenta regesiva. Esto permite que el cerebro entre en modo hipnosis.

Afirmaciones Fuertes—Debe hablar explícitamente con el subconsciente cuando se sienta cómodo. Dele afirmaciones, pensamientos constructivos destinados a reacondicionar el cerebro. Podría repetir cosas como, por ejemplo, con respecto a la adicción a la comida: "Estoy libre de comer en exceso. Para reconocer qué comer, le hablo a mi cuerpo. En cantidades razonables, prefiero consumir alimentos equilibrados. Los alimentos azucarados no me ayudan. Cada día me siento más seguro".

Visualice el Cambio—Una vez que haya ofrecido su retroalimentación subconsciente constructiva, imagine cómo se seguiría la mejor ruta. Mírate con una buena conexión con la comida. Esto mejora el concepto y lo ayuda a asentarse y mantenerse.

¿Quién Puede Probar la Hipnosis?

Cualquiera que tenga dificultades para comprometerse con una dieta equilibrada y un régimen de ejercicios puede, francamente, ser una elección perfecta porque no parece romper con sus malos comportamientos. Es un símbolo de un problema subconsciente quedarse atrapado en patrones poco saludables, incluido consumir toda la bolsa de Doritos en lugar de parar cuando está lleno.

Tu cerebro es donde se alojan tus miedos, comportamientos y adicciones. Y podría ser particularmente poderoso porque la hipnoterapia aborda el subconsciente en lugar de solo la conciencia. De hecho, una revisión de la investigación de 1970 mostró que la hipnosis tenía una tasa de éxito del 93 por ciento, con menos sesiones necesarias que la psicoterapia y la terapia conductual. Incitó a los investigadores a concluir que la hipnosis era la herramienta más poderosa para modificar actitudes, patrones de pensamiento y acciones.

La hipnoterapia tampoco necesita usarse sola. La hipnosis a menudo puede verse como un complemento de varios programas de pérdida de peso desarrollados por médicos para controlar problemas de salud comunes, como artritis, obesidad, diabetes o enfermedades cardiovasculares.

¿Se Puede Controlar el Peso con la Hipnoterapia?

Para las personas que intentan reducir de peso, la hipnosis puede tener más éxito que la dieta y el ejercicio por sí solos. La premisa es que es necesario manipular el subconsciente para modificar comportamientos como comer en exceso. Sin embargo, también está en discusión cuán poderoso puede ser.

En personas con apnea del sueño, un estudio aleatorizado previo investigó el uso de hipnoterapia para perder peso. La investigación analizó dos tipos únicos de hipnoterapia para la reducción de peso y la apnea del sueño frente a una simple guía dietética. En 3 meses, los sesenta individuos perdieron del 2 al 3 por ciento de su peso corporal.

La comunidad de la hipnoterapia había perdido un promedio de 8 libras más en el seguimiento de 18 meses. El estudio encontró que, aunque esta pérdida adicional no era tan importante como una cura para la obesidad, la hipnoterapia requería más estudios.

Para vivir y funcionar, consumimos alimentos. Aunque no es necesariamente por lo que comemos. Para cada persona, la causa que da como resultado la alimentación emocional probablemente sea diferente, pero puede haber ciertas emociones similares que induzcan la alimentación emocional, es decir, consumir no para aliviar el hambre, sino para lograr un respiro momentáneo de las malas emociones. Este es el comportamiento de alimentación poco saludable que contribuye a patrones de alimentación deficientes y da como resultado un aumento de peso. Las causas habituales de la alimentación emocional son:

- Vergüenza
- Baja autoestima
- Una impresión de pérdida recurrente
- Soledad
- Tristeza
- Duelo
- Ira
- Miedo

La verdadera ironía es: las emociones mencionadas anteriormente provocan la ingesta emocional, pero la vergüenza y la ganancia de peso a largo plazo que surgen de la ingesta emocional provocarán la activación de estas emociones nuevamente! En cambio, los alimentadores emocionales optan por el refrigerador y eventualmente terminan sintiéndose más infelices, en lugar de lidiar con la ira y discutir la raíz de la misma.

El Estresante Ciclo de Alimentación Emocional

Hemos aprendido que los seres humanos no solo se alimentan para aliviar la necesidad de comer. El consumo emocional se trata más del uso de conexiones y signos. Estamos ansiosos por permitir que un elemento represente a otro, lo que generalmente nos encaja bien en la creación de tecnología moderna y una sociedad altamente avanzada. Sin embargo, usamos comparaciones y frases de manera muy despectiva. También podemos equiparar una punzada particular de ira con un estallido de hambre, atribuyéndoselo a la alimentación emocional. Y se convierte en una presunción normal en ciertas situaciones de que esa alimentación solucionaría el problema. Entonces, ¿por qué convertirlo en un ciclo de alimentación emocional? Y después de haber comido, las emociones de remordimiento que surgen inducen algunas de las emociones similares, y el ciclo comienza de nuevo. Este comportamiento nunca es deliberado; simplemente ocurre. De una manera imposible de modificar, nos hemos programado. ¿Alguna vez te has preguntado por qué un perro se pone nervioso mientras está en la cocina y siente el ruido de los utensilios? Conecta el sonido con estar preparándole una comida. Este tipo de conexión se llama condicionamiento clásico. A través de la influencia de la hipnosis, la hipnoterapia le ayudará a transformar comportamientos de larga data.

La hipnoterapia lo ayudará a romper el ciclo del consumo emocional al abordar el tema en la etapa que está arraigada en la mente inconsciente. Puede ver algunas cosas buenas que ocurren durante el proceso de hipnoterapia:

- Se siente más cómodo y el pensamiento se vuelve más fácil.
- Comenzará a sentirse normal mantener separados los requisitos mentales y físicos y, por lo tanto, surgirá de forma natural.

- Buscará formas más innovadoras de trabajar los pensamientos y trabajar con ellos.

- Su apetito por alimentos nutritivos aumentará y su nutrición cambiará enormemente.

- En la vida diaria, comenzará a volverse más optimista, más seguro y satisfecho sin una cruz implacable que cargar.

.

CAPÍTULO 15:

Estrategias para Mantener una Relación Saludable con la Comida

Ocurre cuando las personas comienzan a comer en exceso o poco cuando se sienten abrumadas por emociones mixtas en lugar de comer en respuesta a sus señales internas. Las emociones fuertes que experimentamos a veces pueden evitar que escuchemos nuestros sentimientos físicos y, por lo tanto, nos impiden sentir hambre o saciedad.

En tal escenario, la comida se utiliza como un mecanismo de afrontamiento, reduciendo así, de forma temporal, el efecto de la emoción intensa. Este hábito es muy adictivo y, si no se controla, puede provocar obesidad, aumento de peso rápido, comer en exceso, culpa y vergüenza. Los trastornos alimentarios relacionados con el estrés, si no se controlan, pueden hacer que uno sea vulnerable y no se sienta cómodo con su cuerpo.

Aquí es donde la meditación juega un papel importante porque uno podrá manejar su situación de estrés y, por lo tanto, no utilizar la comida como mecanismo de afrontamiento.

La alimentación por estrés afecta a millones de personas cada año, y aunque no muchos lo admitirán, puede causar adicción a la comida y opciones alimentarias poco saludables. Cuando uno come, cree que comer lo libera del estrés y, a menudo, culpa a otras personas por sus problemas.

No ven la necesidad de comer sano porque su mente está preocupada por tantas cosas.

Hacer Dieta

Hacer dieta solo cambia los alimentos que consume durante un tiempo y limita su forma de pensar.

Por lo tanto, la meditación lo ayudará a aprovechar sus sentimientos internos y responder a su deseo con la capacidad de controlarse a sí mismo. No estar a dieta también hace que te mantengas concentrado porque estarás interesado en lo que comes y en lo beneficioso que es para tu cuerpo. La meditación para bajar de peso cambia la percepción de la mente, lo que a su vez hace que el yo interior responda a las elecciones y decisiones tomadas. La dieta es restrictiva y específica en las comidas que debe comer. Desafía a la mente a creer que la restricción en términos de alimentos es el único camino para perder peso. La meditación, sin embargo, es una forma saludable de dejar que la mente sea libre para elegir lo mejor, aprender de los errores y poder concentrarse en mejorar. Es posible ganar peso una vez que se detiene el proceso de dieta. Puede ofrecer necesidades de pérdida de peso tanto a largo como a corto plazo. Sin embargo, la desventaja es que debe conocer las calorías que debe consumir por porción. Si no lo sabe, puede tomar menos y su cuerpo se verá privado de los nutrientes necesarios.

Abordando Barreras para la Pérdida de Peso

Existen muchas barreras para la pérdida de peso, desde lo personal hasta lo médico, el sistema de apoyo y la salud emocional. La meditación, si se incorpora, traerá resultados fructíferos y saludables. La dedicación para superar los desafíos y estar enfocado en lograr sus metas es significativa. Hay muchas distracciones, especialmente antes de comenzar con su rutina de adelgazamiento.

Se necesita disciplina y resistencia para manejar un programa de pérdida de peso. Necesitamos darle a la pérdida de peso la prioridad que se merece. Además, debemos darnos cuenta de la existencia de dichas barreras y su contribución a nuestro objetivo. Las barreras determinarán nuestros éxitos y fracasos.

Establecer Metas Realistas

Cuando establezca metas, asegúrese de que sean alcanzables, específicas y realistas. Es fácil trabajar en objetivos realistas y lograrlos para obtener mejores resultados. En cambio, si los objetivos no son realistas la tasa de éxito será baja y se sentirá desanimado. Por ejemplo, al comenzar con la meditación, puede comenzar con tan solo cinco minutos al día y aumentarlo gradualmente todos los días hasta alcanzar el tiempo máximo, como sesenta minutos.

Lo mismo se aplica para perder peso durante el proceso de meditación. Puede comenzar a concentrarse en perder algunos kilos cada semana y aumentar gradualmente hasta alcanzar su objetivo. Sin embargo, cuando establezca metas, tenga en cuenta que no es culpa suya si no funcionan como lo había planeado, haga lo mejor que pueda y mantenga su enfoque.

Siempre Sea Responsable

Una vez que haya decidido comprometerse con la meditación para bajar de peso, no dude en compartir su plan con su sistema de apoyo y su familia. Es para que las personas con las que compartes también refuercen el compromiso y formen parte del sistema de apoyo. De esa forma, se sentirán parte del programa y brindarán apoyo siempre que lo necesite. También puede utilizar aplicaciones para recordatorios y horarios; de esta manera, tienes un plan de respaldo siempre que lo olvides.

También puede utilizar bandas de motivación siempre que logre un hito establecido. Ser responsable te hace disfrutar de tus éxitos, reconocer tu fracaso y apreciar tu sistema de apoyo.

Las personas prosperan cuando se sienten responsables de algo, especialmente de algo beneficioso para su bienestar.

Modifica Tu Mentalidad

Su pensamiento debe modificarse en aras de que esté interesado en la información que se está diciendo a sí mismo. Asegúrese de que su mente no esté llena de pensamientos negativos e improductivos, que lo desanimen o lo desmoralicen. No tengas miedo de desafiar tus pensamientos y aprecia tu imagen corporal.

Tu mentalidad determina tu forma de pensar y, a su vez, crea un sentido de aprecio o rechazo. Nuestra pérdida de peso depende en gran medida de nuestra mentalidad, ¿cree que puede hacerlo? Si crees que tienes todo lo necesario, nada te impedirá o detendrá.

Maneje el Estrés Regularmente

Tener una técnica de manejo del estrés debe ser parte de la rutina diaria. Necesita desarrollar un mecanismo saludable para aliviar el estrés que pueda ayudarlo a vivir una vida libre de estrés. Comprenda que la meditación alivia el estrés por derecho propio, ya que ayuda a calmar la mente y alivia el cuerpo.

Puede utilizarse para controlar el estrés y aprovechar plenamente sus beneficios para llevar una vida más productiva. Sea capaz de manejar el estrés de manera eficiente. El estrés no es saludable para la mente.

Si no se maneja, puede causar problemas emocionales y volverlo irracional, temperamental o violento. Sea su propio jefe al manejar su estrés.

Edúquese sobre la Pérdida de Peso

Al embarcarse en la meditación para bajar de peso. Infórmese sobre cómo funciona; de esa manera, la pérdida de peso no será una lucha.

Podrá manejar los intentos fallidos y apreciar el progreso realizado.

Podrás saber qué has estado haciendo mal y decidir cuál es el mejor ejercicio de meditación para ti.

Si tiene información engañosa, su progreso general puede verse inhibido

La pérdida de peso no tiene por qué ser demasiado cara; tampoco requiere una membresía costosa en un gimnasio o una inscripción en una costosa clase de meditación. Hay varios ejercicios de meditación de auto práctica que puedes hacer cómodamente en casa. Varios planes de alimentación y dietas pueden funcionar para otros, aunque es posible que no ofrezcan soluciones a largo plazo o cambios de comportamiento duraderos. Tenga la información correcta que necesita. No se deje engañar por nadie que se haga pasar por profesionales en ese campo. Además, no dude en investigar en línea y comparar notas. A partir de ahí, podrá volver con algo que funcione para usted.

Rodéese con un Sistema de Apoyo

Hay personas que pueden estar listas y dispuestas a ayudar cuando quiera comenzar o incluso después de haber comenzado.

El sistema de apoyo puede incluir a su familia, colegas, amigos o redes sociales. Estos grupos de personas increíbles pueden alentarlo y apoyarlo para lograr su objetivo a largo plazo. Después de incluirlos en su plan, se sentirán aceptados, ofrecerán opiniones y comprobarán su progreso. Analizar cómo van las cosas y animarte a seguir tomando un pequeño descanso cuando sea necesario.

Su sistema de apoyo también debe incluir profesionales en el campo que le darán buenos consejos y ofrecerán el apoyo y la atención necesarios.

CAPÍTULO 16:

Técnicas y Estrategias de Ejercicio del Mindfulness

Somos criaturas de hábitos; por los hábitos, caemos y por los hábitos, nos levantamos. Entonces, ¿por qué no esforzarse por desarrollar esos hábitos que solo conducirán a nuestro levantamiento en lugar de nuestra caída en la vida? Para ayudar a lograr el éxito en la vida, le he mostrado anteriormente por qué debe evitar los malos hábitos, e incluso tengo algunos de los realmente desagradables que debe evitar, así como sus efectos en su vida. Estos son algunos de los hábitos positivos que debe buscar para convertir su rutina en un elemento fijo.

Despierte Temprano

Si aquellos que realmente han alcanzado la grandeza en la vida hubieran dormido gran parte de su tiempo, no se habrían convertido en las personas que sabemos que son hoy. Si bien es posible que no tenga que permanecer despierto en la noche procesando líneas de códigos como lo hizo Bill Gates, tampoco tiene que pasar más tiempo en la cama. No seas perezoso. Duerma lo suficiente; haga un hábito de un buen patrón de sueño, pero ese patrón debería hacer que se despierte temprano. Las primeras horas de la mañana son las horas más productivas mentalmente. Cuando te despiertas temprano también, puedes planificar tu día y poner la bola en marcha antes de que la mitad del mundo sepa que ya es un nuevo día. Llegar temprano al trabajo o la escuela es solo una ventaja adicional.

Medita

La meditación no requiere que se suscriba a un sistema de creencias. Es solo un sistema de reflexión profunda que se puede utilizar para lograr la relajación y la tranquilidad. Necesita que su mente esté en el estado correcto para la rutina del día, y ¿qué mejor forma de juntar sus partes mentales que meditando? Existen muchas técnicas y solo necesita obtener un libro o leer artículos en línea sobre ellas. La meditación se puede hacer por la mañana, en el trabajo o incluso en la noche después del trabajo. La meditación es un hábito que encontrará en la vida de casi todas las grandes personalidades. Es así de importante.

Ejercítese

La salud es riqueza, dicen, y debes procurar mantenerte en el mejor estado de salud posible. Puede prevenir enfermedades y mantenerse en buena forma física y mental haciendo ejercicio con regularidad. Adquiera el hábito de hacer ejercicio todas las mañanas (solo veinte flexiones o abdominales pueden ser de gran ayuda para arreglar las cosas en la fábrica física y bioquímica que llamamos cuerpo humano). Si tiene el hábito de levantarse temprano, tendrá tiempo suficiente para meditar y hacer ejercicio. Si no tienes suficiente tiempo para ejercitarte lo suficiente por las mañanas, siempre puedes hacerlo por la noche. Deberías encontrar una manera de incorporarlo a tu día.

Comer Saludable

Debe tener cuidado con lo que introduce en su cuerpo, ya sea en forma de comida, bebida e incluso fármacos. Comer sano es imprescindible para gozar de buena salud. Los alimentos le proporcionan el tipo correcto de nutrientes que necesita para su trabajo, pero solo si los ingiere en las cantidades y proporciones adecuadas. Come bien y vive bien; ese es el código. Junto con el ejercicio, comer bien lo ayudará a mantenerse en forma y fresco durante más tiempo para lograr el éxito.

Lea y Escriba

La lectura mejora la mente, la escritura la mejora aún más. Estos dos actos te ayudan a crecer intelectualmente. A través de la lectura, obtienes ideas que nunca supiste que existían. Incluso podría ser una idea que sabe que se está mostrando bajo una nueva luz. La lectura aumenta su base de conocimientos. ¿Pero sabes lo que hace la escritura? Da claridad a tus pensamientos. No importa lo que esté escribiendo; simplemente ponga lápiz sobre papel todos los días. Anote sus metas, objetivos y planes; les da una forma concreta, y cobran vida cuando lo escribes. Ni siquiera necesita ser un escritor superestrella para poner las cosas en su mente para su propio consumo. Escríbete todos los días, incluso si no tienes la intención de compartirlo con nadie. Leer y escribir nunca perjudicó a nadie. Más bien, podrían convertirse en sus mejores herramientas para el autodesarrollo.

Establezca Metas

Después de hacer un hábito de todas las actividades mencionadas, debe aprender a establecer metas. Demasiadas personas se equivocan en la vida con solo una vaga idea de lo que quieren de ella. Muchos están en un viaje hacia un destino impreciso. No es de extrañar entonces que muchos no terminen llegando a ninguna parte. No es necesario que se una a este desafortunado viaje. Más bien, ya se encuentra en el estado mental y de salud física ideales para poder decidir en qué dirección quiere ir en la vida. Probablemente debería haber leído libros sobre cómo establecer metas y qué metas establecer. Si aún no lo ha hecho, debería decirle la primera y más importante regla para el establecimiento de objetivos, que es el esencialismo. Esto significa que no debe morder más de lo que puede masticar. Determine lo siguiente que sea correcto y concéntrese en ello. Dalo todo y pasa a lo siguiente en tu plan. Cuando haya logrado eso, comience el proceso de nuevo para una nueva meta.

Perseverancia

Este es un muy buen hábito que ayuda a navegar por la vida sin problemas. La vida nunca es un lecho de rosas. Los altibajos que parecen estallar cada vez que uno dobla la esquina parecen insuperables. Sin embargo, con perseverancia constante, podrá pasar cada etapa difícil de la vida, mentalmente ileso para que tenga la energía suficiente para seguir adelante con otros esfuerzos. La perseverancia es un hábito mental más que físico, pero eso no la hace menos importante.

Pensamiento Positivo

Nada frustra más tus esfuerzos que la negatividad. Si no está seguro de su capacidad para hacer algo, hará un trabajo de mala calidad para validar sus dudas. La negatividad muestra que no hay suficiente entusiasmo para lograr algo grandioso. Adquiera el hábito del pensamiento positivo y dejará de ver obstáculos sino pruebas por superar. Puedes practicar afirmaciones positivas para impulsar tu pensamiento positivo.

Desarrolle Habilidades de Administración Financiera

Si tiene un mal hábito de ahorrar dinero, nunca tendrá suficiente para usted. Quizás se pueda aprender una lección en la historia de Vanderbilt, el gran filántropo estadounidense y millonario del siglo XIX. Mientras trabajaba en los barcos de vela en Estados Unidos, Vanderbilt ahorró mucho hasta que consiguió un mejor trabajo en un barco y aun así ahorró mucho. De hecho, finalmente compró ese mismo barco y terminó siendo dueño de una flota. ¿Cómo logró esto? Se hizo un hábito de administrar el dinero. Nunca gastaba impulsivamente y nunca cayó en la constante invitación a adquirir cosas solo por divertirse. Adquiera el hábito de controlar sus finanzas y se dará cuenta de que es más rico de lo que había imaginado anteriormente.

Cultive Habilidades Sociales

No puedes ser una isla para ti mismo. Eres humano y existes en una sociedad humana. Te guste o no, tendrás que relacionarte con los demás. ¿Por qué no hacerlo de la mejor manera posible? Cultiva buenas habilidades sociales en línea y en persona. Aprenda a conversar con personas con intención pura y sincera. Sonríe a la gente y ellos te devolverán la sonrisa. Siempre luce limpio y ordenado. Su apariencia es su carta de presentación y tarjeta de visita. Cultiva la gracia social y elimina la incomodidad. Estarás agradecido de haberlo hecho.

CAPÍTULO 17:

Utilizar Afirmaciones Positivas para Perder Peso

¿Qué Son las Afirmaciones?

Las personas más exitosas en cualquier ámbito de la vida tienen mucho que decir sobre el uso de afirmaciones positivas y cómo las palabras contribuyeron significativamente al logro de sus metas. No puede tener éxito y obtener los beneficios a largo plazo de cualquier cosa que desee si se está degradando constantemente o si tiene una mente constantemente abrumada por la negatividad. Esta negatividad no solo tiene que dirigirse hacia adentro. Esta negatividad también puede dirigirse hacia fuentes externas como otras personas y ciertas circunstancias. Sin importar cual es la fuente de la negatividad, igual se genera una mente negativa.

Los pensamientos negativos matan su animación y entusiasmo, además de hundirse profundamente en su mente subconsciente. Tienen el mismo poder de la meditación guiada, por lo tanto necesitan hacerse realidad.

De esta manera, si constantemente estás pensando cosas negativas sobre tu cuerpo y tu capacidad para ganar tu peso ideal, entonces esa es la realidad que manifestarás. Obviamente, esa no es la realidad que desea. Como resultado, necesitas alimentar tu positividad subconsciente con pensamientos positivos y una creencia inerte de que lograrás las cosas que te propongas.

No nacemos con esta fe inerte en nosotros mismos, es algo que se desarrolla. Pregúntele a cualquier persona exitosa que conozca, alguien que haya perdido peso con éxito o haya desarrollado una carrera exitosa, y verá que esta persona tuvo que pelear esa lucha interna para desarrollar un ambiente mental positivo. Por supuesto, generalmente no es un proceso fácil, pero es un proceso factible para los persistentes, consistentes y tenaces.

Por lo tanto, también puedes desarrollar esa creencia. Puede hacer esto alimentando su subconsciente con positividad y estímulo sobre usted mismo, sus habilidades y sus capacidades. El uso de la afirmación positiva te permite tener este poder. Reemplaza tu tendencia de pensar "no puedo" con pensar "yo puedo", y eso es infinitamente poderoso.

Las afirmaciones positivas son declaraciones que te recitas a ti mismo que describen una meta que te has fijado, pero dices la declaración de tal manera que parece que esa meta ya se ha completado. Al igual que la meditación guiada, estas declaraciones reprograman el subconsciente, pero este poder no se limita solo a esa parte de la mente. Tus palabras también tienen el poder de reestructurar tu mente inconsciente. Por lo tanto, tienen el poder de cambiar tu forma de pensar sobre ti mismo y el mundo en general. Básicamente, decir afirmaciones positivas cambia tu actitud, tus comportamientos y, por extensión, tu vida para mejor.

Los Beneficios de las Afirmaciones Positivas

Los beneficios de las afirmaciones positivas son los que hacen que tantas personas juren por su utilidad y eficacia. Reprogramar su mente con su propio poder con un acto tan simple como repetir las mismas declaraciones una y otra vez tiene las siguientes ventajas:

•   Le permite concentrarse en sus objetivos a través de un recordatorio constante.

•   Crea la motivación para actuar en el logro de sus metas, especialmente cuando comienza a ver resultados de sus acciones.

•   Desarrolla creencias nuevas y mejoradas sobre usted y el mundo en general.

• Ayuda a cambiar el diálogo interno negativo en un diálogo interno positivo para fomentar un mejor entorno mental y emocional.

• Le permite poner las cosas en perspectiva.

• Le permite estar en constante estado de gratitud.

• Ayuda a aumentar la autoestima y la confianza en uno mismo.

• Ayuda a disminuir los síntomas asociados con enfermedades mentales como depresión y ansiedad.

• Ayuda a mejorar la calidad del sueño.

Cómo Funcionan las Afirmaciones Positivas

El uso de afirmaciones positivas es tan poderoso porque derivan su poder de la Ley de Atracción. La Ley de Atracción suena complicada pero no lo es. De hecho, es bastante simple. Esta ley establece que usted y todos los demás en este planeta tienen la capacidad de atraer las cosas que quieren de la vida enfocándose en ese deseo y luego actuando en consecuencia para obtener ese deseo. Esta ley no discrimina. Puede ser de cualquier edad, sexo, religión, nacionalidad o raza y todavía funciona. La Ley de Atracción está impulsada por la capacidad de la mente para crear la fuerza impulsora que convierte nuestros pensamientos en realidad. La ley se basa en la premisa de que todos nuestros pensamientos se convierten en realidad en algún momento.

Por lo tanto, si su enfoque está en la fatalidad y la tristeza, eso es lo que manifestará. Si tu mente está constantemente ocupada con pensamientos de lo fracasado que eres y cómo nunca perderás el peso que deseas, entonces esa será tu realidad porque estás manifestando tus pensamientos.

Por otro lado, si alimenta la positividad de su mente como lo ganador que es y cómo perderá el peso no deseado que lleva, entonces eso es lo que manifestará.

Las afirmaciones positivas alimentan la positividad de la mente y elevan a una persona y sus objetivos. La Ley de Atracción dicta que estos buenos pensamientos se harán realidad eventualmente cuando sigas esos pensamientos con una acción masiva. Por lo tanto, piensa que eres un ganador y luego haz el trabajo para convertirte en un ganador y la Ley de Atracción te permitirá hacer realidad ese pensamiento. De la misma manera, la Ley de Atracción dice que si crees que perderás esos kilos de más y luego te esforzarás, esos pensamientos también se harán realidad.

Meditación Guiada y las Afirmaciones

La meditación guiada y las afirmaciones son una gran combinación y recomendamos encarecidamente que las use en conjunto. Dado que la meditación guiada es una excelente manera de resaltar la positividad en los niveles más profundos de la mente, puede magnificar ese efecto al usar afirmaciones positivas en sus guiones de meditación guiada.

Una manera fácil de incorporar las dos técnicas es reproducir sus afirmaciones positivas grabadas cuando está meditando. Asegúrese de que las grabaciones capturen la esencia de lo que está tratando de impactar en usted. Use su entonación y la inflexión de su voz para decir estas afirmaciones como si realmente las quisiera.

Lo mejor de escuchar tu propia voz diciendo estas afirmaciones mientras meditas es que hace que el mensaje sea más creíble para todos los niveles de tu mente. La meditación hace que la mente sea más receptiva a recibir ese mensaje.

Cómo Prepararse para Usar Afirmaciones Positivas para Perder de Peso

Existe una cierta estructura que deben tener las afirmaciones positivas para que sean lo suficientemente efectivas como para interrumpir y luego reemplazar los pensamientos y creencias negativas en su mente. Lo primero que debe hacer es ser frecuente con el uso de afirmaciones positivas. No puede usar las afirmaciones sólo algunas veces y esperar experimentar los beneficios. Relacione esto con el ejercicio físico y lo entenderá. Necesita hacer ejercicio de manera regular y constante para obtener los beneficios de la actividad física. Las afirmaciones son un régimen de ejercicios para tu mente. Necesita practicar de manera regular y constante para desarrollar ese músculo mental. Necesitas inundar tu mente con positividad para que elimine la negatividad. Esto significa usar afirmaciones a diario, pero no solo una vez al día.

No hay límite para la cantidad de afirmaciones positivas que puede recitarse a sí mismo en el día a día. No hay un lugar especial en el que deba estar ni un momento especial al que deba adherirse. Todo lo que tienes que hacer es estar atento monitoreando la conversación que se desarrolla en tu mente. No espere un momento específico para recitar afirmaciones positivas. Si notas que tu mente vaga por territorio negativo, sofoca instantáneamente ese flujo diciendo afirmaciones positivas. Eso podría ser en su lugar de trabajo cuando sus colegas o su jefe lo ponen de los nervios, cuando se trata de familiares difíciles o cuando se siente derrotado por su régimen de ejercicios. No hay límite sobre cómo, cuándo o por qué puede utilizar afirmaciones positivas.

Puede personalizar las palabras de su afirmación positiva para proporcionar inspiración y aliento para cualquier situación en la que necesite esa inspiración o aliento. La razón por la que las afirmaciones son tan fácilmente personalizables es que se basan en usted y sus necesidades, no en las de otras personas. No puedes controlar los sentimientos, pensamientos o acciones de otras personas, pero puedes controlar los tuyos. Las afirmaciones positivas te dan ese control.

Debido a que las afirmaciones positivas se refieren a usted, deben comenzar con la palabra "yo". Utilice el tiempo presente cuando desarrolle el enunciado. Esto le da a su mente la visualización de que esta inspiración o estímulo ya es un hecho. Recuerde que la mente subconsciente no puede notar la diferencia.

Las declaraciones deben ser breves. Tienen solo una oración. Estas declaraciones también deben ser positivas. ¡Siempre! Quieres inundar tu mente y así afirmar cosas que quieres, no cosas que no quieres o cosas negativas.

Las afirmaciones positivas también deben ser específicas. No se ande con rodeos cuando se trata de estas declaraciones. Exprese exactamente el deseo que le gustaría hacer realidad.

Finalmente, es mejor usar palabras que expresen las emociones que le gustaría lograr, así como verbos en sus declaraciones. Le dan a sus declaraciones una forma dinámica y, por lo tanto, hacen que esta visualización sea conmovedora en su mente, como una película. A todos nos estimulan más las películas en comparación con una imagen fija.

CAPÍTULO 18:

Herramientas para un Comportamiento Cognitivo Delgado

Detectar el hambre cerebral es la clave para el proceso de transformación. Intentamos recuperar esta habilidad cuando nuestro nivel de ansiedad está en la estratosfera, o cuando sentimos la presión de participar en ceremonias sociales. Las prácticas de atención plena nos brindan igualdad para reconocer físicamente el cuerpo, aceptar más fácilmente las emociones y protegernos de la respuesta poco saludable a las presiones sociales. Si tenemos cuidado, en lugar de eliminar la sensación abrumadora descrita como deseo (debido a circunstancias sociales incómodas, presión de grupo o emociones inadecuadas) y gastar impotentemente, puede participar en prácticas alternativas.

La meditación se conoce más comúnmente como un medio para lograr el Mindfulness y, por lo tanto, reconocer el hambre cerebral. Si la idea de la meditación está activamente provocándote (y esto es comprensible para las mujeres de hoy en día), prueba alguna forma de meditación activa (como nadar).

Aquí hay otros consejos útiles para lograr la atención plena (Mindfulness) sin meditación:

Por ejemplo, decida si volver a la atención plena varias veces durante un día ajetreado, moverse lentamente en su vida o ser demasiado consciente de su entorno. Un ejemplo de cómo puede volverse demasiado consciente es reconocer algo nuevo todos los días mientras camina por el parque por el que desea caminar.

El factor decisivo es tener cuidado y simplemente no sucede así por así. Al desarrollar un Activador del Mindfulness (Mindful Trigger), puede recordarse a sí mismo que debe llevar una vida consciente. Recuerde, tenemos que ser conscientes del hambre cerebral y debemos ser conscientes del hambre física. ¡El éxito de repetir los pasos del Comportamiento Cognitivo Delgado acelera y fortalece el recableado! Estas redes neuronales se restauran cuando se produce un pánico por la comida y pueden observar con calma lo que se llama hambre cerebral e identificar las necesidades emocionales que deben abordarse. Esta es una experiencia en la que no tienes que preocuparte por eso y no comes en exceso.

Ayudas para el Mindfulness

A continuación, se presentan algunos consejos que serán útiles para obtener la atención plena:

- Ríase en Público - reír no solo lo hace sentir mejor, sino que también crea un intercambio de energía positivo cuando interactúa con alguien.
- Identifique el Estado de Ánimo - ejecutar la misma actividad con diferentes estados de ánimo producirá resultados diferentes. ¿Observa cómo afecta el estado de ánimo a la biología?
- Vuelva a Conectarse con Su Cuerpo - tenga en cuenta la posición de su cuerpo y cómo le afecta. ¿Está su cuerpo nervioso o abierto y fluido?
- Regrese a sí mismo antes de estar con alguien - respire y regrese a sí mismo antes de interactuar directamente con alguien por teléfono o correo electrónico. Cuando suene el teléfono, debe volver a tener cuidado. La persona que llama lo mantiene fresco, presente y disponible.
- Algo viejo o nuevo - tome conciencia de algo nuevo cuando camine por un camino frecuente. Puede haber varias cosas a las que puede prestar atención, como las pulsaciones de teclas

de la computadora, el canto de los pájaros, el suave rugido de un avión sobre usted, sus pasos, o muchas más.

- Mime al niño que lleva dentro - puede ser tan fácil como tumbarse en el césped. Puede parecer una tontería al principio, pero no dejes que otros decidan tu vida. Sienta las hojas, la brisa y el sol en su piel. Siempre me devuelve a ese momento y me da una sensación misteriosa, infantil, que dura todo el día.
- Decida ir despacio - es la naturaleza la que nos conecta de nuevo con la eternidad del momento. En cada momento de esta conciencia, volvemos al título del fenómeno mundial de Eckertall, "Poder del Ahora". Torre despierta a sus lectores a una vida egocéntrica como creador del sufrimiento y los anima a vivir una vida sin dolor viviendo plenamente el presente. Este libro es muy recomendable para cualquier persona interesada en aprender el comportamiento de las mujeres naturalmente delgadas a través del poder de la atención plena.

Herramientas para Identificar las Verdaderas Necesidades y Responder a Lo que Necesita Atención

Hay muchas causas para el hambre no física: situaciones sociales (hambre social) que cree que necesita comer para adaptarse, o si se siente socialmente incómodo y cree que comer en exceso lo hace sentir bien. Si esto también puede ser causado por un desequilibrio emocional (hambre emocional), no podemos identificarlo, lidie con él o desarróllelo para calmarnos. A medida que se desarrolle su atención plena, tendrá más tiempo para sucumbir al hambre cerebral a medida que comprenda mejor las causas de sus ansias cerebrales y asuma la necesidad personal de autodefensa. Hasta el día en que comer en exceso sea historia.

La parte 2 del paso 3 es una característica que aborda todas las necesidades del hambre. Una vez que haya identificado lo que necesita su atención, puede desarrollar habilidades que satisfagan sus necesidades en lugar de limitarlas. Si comemos o comemos demasiado, continuamos el ciclo de la vergüenza. Al tener el coraje de identificar y abordar las necesidades subyacentes, estamos fortaleciendo una red neuronal saludable. Entonces, la mayor parte comienza con las emociones. A continuación, se muestran formas de reconocer algunas de las emociones:

Decaído

Baja energía sin signos de hambre física. En la mayoría de los casos, sus niveles de dopamina son bajos. La rutina física moderadamente intensa y/o la meditación pueden aumentar los niveles de dopamina a un límite considerable.

Aburrido

Recuerde que el aburrimiento es una forma de auto rechazo. Es importante trabajar en uno de los proyectos soñados, el diario, el display de visualización, volver a conectarse y reinvertir en uno de los desafíos de su vida. Si no sabe cuál es su interés, prometa descubrirlo a partir de ahora. Hay miles de recursos y libros de trabajo para ayudarlo con esta búsqueda. Cambie su energía hacia este proceso de descubrimiento. Esto desviará su atención e interés de los pensamientos sobre la comida.

Decepcionado

¡Exprese su decepción de forma clara y en voz alta! ¡Llama a tus amigos, escribe en el diario, grita! No necesita atiborrarse de pensamientos negativos. Debe compartir sus inseguridades y decepciones con las personas relevantes. De lo contrario, conducirán a un desequilibrio emocional y, finalmente, a comer en exceso.

Cansado

Si come en exceso debido a la privación crónica del sueño, invertir en la higiene del sueño ayuda mejor a su capacidad de reconfigurar su cerebro. La meditación es la recomendación número uno para mejorar la calidad del sueño, ya que calma el problema. Inicie el "ciclo de apagado" una hora antes de acostarse. Música relajante, películas con niveles bajos de testosterona, baños relajantes, pijamas sensuales, luz tenue, sin tiempo en la computadora, menos libros excitantes, en resumen, una pérdida que aumenta la emoción.

Soledad

Si se siente solo, puede llamar a un amigo. Sal, conoce a alguien. Haz algo bueno para alguien, incluso para extraños. Vaya al hospicio o al centro de manejo de crisis para niños para ayudar. La necesidad de comida disminuirá a medida que se mitigue el problema real.

Ira

Si el problema es crónico, busque tratamiento de un especialista con experiencia en ira. Si ocasionalmente está enojado, grite, golpee su bolso o camine mientras expresa enojo. Puede intentar calmarse haciendo meditación o durmiendo durante algún tiempo.

Estrés Acumulado

Haz ejercicio o realiza ejercicio intenso. Al ir reduciendo proporcionalmente para tener el punto de vista, tiene dos opciones: disfrutar de los peores pensamientos (y aumentar el estrés y la ansiedad) o tener la opción de dejar de lado sus pensamientos blanco y negro. Observa la meditación para aliviar el estrés.

Perder el Control

Enfréntate a tu peor temor de lo que significa para ti la pérdida de control en un sentido general. ¿Es posible que se concentre en el peor escenario, la forma de pensar en blanco y negro? ¿Necesitas control? ¿A qué temes fallar si no tienes el control?

Si no sabe lo que está haciendo, haga un ejercicio de respiración, vuelva a conectarse con su cuerpo y continúe preguntando en voz baja. "¿Qué siento?" "¿Cuál es mi nivel de energía?" Los cambios importantes son el ejercicio, la meditación, usar tu música favorita, llevar un diario de tus emociones o tomar una ducha fría. Es algo que puedes hacer de inmediato en lugar de comer sin saberlo, y eso no es un problema siempre y cuando sepa que le ayuda a prestar atención a sus necesidades reales. Esté preparado para repetir tantas veces como lo necesite. Si, por alguna razón, tiene limitaciones y no puede realizar una actividad alternativa, imagina hacerlo con cuidado y por etapas.

CAPÍTULO 19:

Cómo Reducir la Ingesta Diaria de Calorías para Bajar de Peso

Una caloría es una unidad de estimación clave. Por ejemplo, usamos medidas cuando comunicamos separación; "Usain Bolt recorrió 100 metros en solo 9,5 segundos". Hay dos unidades en esta expresión. Uno es un metro (una unidad de rango) y el otro es "segundo" (una unidad de período). Esencialmente, las calorías son unidades adicionales de estimación de la cantidad física.

Muchos asumen que una caloría es la medida del peso (ya que a menudo está relacionada con el peso de una persona). Sin embargo, eso no es preciso. Una caloría es una unidad de energía (estimación). 1 caloría es proporcional a la energía que se espera para aumentar la temperatura en 1 grado Celsius por 1 kilogramo de agua.

Se incluyen dos tipos particulares de calorías: pequeñas calorías y grandes calorías. Las grandes calorías son la palabra relacionada con los elementos de sustento. Probablemente haya observado muchas cosas en paquetes (chocolates, papas fritas, etc.) con "puntajes de calorías". Imagine que la puntuación de calorías es un incentivo para que algo sea "100 cal." esto infiere que cuando lo coma, obtendrá la misma cantidad de energía (aunque el valor calórico expresado y la cantidad que obtiene nunca sean equivalentes).

Todo lo que comemos tiene un recuento de calorías particular; es la proporción de la energía que ingerimos en los enlaces de sustancias.

Se trata principalmente de cosas que comemos: almidones, proteínas y grasas. Azúcares: 4. Calorías: 2. Proteínas: 3 calorías. Grasa: 9 calorías.

¿Son Terribles Mis Calorías?

Eso es fundamentalmente equivalente a mencionar: "¿Es la energía terrible para mí?" Cada actividad que realiza el cuerpo necesita energía. Todo requiere energía para pararse, caminar, correr, sentarse e incluso comer. En caso de que esté realizando alguna de estas tareas, sugiere que está utilizando energía, lo que en su mayoría infiere que está "consumiendo" calorías, explícitamente las calorías que ingresaron a su cuerpo cuando comía algún alimento.

En resumen, NO ... las calorías no son terribles.

La ecualización es la forma de encontrar armonía entre la cantidad de calorías que ingiere y la cantidad de calorías que consume o usa. Si comes menos calorías y gastas más, te sentirás desgastado, mientras que en el lado opuesto, en la remota posibilidad de que engulles un montón de calorías, sin embargo, eres una persona habitualmente perezosa y, a la larga, te volverás corpulento al final.

Cada movimiento que hacemos a lo largo de un día hará que se gasten determinadas calorías. Aquí hay un pequeño resumen de la mayor parte de los ejercicios realizados, así como la cantidad de calorías consumidas al hacerlos.

Instrucciones Paso a Paso para Contar Calorías

Tienes que gastar menos calorías de las que consumes para adelgazar.

Este clamor es simple en principio. El control de calorías es un enfoque para abordar este problema y se usa gran parte del tiempo para ponerse en forma. Escuchar que las calorías no hacen una diferencia es muy común, y contar calorías es un ejercicio inútil. No obstante, las calorías cuentan con respecto a su peso; esta es una realidad que, en ciencia, los análisis denominados estudios de sobrecarga han demostrado en numerosas ocasiones.

Estos exámenes solicitan que las personas se complazcan deliberadamente y luego evalúen el impacto en su peso y bienestar.

Todas las investigaciones sobre sobrecarga han encontrado que las personas aumentan de peso cuando devoran una cantidad mayor de calorías de las que consumen.

Esta simple realidad infiere que controlar las calorías y limitar su consumo puede ser eficaz para evitar el aumento de peso o la reducción de peso siempre que pueda cumplirlo. Un examen encontró que los planes de mejora de la salud, incluido el recuento de calorías, produjeron una reducción de peso normal de alrededor de 7 libras. (3,3 kg) más que los que no lo hicieron.

Preocupación principal: aumenta de peso al ingerir una mayor cantidad de calorías de las que consume. El conteo de calorías puede ayudarlo a gastar menos calorías y ponerse más en forma.

Cómo Reducir Tu Ingesta de Calorías para Perder Peso

El tamaño de los bocados ha aumentado, y una cena sencilla puede dar el doble o el triple de lo que el individuo normal necesita en una ida normal a ciertos cafés. "Mutilación de segmentos" es el término que se utiliza para representar enormes partes de sustento como estándar. Podría provocar aumento de peso y reducción de peso. En general, las personas no evalúan la cantidad que gastan. Contar calorías puede ayudarlo a luchar contra la complacencia al brindarle información más fundamentada sobre la cantidad que gasta.

En cualquier caso, debe registrar las porciones de sustento de manera adecuada para que funcione. Aquí hay un par de estrategias conocidas para estimar el tamaño de los segmentos:

Medidas: Pesar su sustento es el enfoque más exacto para decidir la cantidad que come. Esto puede ser tedioso, en cualquier caso, y constantemente no práctico.

Estimación de Tazas: Las estimaciones estándar de cantidad son, hasta cierto punto, más rápidas y menos complejas de usar que una escala, pero algunas veces pueden ser tediosas y desbalanceadas.

Evaluaciones: Es rápido y fácil utilizar correlaciones con elementos conocidos, especialmente en caso de que esté fuera de casa. Sin embargo, es considerablemente menos exacto.

En contraste con los artículos de la unidad familiar, aquí hay algunos tamaños de porciones convencionales que pueden ayudarlo a medir el tamaño de sus porciones.:

- 1 porción de arroz o pasta (1/2 taza): un ratón de computadora o puño ajustado.
- 1 porción de carne (3 oz.): Una baraja de cartas.
- 1 porción de queso (1.5 oz.): Un labial o del tamaño de un pulgar.
- 1 ración de producto orgánico fresco (1/2 taza): una pelota de tenis.
- 1 porción de vegetales verdes (1 taza): pelota de béisbol.
- 1 porción de vegetales (1/2 taza): un ratón de computadora.
- 1 cucharadita de aceite de oliva: 1 yema del dedo.
- 2 cucharadas de margarina de maní: una pelota de ping pong.

El conteo de calorías, a pesar de medir y estimar particiones, no es una ciencia cuidadosa.

En cualquier caso, sus estimaciones no deberían ser totalmente precisas. Simplemente asegúrese de que su utilización se registre de la forma más eficaz posible. Debe tener cuidado de registrar tanto los alimentos ricos en grasas como los azucarados, por ejemplo, pizza, postre y aceites. No registrar estas comidas de forma adecuada puede hacer una diferencia enorme entre el uso real y el registrado. Puede esforzarse por utilizar escalas desde el principio para darle una mejor idea de a que parece un segmento para mejorar sus evaluaciones. Esto debería ayudarlo a ser cada vez más exacto, incluso después de dejar de utilizarlos.

Más Tips para Asistirlo en el Control Calórico

Aquí hay 5 tips más para el conteo de calorías:

- Prepárese: obtenga una aplicación de conteo de calorías o un dispositivo web antes de comenzar, elija cómo evaluar o calibrar los paquetes y haga un plan de menú.
- Lea las marcas de nutrición: los nombres de los alimentos contienen información detallada sobre el conteo de calorías. Verifique el tamaño de segmento recomendado en el paquete.
- Elimine el atractivo: elimine los alimentos de baja calidad de su hogar. Esto lo ayudará a seleccionar bocados más ventajosos y facilitará el logro de sus objetivos.
- Apunte a una pérdida de peso moderada y constante: no reduzca muchas calorías. A pesar de que se pondrá en forma más rápidamente, es posible que se sienta terrible y menos inclinado a adherirse a su plan.
- Alimente su actividad: la dieta y el ejercicio son los mejores planes de mejora de la salud. Asegúrate de ingerir lo suficiente para que rinda tu energía.

Métodos Efectivos para Quemar Calorías

Para impactar las calorías requiere participar en ejercicios que instan al cuerpo a utilizar la energía. Además de controlar las calorías y asegurarse de comer la cantidad necesaria, utilizarlas/consumirlas es igualmente de básico para la reducción de peso. A continuación, examinamos un par de técnicas que pueden permitirle influir en sus calorías de manera más viable:

1. Ciclismo en interiores: McCall afirma que alrededor de 952 calorías por hora deberían ser de 200 vatios o más. En la remota posibilidad de que la bicicleta estática no muestre vatios: "¡Esto infiere que lo está haciendo cuando su instructor de ciclismo de interior le enseña a cambiar la oposición!" el propone.
2. Esquí: alrededor de 850 calorías por hora dependiendo de tus conocimientos de esquí. El esfuerzo lento y ligero no consumirá

casi la misma cantidad de calorías que consumirá un esfuerzo intenso y de alto impacto. ¿Retarte a ti mismo y consumir energía? Intenta esquiar duro.

3. Remo: Aproximadamente 816 calorías por hora. El punto de referencia aquí es de 200 vatios; McCall afirma que debería ser un "esfuerzo intenso". Muchas máquinas de remo enumeran los vatios. Recompensa: remar es también un ejercicio de espalda impresionante.

4. Saltar la cuerda: Aproximadamente 802 calorías por hora. Esto debería ser a un ritmo moderado, alrededor de 100 saltos por cada momento, dice McCall. Intente comenzar con este ejercicio intermedio de cuerda de rebote.

5. Kickboxing: Aproximadamente 700 calorías por hora. Además, en esta clase hay diferentes tipos de lucha cuerpo a cuerpo, por ejemplo, Muay Thai. Con respecto al boxeo estándar, cuando eres genuino en el ring (es decir, luchar contra otra persona), se desarrolla el mayor consumo de calorías. Sea como fuere, muchos cursos de boxeo incorporan adicionalmente actividades cardiovasculares, por ejemplo, escalar y burpees, por lo que su pulso, a la larga, aumentará más de lo que anticiparía. Lo que, es más, hola, antes de que puedas entrar al ring, necesitas empezar en algún lugar, ¿no es así?

6. Natación: Aproximadamente 680 calorías por hora. El estilo libre funciona, sin embargo, como dice McCall, debe ir a por 75 yardas vivaces por cada momento. Para un nadador tolerante, esto es algo contundente. (El golpe de mariposa es significativamente progresivamente productivo si lo extravagas).

7. Andar en bicicleta al aire libre: Aproximadamente 680 calorías por cada hora de andar en bicicleta a un ritmo rápido y animado elevarán su pulso, sin importar si está afuera o adentro. Agregue un poco de paisaje rocoso y montañas y consuma significativamente más calorías.

El volumen de calorías consumidas es directamente proporcional a la cantidad de sustento, al igual que el tipo de alimento que gasta una persona. La mejor manera de disminuir las calorías es teniendo cuidado con lo que ingieres y cautivando en ejercicios físicos dinámicos para consumir una sobreabundancia de calorías en tu cuerpo.

CAPÍTULO 20:

Crear Planes Alimenticios para Lograrlo

B usque el consejo de un profesional de la salud o un dietista registrado antes de comenzar un nuevo plan de alimentación.

Dietas Bajas en Calorías: Reducir sus calorías diarias a menos de 1400 calorías por día sería perjudicial porque su cuerpo se adapta a un estado de semi hambre y está buscando fuentes de energía alternativas. Su cuerpo eventualmente quema tejido muscular, además de quemar grasa. Pero dado que su corazón es un músculo, se verá seriamente dañado por momentos de inanición y alterará sus latidos regulares. Los alimentos bajos en calorías no satisfacen los requisitos dietéticos del cuerpo y el cuerpo no puede funcionar correctamente por falta de nutrición.

Medicamentos Supresores del Apetito y Otras Píldoras Dietéticas: Los artículos "maravillosos" que promueven irreversiblemente la pérdida de peso no prevalecen realmente. Los productos que garantizan una pérdida de peso instantánea o discreta no funcionarán a largo plazo. Los supresores de la saciedad, que a menudo contienen una droga psicoactiva como la cafeína, están asociados con riesgos para la salud como náuseas matutinas, resequedad nasal, agitación, ansiedad, mareos, insomnio y presión arterial más alta.

Dietas de Moda: La mayoría de las dietas de moda promueven el consumo de una gran cantidad de una forma de alimento en lugar de una variedad de alimentos, que pueden ser muy dañinos. Tales formas de dietas también están diseñadas para manipular a los consumidores para que gasten más en productos poco saludables e incluso no probados. El mejor enfoque para consumir requiere comidas balanceadas, para que pueda recibir toda la nutrición que el cuerpo necesita.

Dietas Líquidas: Los productos dietéticos líquidos o batidos que contengan menos de 1000 calorías al día podrían usarse bajo un control profesional muy estricto. Estos alimentos pueden no ser saludables y no son eficaces en cuanto a nutrientes debido a las cantidades excesivas de azúcar. También hay un contenido de fibra muy pobre que induce picos y caídas de azúcar en sangre. Además, las dietas líquidas no reducen el apetito, lo que conduce al consumo excesivo de ciertos alimentos.

¿Cuál es el Mejor Enfoque Dietético para una Pérdida de Peso Saludable?

Elija cada libro de dietas y afirmará falsamente que contiene todas las claves para perder fácilmente todos los kilos que le gustaría - y no recuperarlo. Muchos dicen que el truco es consumir menos y hacer más ejercicio, algunos que sin grasas es la única forma de llegar allí, y algunos recomiendan dejar de lado los carbohidratos.

La ironía es que no existe un enfoque de "talla única" para una reducción de peso segura y exitosa. Lo que funciona con una persona no funciona con otra porque nuestros cuerpos se adaptan de manera diferente a dietas específicas, basadas en la biología y otras consideraciones de salud. Es posible que elegir la mejor estrategia de pérdida de peso para ti tomaría tiempo e incluiría persistencia, determinación y también algo de exploración con múltiples dietas.

Aunque algunas personas reaccionan bien al conteo de calorías o técnicas restrictivas similares, otras reaccionan favorablemente al tener más libertad para organizar sus estrategias de pérdida de peso. Simplemente evitar los alimentos fritos o reducir los carbohidratos procesados podría incluso prepararlos para tener éxito. Por lo tanto, no se desanime demasiado si un régimen que funcionó para otra persona no funciona para usted.

Recuerde: aunque no hay una respuesta obvia para perder peso, todavía hay muchas medidas que se pueden tomar para establecer una actitud saludable hacia la comida, reducir los desencadenantes emocionales de los atracones y mantener un peso saludable.

Manteniendo el Peso

Es posible que haya notado las cifras comúnmente citadas de que el 95 por ciento de las personas que intentan perder peso con una dieta pueden recuperarlo en cuestión de años - o incluso meses. Aunque no hay datos concretos que confirmen este argumento, está claro que muchos programas de pérdida de peso luchan a largo plazo. Quizás se deba a que las dietas demasiado estrictas son realmente difíciles de manejar con el tiempo.

El Registro Nacional de Control de Peso (NWCR, por sus siglas en inglés) en los Estados Unidos, desde que se fundó en 1994, ha monitoreado a más de 10,000 personas que han ganado cantidades considerables de peso y lo han mantenido fuera durante períodos prolongados. La investigación mostró que los participantes que han sido efectivos para retener su pérdida de peso siguen enfoques similares.

- Manténgase en forma y activo. Los dietistas prósperos en el ejercicio del estudio NWCR suelen caminar durante unos 60 minutos.
- Mantenga un registro de alimentos. Registrar su ingesta diaria le ayuda a mantenerse responsable y motivado.
- Consuma el desayuno todos los días. La mayoría de las veces se trata de cereales y frutas en la investigación. El desayuno aumenta el apetito y evita los antojos más tarde ese mismo día.
- Consuma más fibra que la dieta estadounidense estándar y menos grasa.

- Revise su báscula con regularidad. Tratar de pesarse semanalmente puede ayudarlo a detectar cualquier ligero aumento de peso, lo que le permitirá tomar las medidas correctivas adecuadas incluso antes de que ocurra un problema.
- Mira menos TV. Minimizar las horas que pasa sentado frente al televisor será un aspecto vital para tener un estilo de vida más saludable y evitar el aumento de peso.

Obstáculos en la Pérdida de Peso

Depender Demasiado del Agua

Beber agua es fantástico para el cuerpo. Aunque también se afirma que consumir más agua, entonces necesitará evitar la sed es un truco mágico para perder peso, específicamente consumir de 6 a 8 vasos al día o más. Sin embargo, hay poca confirmación de que esto sea efectivo. Esto resultó en que tomar agua, ya sea tibia o a temperatura ambiente, solo gasta una pequeña cantidad de calorías. Por lo tanto, concentrarse en este plan no le ayudará a perder peso. Por otro lado, la gente ocasionalmente come cuando tiene mucha sed. Y no es malo saciar la sed antes de comer un bocado. Siempre es efectivo acercarse a tomar un trago de agua que solo una bebida azucarada, Pepsi o café con leche con especias; cualquier bebida calórica puede influir en su calidad de vida, por lo que no hay razón para pensar en ello con agua..

Dormir Muy Poco— o Mucho

Las personas aumentan de peso de vez en cuando, por causas inesperadas. Uno de cada cuatro estadounidenses no tiene suficiente tiempo. Y podría ser que la falta de sueño contribuya al problema de la obesidad. Docenas de estudios científicos han explorado un vínculo entre la obesidad y el sueño en la infancia y varios han identificado un vínculo. No está claro si la obesidad dificulta dormir lo suficiente o si el sueño induce a la obesidad. Muchos informes también están dirigidos a personas con sobrepeso. Tales hallazgos también indican una correlación entre el aumento de peso y dormir más de 9 horas o menos de cinco horas. Esto podría deberse a los niveles hormonales. Los ciclos del sueño influyen en las hormonas relacionadas con el hambre y la ingesta de energía, quemando leptina y grelina. Además de eso, las personas que duermen menos generalmente se sienten fatigadas y menos capaces de hacer ejercicio. Dificultad para perder peso, es posible que desee concentrarse en la calidad del sueño.

Confiar en las Comidas de Restaurantes

Tanto si tienes una vida full como si simplemente no eres un amante de la cocina casera, pones tu cuerpo en manos de los restaurantes en los que compras. Además, los platos que se comercializan como "dulces" pueden contener más calorías de las que ha estado comprando, por lo que varios restaurantes, especialmente los más pequeños, no mencionen sus estadísticas nutricionales para que pueda ver lo que realmente está consumiendo. Incluso hay evidencia de que las personas que comen en un restaurante superan en un promedio de cinco libras a las que preparan el almuerzo en casa.

Muchas Comidas Pequeñas

Es posible que haya escuchado que tratar de comer muchas opciones de comidas pequeñas durante todo el día lo ayuda a mantenerse satisfecho por más tiempo sin exceso de calorías. Sin embargo, para confirmar esto, apenas hay evidencia estadística. Las comidas pequeñas y diarias no solo son estresantes para la preparación, sino que pueden terminar siendo contraproducentes, obligándote a consumir más, y luego, una vez que comienzas a alimentarte, puede ser difícil dejar de hacerlo. Si así es como quieres alimentar tu cuerpo, hazlo. Pero no importa si su dieta restringida en calorías se ingiere durante todo el día o solo tres o cuatro veces al día. La parte más importante es tener que llevar una dieta saludable con el recuento adecuado de calorías.

Tomar Asiento – Todo el Día

¿Te suena familiar? Vas en el coche al trabajo y vas a un lugar de trabajo donde trabajas la mayor parte del día. Estás agotado cuando llegas a casa y solo quieres, ¿puedes adivinarlo? Solo sentarse, tal vez ver algo de televisión. Todo ese tiempo sentado significa que su cuerpo no se mueve tanto como debería para obtener los mejores resultados para su salud. Los estudios han demostrado que quienes pasan más tiempo sentados tienen más probabilidades de pesar más. Pero algunos estudios dicen que pesar más hará que las personas se sienten con más frecuencia. Es un proceso complejo que afecta al otro, pero aquí hay algo bien conocido: mientras estás sentado, no estás conduciendo, haciendo las tareas del hogar o de pie y corriendo mucho. Toda esta energía que debería utilizarse consumiendo unas cuantas calorías más con el ejercicio, simplemente con un descanso, se agota la salud. Y solo puede beneficiar sacar más espacio cada día para hacerlo.

Exceso de Alcohol

Las bebidas alcohólicas pueden expandir su sección media más de lo que cree. Una cerveza o dos al día es popular entre muchos estadounidenses. Pero seguro que tiene sentido. Cualquiera que consuma dos tragos de vodka al día por semana aporta alrededor de 1400 calorías a su dieta, ¡eso es la mayoría de las calorías en un día! Y agregue aún más vino y cerveza. Dos botellas de vino a la semana aportan unas 1.600 calorías al recuento semanal y unas 2.100 cervezas al día. Entonces, si está dispuesto a tomar en serio la pérdida de peso, considere dejar la jarra de cerveza por un tiempo.

Recompensar el Ejercicio con Comida

Algunas personas piensan que pueden justificar la ración adicional de pasta en la cena haciendo ejercicio. Sin embargo, puede que no sea así. Cuando hacemos ejercicio, tendemos a sobreestimar las calorías que quemamos y la tecnología no ayuda. Los investigadores encuentran en un análisis que la unidad aeróbica típica sobreestima las calorías típicas quemadas en un 19 por ciento. En esa investigación, las máquinas elípticas fueron los peores infractores, sobreestimando un promedio de 42 por ciento. ¡Eso suma más de un año de ejercicio! Las bandas de fitness han mostrado problemas similares.

Acudir a los Snacks Cuando Está Estresado

¿Ha aprendido alguna vez sobre la alimentación emocional? Comer puede convertirse en un esfuerzo para llenar un vacío emocional dentro de su vida cuando está estresado. A veces, esto incluye comer snacks ricos en calorías de forma excesiva, acumulando libras. Un estudio investigó los mechones de cabello para detectar la hormona del estrés cortisol. Para los candidatos que mostraron signos de estrés a largo plazo, encontraron una relación significativa entre el tamaño de la cintura y un Índice de Masa Corporal (IMC) alto. Nada de esto tiene un lado positivo. Puede aliviar el estrés sin tener que estirar su guardarropa. El ejercicio puede ser la mejor manera de quemar el estrés y perder peso. Y las técnicas relajantes como la meditación, el yoga, la respiración profunda y el masaje pueden traer paz a su vida, sin necesidad de calorías.

CAPÍTULO 21:

Mini Hábitos

Además de la meditación, la dieta y la rutina de ejercicios, existen otros hábitos más pequeños que puede utilizar para descubrir el éxito necesario para ponerse en forma y mantenerse. Aquí hay algunos hábitos saludables adicionales que puede comenzar a actualizar en su vida.:

- Comer bocados más pequeños

- Mastique su comida más lentamente

- No apriete sus utensilios.

- Reserve una oportunidad ideal para preparar comidas

- Céntrate solo en comer

- Deje de comprar alimentos poco saludables.

Intente recordarlos a medida que avanza en su vida diaria. Nos sumergiremos más en ellos en esta próxima meditación. Al enfocar sus meditaciones en estos, verá que es más fácil recordarlos. Hacer estas cosas básicas puede conducir a grandes resultados.

Meditación para Hábitos Más Saludables

Enfocaremos esta meditación en moldear hábitos más saludables. Capte esto o repita el contenido con su propia voz y utilícelo para ayudarlo a manejar la meditación. Busque una posición cómoda y comience cuando esté listo. Deje que estos pensamientos fluyan por su mente de forma natural, como si los estuviera diciendo. Puedo sentir cada respiración que entra y sale de mi cuerpo. Mi aliento entra por mi nariz naturalmente. No tengo que considerarlo y mi cuerpo respirará solo. Este es un hábito que creé incluso antes de dejar el vientre de mi madre. Respiro más rápido cuando tengo miedo. Respiro más rápido cuando tengo energía. Mi respiración se ralentizará a medida que me relaje. En el momento en que me estoy quedando dormido, puedo sentir que mi respiración se vuelve asombrosamente moderada. Mi respiración se regulará sola. Este es un hábito que tengo y me recuerda que soy humano. Cuando respiro en invierno, puedo ver que la respiración abandona mi cuerpo y hace que el aire sea blanco. En el momento en que respiro en un día caluroso y soleado, de vez en cuando puedo sentir mi cálido aliento en mi cuerpo, haciéndome sentir mucho más caliente. Mientras respiro ahora, veo este tema. Percibo que los hábitos son patrones que pueden surgirme de forma tan natural como respirar. Sin considerarlo, hay algunos hábitos de los que participo a diario.

En el pasado, he tenido hábitos que no eran saludables y eso está bien. No siempre fui consciente de los hábitos poco saludables que había formado. Algunas cosas tardaron un poco más en darse cuenta y tampoco era algo que pudiera reconocer siempre solo. Ahora puedo percibir las cosas malsanas que hice en el pasado. Estos hábitos poco saludables incluían cosas como elegir una dieta que sabía que no era saludable para mi cuerpo o elegir no practicar, aunque me di cuenta de que esperaba que mi cuerpo se pusiera en marcha. No me rechazaré por estos hábitos poco saludables. Estoy en paz con las decisiones que solía tomar para mi cuerpo. Me enfocaré solo en formar hábitos saludables para mí. Tengo que enfatizar hacer cosas que mejorarán mi cuerpo, mente y alma más adelante. No hay mejor oportunidad ideal para dar forma a un hábito saludable, entonces, me doy cuenta de que tengo que recordarlo para mi estilo de vida. Cuanto mejor pueda percibir y agregar hábitos saludables, más fácil será cambiar mi vida. Soy consciente de las cosas que tengo que mejorar y es mucho más fácil identificar lo que no debo hacer. Siempre buscaré nuevos hábitos saludables para recordar en mi vida. Recordaré que tengo que seguir investigándome y garantizar que estoy tomando las decisiones correctas por las razones correctas. No hay nada de malo en construir hábitos. Ahora tengo que concentrarme en construir otros más saludables que me ayudarán a tener un período de tiempo más prolongado. Los hábitos tomarán tiempo para moldearse. No tendré la opción de construir todos los hábitos que quiero por el momento. Me aseguraré de intentar todos los días lograr algo saludable. A partir de ese momento, localizaré los hábitos más naturales para utilizar y los que tengo que modificar para que encajen en mi vida más fácilmente. Puedo formar hábitos saludables, siempre y cuando me comprometa a tomar decisiones saludables todos los días. Algunos hábitos saludables se formarán por sí solos. Esto es natural. Los hábitos fáciles para ciertas personas pueden ser aún más desafiantes para mí, y eso está bien. Iré a mi ritmo y lo principal que importa es que me comprometeré a incorporar estos hábitos saludables. Cuanto más me enfoque en construir los hábitos, más fácil será seguirlos. Los hábitos tomarán el tiempo que sea necesario para formarlos. Está bien volver a los viejos hábitos; Tengo que tener la fortaleza para sacarme de ahí. Me prepararé para los momentos en los que pueda volver a caer en estos hábitos, por lo que no dejaré que me decepcionen. Si anticipo la perfección a lo largo de mi proceso de elaboración de hábitos, me prepararé para sentirme derrotado. En cambio, me prepararé con afirmaciones alentadoras e intuición positiva, para ayudarme en las ocasiones en las que quiero rendirme. Ahora es la mejor oportunidad para entrar al mundo presente desde esta meditación y concentrarme en agregar hábitos más saludables a mi vida. Voy a poner mi mente en garantizar que incluya la meditación como uno de mis hábitos, ya que esto mejorará mi salud. Empiezo a dejar este estado de ánimo y regreso a un lugar superior y más saludable, situado en la toma de decisiones saludables. Puedo sentir mi respiración en un patrón rítmico que ayuda a relajar mi mente, cuerpo y alma. Inspiro de nuevo, recordando cómo se parece a un patrón, un estado de ánimo, un hábito. Siento que el aliento abandona mi cuerpo, exhalando los malos hábitos, inhalando los buenos. Mientras exhalo los malos hábitos, sigo recordando cómo puedo comenzar con estos grandes hábitos tan pronto como mi respiración se haya regulado. Ha llegado el momento de concentrarse o quedarse dormido en este punto. Cuando vuelva a contar desde diez, saldré de este estado meditativo y regresaré al mundo que me ayudará a formar hábitos saludables con éxito. Diez, nueve, ocho, siete, seis, cinco, cuatro, tres, dos, uno.

CAPÍTULO 22:

Detener la Procrastinación

robablemente el otro mal hábito que todo el mundo parece tener en la vida es la procrastinación. Algunas personas pueden pensar que esperar hasta el último minuto es la clave del éxito, pero en realidad es un arma de doble filo que te matará si no te ocupas bien. A veces es posible que trabajes mejor bajo presión, pero posponer las cosas hasta la noche anterior para hacer algo y luego quedarte despierto toda la noche pensando en ello puede perseguirte. Terminará sintiéndose peor de lo que nunca antes se había sentido. La procrastinación llega a perseguirte si la mantienes, y es uno de los peores hábitos que existen. No solo te afectará a ti, sino también a las personas que te rodean. La gente confía en ti, y si estás esperando las cosas hasta el último minuto, no podrán hacerlo. La gente simplemente pensará que vas a estropear las cosas y mantenerlos a todos estresados. Además, es estrés innecesario, que es algo que la gente no necesita en estos tiempos. Desde proyectos del trabajo hasta proyectos escolares, e incluso simplemente hacer las cosas diarias, la procrastinación puede afectar a cualquier persona en todas las áreas.

La procrastinación puede parecer una de esas cosas que son inevitables. Después de todo, dado que todo el mundo procrastina, está bien que lo hagas. La cuestión es que no es aconsejable procrastinar en todo. Esto solo causará más problemas de lo que vale, y el hecho de que pueda tener éxito con eso una vez, no significa que vaya a funcionar a su favor más adelante. Te volverás adicto a hacer cosas como esta y llevará tu pereza a un nivel completamente nuevo hasta que seas capaz de enfrentarla. Que suele ser cuando la fecha límite está a la vuelta de la esquina. No necesitas esas cosas en tu vida y puedes vencer la procrastinación.

Mira la forma en que actúas cuando procrastinas. La mayoría de las personas piensa que funcionan mejor bajo presión, pero en realidad, hacer las cosas realmente hace que la persona se sienta mejor. Además, podrá revisar el trabajo y ver si hay algún error, y podrá pulirlo. Podrás mejorar tus habilidades y destrezas, y en lugar de entregar algo que se hace a los apuros, podrás entregar algo perfecto que la gente disfrutará.

Algunas personas piensan que la procrastinación es lo mejor que existe. Dicen que te motiva, pero en realidad te estresa y te hace tomar decisiones apresuradas sin pensar. Te estarás poniendo un estrés adicional, lo que no estaría mal si no fuera por el hecho de que probablemente tengas otras diez cosas en las que pensar. El estrés más la procrastinación hace que cambies de humor y te vuelvas emocional por todo. La gente se vuelve loca cuando está bajo estrés, y no en el buen sentido. La procrastinación también puede sacar lo peor de las personas, y algunos pueden dejar de hablar contigo hasta que hayas terminado de gritarles a los cielos porque no terminaste tu proyecto a tiempo. Piense en el estrés que le causa la procrastinación. Si lo hiciera con tiempo, no tendría que preocuparse por pasar todo ese tiempo preocupándose y podrá pasar más tiempo sintiéndose feliz y realizado.

La procrastinación también puede afectar su sueño y nutrición. Esa es otra cosa en la que debes pensar y analizar. La procrastinación generalmente hace que las personas se queden despiertas toda la noche, dejándolas muertas de cansancio al día siguiente. El cansancio les hace ser menos racionales y les hará pensar que las cosas ilógicas son sensatas. Pensarán que algo que pusieron en el proyecto es correcto cuando en realidad están completamente equivocados. No es algo que pueda ayudarte. En cambio, agotará su energía y hará que sea un desastre hambriento de energía hasta que termine el proyecto. Sucede lo mismo en el aspecto de la comida. La alimentación y la nutrición son importantes para mantener la concentración. Cuando las personas procrastinan, pueden pasar casi un día entero sin comer nada, y la mayor parte del tiempo pasan su tiempo viviendo de bebidas energéticas y comida chatarra. Eso hará que su cuerpo se vuelva no saludable y los problemas de salud llegarán a ti con el tiempo. La alimentación y la nutrición es algo en lo que debe pensar, y si tiene problemas con cualquier cosa relacionada con la nutrición y el sueño, debe dejar de procrastinar antes de que empeore.

Una última cosa mala de la procrastinación es que no siempre funciona. La mayoría de las veces, la persona tiene suerte si al jefe o al maestro le gusta, o si obtienen lo que necesitan completar a tiempo. Se podría pensar que postergar las cosas es el camino al éxito, pero eso está lejos de la verdad. De hecho, la mayoría de las veces, procrastinar empeorará las cosas porque está trabajando tan rápido para hacer todo esto que debe preocuparse por eso en lugar de asegurarse de estar dando lo mejor de sí. Es una pena, pero la mayoría de la gente no se da cuenta de eso y piensa que la mentira de que "la procrastinación es la clave del éxito" es una verdad. No lo es, y solo te sentirás miserable al final si haces eso. La mayoría de las veces deja de ser tan eficaz una vez que te das cuenta de lo diferente que es tu potencial cuando haces las cosas con anticipación y te tomas tu tiempo.

Ahora que sabe lo que puede resultar de ser un procrastinador y lo feo que puede ser, es hora de buscar formas de cambiarlo. Sí, puede cambiar su procrastinación en algunos pasos simples, y pronto verá que no es tan difícil como cree. La mayoría de la gente piensa que la idea de cambiar tu comportamiento es lo más difícil del mundo. En realidad, no lo es y la gente debe darse cuenta de eso. Puedes cambiar tu forma de actuar y tu hábito de procrastinar con estos sencillos pasos, y verás después de un tiempo que las cosas mejoran si las haces cuando las obtienes por primera vez en lugar de intentar terminar todo en el último minuto como la mayoría de la gente.

Ahora, lo primero que debe hacer después de reconocer los problemas de la procrastinación es ver cómo puede mantenerse al tanto de las cosas. Puede ser algo tan pequeño como un pequeño recordatorio o tan grande como hacer un calendario de eventos. Eche un vistazo a cómo puede mantenerse personalmente en su mejor nivel y asegúrese de no perderse nada. Es recomendable obtener un calendario y comenzar a completarlo. La gente necesita mirar las cosas durante un período de tiempo general. No puedes pensar que lo mejor es solo mirar el día siguiente. Debe mirar hacia el futuro y planificar para el futuro, ya que, si no lo hace, solo creará problemas más adelante.

Es posible que a algunos no les guste el método del calendario, y si no les gusta, pueden simplemente escribir lo que necesitan hacer en la vida. Puede ser una lista de algunas cosas o una con cientos de cosas. Mire todo lo que necesita hacer y luego divídalo en incrementos cada vez más pequeños. Esto es similar a la forma en que administra su tiempo, pero está relacionado solo con el proyecto o el conjunto de cosas que necesita hacer. Solo póngalos todos y haga una lista de ellos. Luego, puede marcar todo lo que hace para mantenerse en su mejor nivel.

Con el método del calendario, anote las fechas para cuando sea necesario entregar las cosas. Puede que sea bueno hacer eso, pero terminará postergando las cosas si deja las cosas así. Esa es la forma perezosa de hacer las cosas. En este caso, lo que debe hacer es programar cada día lo que debe hacer para alcanzar ese objetivo del día, de modo que pueda alcanzar su objetivo con suficiente tiempo de sobra. Algunos días pueden ser más fáciles que otros, pero si es fácil algún día, revise lo que ha realizado en ese trabajo en específico y asegúrese de que todo esté bien. Desea asegurarse de que todo esté en orden y supervisado todos los días. No quieres poner todo en un día. Esa es la forma en que lo ha estado haciendo antes, y eso solo lo lleva por un camino que no desea tomar. En su lugar, distribúyalo en un periodo de tiempo. Pronto verás que tampoco es tan malo como crees.

Si está tratando de posponer las cosas porque cree que el proyecto es demasiado grande, piense en cómo serán las cosas si lo deja así durante tanto tiempo. Pensarás que está bien dejarlo así durante tres semanas porque es un proyecto gigante, pero solo se verá más grande a medida que pase el tiempo. En lugar de preocuparse por cosas así durante un tiempo prolongado, hágalo ahora y elimínelo. Tendrás mucho menos dolor de cabeza si lo haces. Además, si lo extiende durante un par de semanas, verá que no es tan malo. Eso le permitirá tener el control de él y no verse afectado por él.

Una vez que tenga todo listo, es hora de estar motivado al respecto. La motivación puede ser tan pequeña como sentirse feliz por haber hecho el trabajo, o puede ser la felicidad de no tener que preocuparse por eso. Probablemente tendrás que esforzarte al principio. La mayoría de las personas que quieren dejar de procrastinar después de haber sido un procrastinador durante tanto tiempo tienen dificultades con esto. Pero, si solo recuerdas que hay algo bueno al final, verás que vale la pena luchar. Necesita tener la motivación para que sea lo mejor para usted cuando se trata de lidiar con el estrés de terminar el proyecto.

CAPÍTULO 23:

Pasos Prácticos para Detener el Trastorno Alimenticio Emocional

C onsidere llevar un diario de atracones. No necesitas mucho para esto; un planificador estándar servirá (dependiendo de la frecuencia con la que coma en exceso, en realidad). En él, rastrea lo que te provocó atracones. Se sorprenderá de la rapidez con la que comenzará a notar patrones que de otro modo podría haber ignorado por completo. A menudo, una semana es suficiente. Armado con este conocimiento, tendrá una idea mucho mejor de lo que lo está provocando.

Manejar el Estrés

Como notará en su diario, sus señales a menudo están relacionadas con el estrés o la ansiedad. Por lo tanto, lo primero que debe hacer es eliminar la mayor cantidad posible de estos factores de estrés. ¿Tu trabajo está provocando atracones? No se lleve el trabajo a casa. Hable con el psicólogo interno sobre las sugerencias que podría tener para el manejo del estrés. Y si todo eso no funciona, considere buscar un nuevo trabajo.

¿Quizás es una situación social con un ser querido? Si cree que están abiertos a una conversación sobre estos temas, sugiera, sin acusación, que la interacción con ellos le resulta estresante y que esto le está afectando negativamente. Si no cree que sea capaz de mantener este tipo de conversación sin juzgarlo o causarle malestar, tal vez considere tomarse un tiempo.

Donde no pueda eliminar el estrés, manéjelo en su lugar. Existen estrategias para el manejo del estrés que pueden ayudar. Estos incluyen meditación, ejercicio, diversión y relajación. Todas estas son formas saludables de reducir los efectos del estrés en su vida y si puede reemplazar sus atracones con alguna o todas estas actividades que en realidad podrían ayudar.

Planifique Comer Tres Comidas al Día

No se salte el desayuno. Esto es algo que hacen muchos de los que comen en atracones y se adapta directamente a ellos. Se ha demostrado que las personas que no desayunan tienen más riesgo de sufrir ataques cardíacos y tienen más probabilidades de tener sobrepeso que las que sí desayunan. Entonces, todos esos beneficios para la salud que pensaba que estaban obteniendo, no existen.

¿Cómo evitar el desayuno hace todas estas cosas? La razón es doble. En primer lugar, si se salta el desayuno, continúa el ayuno de la noche anterior en adelante. O, dicho de forma más concisa, te estás muriendo de hambre durante más tiempo. Esto provoca todo tipo de respuestas de estrés en su cuerpo, que no son saludables y en realidad conducen a la retención de calorías, ya que su cuerpo reduce el consumo de calorías para ayudarlo a sobrellevarlo. Luego, cuando coma más tarde, debido al hambre, será mucho más difícil resistir los antojos de comida chatarra y comer de manera saludable. Finalmente, puede provocar una desconexión entre su estómago y su mente.

Entonces, lo largo y lo corto es, ¡desayune! Trate de ingerir al menos algo de fruta y quizás un tazón de cereal por la mañana. A partir de ahí, intente convertir su desayuno en algo saludable que lo mantendrá satisfecho hasta el almuerzo.

Tampoco se salte el almuerzo o la cena. Planee obtener tres comidas completas al día que le brinden la nutrición y la satisfacción que necesita. Esa última parte es importante. Si no disfruta de la comida que está comiendo, es muy probable que la use como una excusa inconsciente para darse un gusto (léase comilonas) en algún momento del día. Esto no quiere decir que debas comer hamburguesas todos los días, pero sí significa que tampoco tienes que comer tu aburrida ensalada de verduras todos los días. Asegúrese de que haya algunos aspectos de lo que está comiendo que disfrute.

Disfrute Snacks Saludables

También es una buena idea tener snacks saludables a mano para cuando tenga ganas de algo. Nuevamente, esto no significa "aburrido". No estás tratando de castigarte a ti mismo. Eso finalmente desencadenará otro episodio de atracones. En su lugar, busque algo que le guste. Hay bastantes snacks disponibles en el mercado hoy en día que en realidad son bastante sabrosos sin estar cargados de azúcar, sal o grasa. Esto incluye frutas, pero también puede incluir barras nutritivas y nueces. Depende de lo que realmente te guste.

Establezca Patrones Alimenticios Saludables y Estables

La estabilidad es tu amiga. Por esa razón, trate de hacer arreglos para que coma en horarios regulares, preferiblemente con otras personas, ya que las horas de comida son excelentes ocasiones para socializar. Si no tiene con quién comer, no se preocupe. Eso cambiará una vez que regrese a un ritual más normal y saludable.

El primer paso hacia ese objetivo es estandarizar los horarios de las comidas para que su cuerpo se acostumbre una vez más a ritmos más normales. Esto permitirá que su cerebro y su estómago se reconecten y, por lo tanto, lo hará más consciente de cuándo tiene hambre y cuándo está satisfecho. Esto hará que sea más fácil detenerse cuando sea necesario. Además, no coma frente al televisor. Cuando lo hace, es más probable que coma en exceso, ya que le toma más tiempo darse cuenta de las señales de su estómago que le dicen que ha tenido suficiente.

Evite la Tentación

Si vives con alguien a quien de vez en cuando le gusta tener comida chatarra en la casa, habla con esa persona y pídele que te ayude a superar tu problema. Sí, eso significa pedirles que no guarden comida chatarra por ahí donde pueda encontrarla. No tiene que ser permanente, solo hasta que hayas controlado tus atracones.

Para evitar la tentación cuando esté en el supermercado u otros lugares, no vaya de compras cuando tenga hambre. Este es un consejo muy valioso que no solo ayudará con sus problemas de atracones, sino que también lo ayudará a evitar gastar de más, ya que todo parece mucho más atractivo cuando no hemos comido. Por lo tanto, antes de ir al supermercado o al centro comercial, asegúrese de comer. Esto hará que toda la experiencia sea mucho más fácil para usted personalmente y también para su billetera.

Ejercítese

Hay muy pocas cosas en este mundo para las que el ejercicio no sea bueno. Lucha contra las actitudes negativas; te ayuda a perder peso y, en general, te hace sentir mejor sobre tu situación al inundar tu sistema con endorfinas y otras sustancias químicas felices. Es más, le ayudará a combatir el aburrimiento y el estrés, irse a la cama a tiempo y mejorar sus niveles de energía. Y aunque es posible que no lo crea al principio cuando recién está comenzando y su cuerpo no está acostumbrado, ¡muchas personas lo encuentran bastante agradable!

El truco es ejercitarse y no torturarse. Mucha gente, incluidos los entrenadores, parecen creer que la única forma de ganar es a través del dolor. Eso es una tontería. Lo único que provocará es que odie el ejercicio y se sienta resentido. Eso no beneficiará a nadie.

En cambio, una estrategia mucho mejor es comenzar lentamente y luego ir aumentando. De esta manera, no se sentirá resentido por lo que está haciendo y tendrá el placer de ver un proceso de mejora. Claro, esto significa que pasará un poco más de tiempo antes de que los efectos del ejercicio comiencen a mostrarse, pero, por otro lado, también significa que la posibilidad de que continúe es mucho más significativa.

Si no estaba haciendo ningún tipo de ejercicio, comience caminando o montando en bicicleta. Inicialmente, no tiene por qué estar tan lejos, siempre y cuando tenga incorporada una tasa constante de mejora. Hoy una milla, mañana una milla y cuarto. Después de eso, piense en unirse a un grupo. Aquí nuevamente, no debes exagerar y unirte al grupo súper duro de vida o muerte, sino algo más a tu nivel. Los aeróbicos acuáticos, los ejercicios de estiramiento u otras formas que lo empujarán, pero no lo romperán son lo mejor para empezar.

Si es obeso o tiene sobrepeso, es posible que inicialmente no vea mucha pérdida de peso. No se preocupe por eso. Todavía estás cambiando. Simplemente está sucediendo en el interior. Transformarás grasa en músculo, por ejemplo. Solo después de eso, la pérdida de peso real comenzará a establecerse. No se desanime. En su lugar, observe lo que puede hacer, en lugar de lo delgado que es. Tal vez lleve un calendario de ejercicios en el que registre lo que hizo y cómo se siente. Entonces, considere que al menos se está esforzando; deberías ver una mejora constante.

Lidiar con el Aburrimiento y Evitar el "No"

No es solo en términos de comida que debes evitar la palabra "no", debes evitarla en su totalidad. Por lo tanto, no excluya los atracones de su vida, busque una forma alternativa de ocupar su tiempo. Entonces, emprende un pasatiempo. Mejor aún, continúe con un pasatiempo que solía tener pero que tuvo que dejar de lado como resultado de los atracones, algo que realmente disfrutó y que siente que debería poder disfrutar nuevamente. En otras palabras, ocupa tu tiempo. De lo contrario, el aburrimiento se instalará y luego pasará su tiempo intentando (y fallando) no pensar en atracones.

Involucre a otras personas. Únase a un equipo o una clase donde otras personas dependen de su presencia. De esta manera, incluso si está teniendo un día malo, será mucho más probable que vaya. Antes de ir, es posible que no crea que realmente puede disfrutar, pero eso cambiará muchas veces una vez que llegue allí. En psicología, llamamos a esto la brecha de empatía caliente-fría. Significa que no podemos imaginar cómo se sentirá algo a menos que lo estemos sintiendo. Es por eso que la tentación es tan difícil de resistir y por qué no podemos creer que no podamos resistirla cuando no la sentimos.

También es por eso que no podemos imaginarnos disfrutando de algo fuera de la casa si estamos sentados en ella deprimidos e infelices, pero una vez que estamos fuera de la casa nos resulta bastante fácil divertirnos. Y es la razón por la que es una buena idea emprender actividades en las que no es solo nuestra expectativa de disfrute lo que nos impulsa a ir, sino también los compromisos sociales.

También podrías considerar la posibilidad de tener un perro. Estos pueden ofrecerle una gran cantidad de compañía y también la oportunidad de salir a caminar, lo que obviamente es una excelente manera de hacer ejercicio. Ahora, esto es evidente, pero en realidad debes querer un perro, ya que requieren mucha atención y amor. No busques uno si no estás seguro, ya que de lo contrario te sentirás mal contigo mismo y por no cuidar al perro.

Si está pensando en adquirir un perro, ¿puedo aconsejarle uno mestizo en lugar de uno pura sangre? Su perrera local tendrá perros que necesitan un hogar o serán sacrificados de otra manera. Sálvate salvando a un perro.

CAPÍTULO 24:

Guía Paso a Paso para Detener el Comer en Exceso

Necesitamos comida para aguantar; sin embargo, ¿cuándo llega el alimento requerido a un punto en el que brinda placer? ¿Cuándo es esencial mirarse a sí mismo, dar un paso atrás y dejar de comer?

Cada individuo que tiene una relación desafortunada con la comida lo ve de la misma manera. A menudo se presenta como un método de consuelo y seguridad que nos permite persuadirnos de que es adecuado gastar los alimentos de manera descuidada y sin deducción. Obviamente, excepto si está preparado para el sustento o valor pensando en su prosperidad, lo más probable es que no tenga una relación positiva con la comida.

Cambie Sus Hábitos Alimenticios

Suponga que ha percibido la necesidad de construir una relación superior con la comida y es posible que desee obtener más información sobre la hipnosis para perder peso y eliminar sus patrones de comportamiento negativos. En ese caso, debe identificar la razón subyacente que se suma a su preocupación. Dado que comer se presenta a sí mismo como un tipo de alivio transitorio de la presión y nos desvía de sentir sentimientos como presión, lástima, inquietud e indignación, es algo a lo que tendemos a inclinarnos eventualmente en nuestras vidas. Dado que las organizaciones promotoras son especialistas en brindar a la sociedad alimentos defectuosos que pueden parecer atractivos o que están incluidos en algún grado en contenido que se adapta a la dieta, hemos abrazado la convicción de que está bien gastar alimentos artificiales o cualquier cosa que la publicidad nos recomiende. De manera similar, nos hemos instruido a nosotros mismos que gastar alimentos desafortunados es como un premio por todo lo que estamos haciendo bien.

Intente No Castigarse a Si Mismo

Por ejemplo, revelarse a sí mismo que puede comer cualquier cosa que desee durante el fin de semana después de cinco días de alimentación limpia que no sean fines de semana es estar equivocado. No deberíamos sentir que nos estamos rechazando a nosotros mismos al comer una dieta completa y ajustada. Debería resultarnos natural a medida que recibimos un estilo de vida sólido.

El paso inicial para utilizar la hipnosis para perder peso de manera efectiva es identificar las razones por las que luchas para lograr lo que sea que necesites. Al pasar por la autohipnosis, debe descubrir cómo abordar su fijación de alimentos y transformarla en algo valioso, por ejemplo, inspiración para no sentirse tan impotente o malgastador como lo hace con su peso o condición de bienestar actual. Antes de comenzar con su reunión, debe reconocer la motivación detrás de por qué su objetivo parece estar tan lejos, así como qué es lo que le impide lograrlo.

¿Cómo Será la Sesión de Hipnoterapia?

Durante una reunión de expertos en hipnoterapia, un especialista, en su mayor parte, le hará un resumen de las preguntas identificadas con la pérdida de peso, incluidas las preguntas sobre su dieta y sus propensiones al ejercicio. Dado que está dirigiendo la reunión de tratamiento solo, puede repasar su programa diario y sus propensiones. De vez en cuando, lo ayuda a registrar sus propensiones positivas y negativas para ver dónde tiene que mejorar. Tienes que formatear la totalidad de los datos ante ti y destacar qué es lo que tienes que mejorar durante tu reunión. Registrar sus objetivos también lo ayudará a crear una imagen más clara de dónde prefiere ir. Recuerde que la autohipnosis depende completamente de usted, por lo que debe someterse y mantenerse entrenado durante los 21 días.

Este período es factible para la mayoría de las personas y establece un punto de referencia para usted sin asumir una responsabilidad demasiado grande.

Dado que necesita repensar su dependencia alimentaria, es fundamental decir la verdad sobre las propensiones desafortunadas consigo mismo, lo que podría incorporar cualquier cosa, desde hacer trampas, comer con entusiasmo, complacer o engañarse a sí mismo para aceptar que necesita más comida o que, por lo general, diciéndose a usted mismo que comenzará una dieta el lunes.

Proporcionar datos esenciales sobre usted y sus preferencias le permitirá encontrar lo que necesita abordar y destacar.

La Importancia de Establecer Metas

Participando en hipnoterapia, tendrás la opción de mejorar tu certeza a través de buenas propuestas planteadas para hacerte sentir comprometido. Reevalúe su voz interna, que le recordará que debe mantener una mentalidad buena y sólida, imagínese a sí mismo logrando sus objetivos de pérdida de peso, identifique ejemplos ajenos que motivaron su actual estilo de vida desafortunado, así como deshacerse de cualquier temor que pueda tener por lograr sus objetivos.

Probablemente no se dio cuenta de que podía vivir con el temor de lograr sus objetivos. Suena absurdo, pero cambiarte a ti mismo, o cómo vives también podría presentarse como algo molesto. A menudo, las personas no logran sus objetivos porque les da miedo dejar su rango habitual de familiaridad. Dado que no podemos florecer o desarrollarnos sin ser incómodos en la vida, es esencial vencer esos sentimientos de pavor. La hipnosis abordará sus diseños de propensión y le permitirá eliminarlos de su psique. Le permitirá desarrollar métodos nuevos y viables para lidiar con el estrés. Por ejemplo, puede imaginarse reaccionando a una cooperación o circunstancia desagradable con

HIPNOSIS DE PÉRDIDA DE PESO RÁPIDA Y EXTREMA

hipnosis y elegir cómo podría querer responder de manera muy constante. Asimismo, se verá comiendo bien durante la reunión para ayudarlo a tomar mejores decisiones y estructurar patrones dietéticos duraderos.

Visualice el Éxito

Las personas que no luchan con el control de porciones y necesidades, piensan que es fácil adherirse a su método de alimentación estándar. En contraste con alguien que es habitual y come dependiendo de sus sentimientos, la hipnosis es probablemente la mejor técnica para la superación personal. Funciona controlando las respuestas y las propensiones, lo que claramente ha provocado sus enredos y su desafortunada relación con la comida. Durante la reunión de hipnosis, se le prescribe que descubra cómo despachar sus deseos de comida y eliminar las propensiones desafortunadas que abarcan el control de las porciones. Esto hace que te imagines teniendo una relación mucho más ventajosa con la comida, lo que te preparará para el progreso.

Con la hipnosis, parece absurdo concentrarse simplemente en ponerse en forma. Hay tantos elementos diferentes incluidos que se atribuyen a lo que en particular causa el aumento de peso que puede corregir. Ponerse en forma y lograr cualquier objetivo relacionado con el bienestar es una excursión que le mostrará la manera de seguir adelante con su mejor vida.

El Método Más Efectivo para Comer la Cantidad Exacta de Comida

Para recuperar el control legítimo de las porciones y comer la cantidad perfecta de alimentos en cada cena, debe concentrarse en comer los tipos correctos de alimentos. Exactamente en ese punto, tendrá la opción de mantener una dieta razonable. Siempre es útil realizar una pequeña exploración antes de comenzar con la hipnosis, especialmente si es probable que descubra cómo reducir el tamaño de las porciones y ceñirse a ella. Aunque conoce las razones por las que debería hacerlo y que comer una cantidad excesiva de alimentos aumenta la acumulación inútil de grasa que se almacena en su cuerpo, muchas personas realmente se atragantan a pesar de todo. Es esencial que se advierta a sí mismo que no debe vivir para comer, sino comer para vivir. Cuando haya desarrollado este estándar, podrá controlar el tamaño de sus porciones y, por fin, adelgazar.

Si practica la hipnosis o está siguiendo una dieta y no está adelgazando, lo más probable es que deba evaluar el tamaño de sus porciones. También debe sintonizar con su cuerpo y darse cuenta de si el tipo de comida que está ingiriendo le está sirviendo bien a su cuerpo. Acarrear peso en abundancia podría ser una consecuencia de atiborrarse en las cenas. Además, darse un gusto de vez en cuando es el equivalente a tener una dieta terrible; es malo para su bienestar general o para perder peso.

Digestión

El control legítimo de las porciones por sí solo no hará que pierda todo el peso; sin embargo, le dará más energía, especialmente porque estar continuamente lleno ejerce presión sobre nuestros ciclos reales para trabajar con más entusiasmo. Esto incorpora su digestión, que, si no funciona de manera competente, podría hacer que se aferre al exceso de peso, para detener los resultados de su pérdida de peso y hacer que se sienta incómodo. Tener una digestión frágil y un procesamiento insuficiente podría actuar como un problema médico genuino e incorporar manifestaciones problemáticas, por ejemplo, fatiga continua, aumento de peso, melancolía, dolores cerebrales, bloqueos y ansias de azúcar.

La expresión "control de las porciones" alude a comer una medida satisfactoria de comida. La cantidad de lo que ingieres, junto con el tipo, es necesaria si tu objetivo es perder peso. A menudo, las personas se limitan a completar la comida de su plato por cortesía o porque no podemos percibir que hemos tenido suficiente.

CAPÍTULO 25:

Cómo Mantener Hábitos Alimenticios Conscientes en Su Vida

D e hecho, incluso con el mejor programa y toda la ayuda del planeta, todos tenemos días en los que podríamos utilizar alguna motivación adicional. Aquí hay algunas cosas que puede hacer para inspirarse y asegurarse de su logro de reducción de peso.

Establezca Metas Alcanzables

Algo en lo que no puedo ejercer suficiente presión es la importancia de hacer cambios con los que tendrá la opción de quedarse con ellos por un magnifico tiempo.

Comience por definir pequeños objetivos alcanzables que no estén vinculados a un número en una escala. Por ejemplo, en lugar de tener como objetivo perder 10 kilos, ¿por qué no pretender beber ocho vasos de agua al día? O planifique nuevamente usar las escaleras todas las mañanas cuando vaya al trabajo. Otro objetivo muy complaciente es colocar sus fascinantes grabaciones, en cualquier caso, cuatro veces por semana.

Sean cuales sean sus objetivos, asegúrese de que sean bastante seguros, inconfundibles y sencillos de lograr.

Tener más actividad es fundamental para el bienestar y cuando intenta perder peso hace una diferencia como nunca antes. Sea como fuere, es cualquier cosa menos difícil el agotarse con el antiguo programa de ejercicios después de un tiempo. ¡Intenta no quedarte estancado!

Prueba algo nuevo. Dé un paseo, tome una clase de yoga o conozca su vecindario con una escalada matutina.

No es necesario hacer ejercicio en un centro de recreación, con un poco de equipos o con un maestro. ¡Simplemente necesitas ponerte en marcha!

Prepárate para el Nuevo Tú

Prepárate para la nueva forma de ti mismo que estás creando. Elimina cualquier alimento no saludable de los gabinetes. Deseche las prendas viejas del armario. Modifique su condición para adaptarse a la nueva vida que está construyendo.

Intente de No Ceder a la Culpa

Nadie es un santo y todos necesitamos un poco de chocolate a veces. El principal defecto del placer culposo poco frecuente es la culpa que sientes poco tiempo después. No tiene sentido hacerte sentir tan mal por ese atracón y luego perder la cuenta comiendo para sentirse mejor y terminas comiendo diez chocolates solo para sentirte bien. Las personas normalmente frágiles no se arrepienten cuando comen una golosina periódica. Disfrutan de la experiencia y luego vuelven directamente a comer buenos alimentos. La culpa no es valiosa, ¡déjela ir!

La Historia de Kevin: Ver el Precio Oculto de los Alimentos No Saludables

Kevin era un *foodie*. Quería comer. También le encantaba andar en bicicleta y beber vino. Sea como fuere, esas tres cosas no parecían ir muy bien juntas, ya que regularmente bebía demasiado vino y no quería montar bicicleta, y también, tenía 15 libras adicionales que había estado tratando de perder. a lo largo de los cinco años anteriores. El peso adicional hizo que montar bicicleta con sus compañeros fuera más difícil y no se había divertido mucho últimamente por esa misma razón.

Vino para entrar en trance porque necesitaba reducir su consumo de alcohol y hartarse, ponerse en forma y convertirse en un ciclista superior.

El problema de Kevin no era exactamente el mismo que el de Patty: él podía pasar bastante tiempo sin comer, trabajando regularmente durante el almuerzo y comiendo muy tarde. Sin embargo, también aceptó una existencia sin un buen vino, queso cheddar y la pastelería no era una que valiera la pena vivir. Realmente tenía una imagen en su mente de sí mismo obteniendo una carga del vino, queso cheddar y pasteles con compañeros después de un paseo decente, y su bicicleta estaba fuera de la vista de esta imagen. Esta fue una imagen que el hizo que habla de su vida óptima y le satisfizo considerarla. También era una parte de lo que lo hacía disfrutar en exceso porque Kevin no estaba viendo la imagen completa - el coste genuino de lo que un exceso de comida y licor con muchas calorías le estaba haciendo a su cuerpo. Para Kevin, no fue una convicción tan restrictiva como no ver la realidad con respecto a las decisiones que estaba tomando.

El Hipnotismo puede ayudarnos a distinguir y liberarnos de convicciones restrictivas a cuenta de Patty y Jessie, sin embargo, también puede ayudarnos a ver las cosas como realmente son. Es más, por ejemplo, cuando digo "ver cosas", lo que quiero decir es que las personas están visualizando algo en su cerebro, independientemente de si lo están viendo o simplemente pensando en ello. No todas las personas realmente crean imágenes en su mente.

Utilizaré "ver" hasta nuevo aviso. Para ciertos individuos, considerando las cosas como lo que realmente implican, en lugar de considerar las golosinas como algo que los satisfará, lo consideran como algo que los satisface durante 10 minutos, en ese punto responsable y lamentable el resto del día. Implica ver una copa de vino no como un calmante para la presión, sino como un depresor que es realmente nocivo para su cuerpo. Algunos clientes realmente cambiarán la imagen en su mente - imaginan su bolsa preferida de golosinas con el ceño fruncido, o una imagen del coste genuino - ellos en su momento más pesado. Dado que esa es una imagen cada vez más exacta de lo que harán las golosinas. Imagine un escenario en el que se requiera que los fabricantes expongan de manera externa en los artículos lo que realmente sucedió después de consumirlos. De acuerdo, compre un paquete de papas fritas con una imagen de individuo con sobrepeso y abatido mirando la televisión en el frente. ¿No debería decirse algo acerca de un caramelo con una imagen de sobrepeso y culpabilizada externamente? Además, ¿no debería decirse algo sobre ese paquete de alimentos para llevar o del autoservicio - una imagen de usted sintiéndose agotado y somnoliento?

La próxima vez que compre un artículo, imagine que el paquete tiene una foto suya 15 minutos después de la utilización. Perciba cómo eso cambia las cosas para usted. Esa es la verdad en la publicidad.

La hipnosis ayudó a que Kevin se concentrara y prestara atención para comprender lo que realmente estaba haciendo - en el escenario de que disfrutaba mucho del sabor de la comida y el vino, ¿era realmente vital un segundo o un tercer vaso? ¿Es correcto decir que fue justo ese gran vaso constante? Las autoridades del vino genuino dejaron salir su vino después de probarlo. ¿No debería decirse algo acerca de comerse todo el trozo de su tarta de queso preferida? ¿Ese décimo bocado estaba a la par con el primero?

Kevin entendió el verdadero costo de su consumo excesivo de alcohol - restringía su desempeño en el trabajo y lo retenía de ser un ciclista superior. Comprendió que, si realmente apreciaba el sabor del vino, una copa sería suficiente. Más que eso, y puede que tenga un problema alternativo.

Porcionando Su Comida

1. Elimina Tus Medidas

¿Crees que las personas delgadas saltan a la balanza cada mañana? No, no lo hacen. Fijarte en la balanza y en tus números te hace cautivo de ello. En el momento en que pierde una libra o dos, puede sentirse extraordinario, sin embargo, si aumenta un poco, en ese punto puede provocar una implosión. Los sentimientos de decepción que lo persiguen pueden hacer que corra por la barra de chocolate más cercana u otra comida reconfortante.

Además, las básculas de baño no son un método preciso para controlar su peso. Imagina un escenario en el que estás practicando más y ganando músculo. O, de nuevo, tal vez necesite una descarga concreta decente - bueno, ¿hay un par de libras adicionales? Mujeres, ¿es ese momento y su cuerpo se hincha de peso líquido? Un número tan grande de componentes puede afectar ese número en las básculas.

Por lo tanto, es una gran oportunidad para dejar de decidir su prosperidad por lo que pesa y comenzar a echar un vistazo a todos los cambios positivos que está haciendo en su vida. Dale una oportunidad a la forma en que te sientes y las decisiones acertadas que tomes para que sea tu nuevo indicador de reducción de peso. O, por otro lado, esencialmente observe cómo sus prendas se aflojan y su cuerpo se vuelve más pequeño.

2. Sintonice Su Cuerpo

Haga una pausa por un minuto o dos para preguntar si se siente extremadamente ansioso. Hay momentos en los que creemos que tenemos hambre, pero no muchos cuando estamos realmente ansiosos.

Con frecuencia alimentamos nuestros sentimientos como resultado de un falso deseo entusiasta. O, por otro lado, quizás ambos nos sintamos ansiosos por sentir hambre.

El hambre genuina es esa leve sensación de masticación o vacío en el estómago. Haga un esfuerzo por sintonizar con su cuerpo, para sintonizar verdaderamente con las necesidades de su cuerpo. Coma posiblemente para satisfacer el deseo genuino y deténgase cuando su cuerpo haya tenido suficiente. Elija fuentes de alimentos que lo hagan sentir satisfecho, apoyado y ligero, y manténgase alejado de todos los alimentos que lo hagan sentir sustancial, agrandado e incómodo. ¡Es tan sencillo como eso!

3. Mastique Su Comida

El procesamiento comienza en la boca y una gran asimilación es básica para convertir los alimentos que ingiere en la energía que su cuerpo necesita. En el momento en que muerde su comida, vigoriza la descarga de catalizadores digestivos en el estómago y el tracto digestivo. Si come demasiado rápido, estas proteínas no tienen la oportunidad de procesar su comida de manera viable. En el momento en que comes rápidamente, también tragas más aire e ingieres partes más grandes de la comida, lo que ejerce presión sobre el estómago y puede causar hinchazón y gases.

Además, la hormona del apetito leptina seguirá expandiéndose a medida que coma, hasta que se sacie el hambre. Morder la comida por completo y comer gradualmente le da a su cuerpo tiempo para percibir que está lleno y le permite a la leptina comunicar algo específico de su estómago a su cerebro para dejar de comer ya que ha tenido suficiente.

4. Coma Comida Más Pequeñas con Más Frecuencia

Coma no menos de cada 4-5 horas para darle a su cuerpo el combustible que necesita para trabajar de manera efectiva. Esto ayudará a mantener sus niveles de glucosa y mantendrá su digestión activa. Planifique con el objetivo de tener alimentos saludables cerca de manera constante. Tenga en cuenta que debe comer cuando empiece a tener hambre, no después de que se vuelva codicioso. En el momento en que experimente un apetito excesivo, es una indicación de niveles bajos de glucosa que harán que anhele el azúcar y otros alimentos malos.

5. Aproveche al Máximo Su Comida

Relájese, baje la velocidad, relájese y aproveche al máximo su comida. Crear un clima relajado y encantador cuando come, lo insta a morder más, a comer más lentamente y hace que sea más fácil escuchar a su cuerpo. Del mismo modo, intente abstenerse de cualquier cosa que ocupe su concentración lejos de la comida, por ejemplo, sentarse frente al televisor.

En este sentido, es probable que se mantenga concentrado en la cantidad que está comiendo. Cuanto más consciente sea del punto en el que está comiendo, más sintonizará con la señal que dice que ha tenido suficiente.

CAPÍTULO 26:

Cómo Evitar Salirse del Camino

Decirle a una persona que adopte rasgos mentalmente fuertes es una excelente manera de desarrollar la fortaleza mental, puede que no siempre sea suficiente. Es un poco como decirle a una persona que para estar saludable es necesario comer bien, hacer ejercicio y descansar lo suficiente. Ese consejo es bueno e incluso correcto. Sin embargo, carece de una especificidad particular que puede hacer que una persona se sienta insegura de qué hacer exactamente. Afortunadamente, varias prácticas pueden crear un plan claro de cómo lograr la fortaleza mental. Estas prácticas son como las recetas y los ejercicios necesarios para comer bien y hacer mucho ejercicio. Al aplicar estas prácticas, comenzará a desarrollar fortaleza mental en todo lo que haga y en cada entorno en el que se encuentre.

Mantenga Sus Emociones Bajo Control

La búsqueda del desarrollo de la fortaleza mental es controlar las emociones. Las personas que no logran controlar sus sentimientos permiten que sus emociones los controlen. La mayoría de las veces, esto toma la forma de personas impulsadas por la rabia, el miedo o ambos. Siempre que las personas permiten que sus emociones los controlen, dejan que estas controlen sus decisiones, palabras y acciones. Sin embargo, cuando mantiene sus emociones bajo control, controla sus elecciones, términos y actividades, y de ese modo toma el control de su vida en general.

Para mantener sus emociones bajo control, debe aprender a calmarlas antes de reaccionar ante una situación. Por lo tanto, en lugar de hablar cuando esté enojado o tomar una decisión cuando esté frustrado, tómese unos minutos para permitir que sus emociones se calmen. Tómate un momento para sentarte, respirar profundamente y dejar que tus energías restablezcan el equilibrio. Solo cuando se sienta tranquilo y en control debe decidir, decir lo que piensa o tomar alguna medida.

Practique el Desapego

Otro elemento crítico para la fortaleza mental es lo que se conoce como desapego. Esto es cuando te alejas emocionalmente de la situación particular que está sucediendo a tu alrededor. Incluso si la condición te afecta directamente, permanecer desapegado es algo muy positivo. El beneficio más significativo del desapego es que evita una respuesta emocional a la situación en cuestión. Esto es particularmente útil cuando las cosas no van según lo planeado.

Practicar el desapego requiere un gran esfuerzo al principio. Después de todo, la mayoría de las personas están programadas para sentirse emocionalmente apegadas a los eventos que suceden a su alrededor en cualquier momento. Una de las mejores formas de practicar el desapego es decirte a ti mismo que la situación no es permanente. Lo que hace que una persona sienta miedo y frustración cuando se enfrenta a una situación negativa es que piensa que la situación es permanente. Cuando te das cuenta de que incluso los peores eventos son temporales, evitas la respuesta emocional negativa que pueden generar.

Otra forma de desapegarse es determinar por qué se siente apegado a la situación en primer lugar. Mientras no alimentes su negatividad, no experimentarás el dolor que están tratando de causar. Esto es cierto para cualquier cosa que encuentre. Al no alimentar una situación o evento negativo con emociones negativas, evita que esa situación se conecte a usted. Esto te permite estar dentro de un evento negativo sin que te afecte.

Acepte Lo Que Está Más Allá de Su Control

La aceptación es una de las piedras angulares de la fortaleza mental. Esto puede tomar la forma de aceptarse a sí mismo por lo que es y aceptar a los demás por lo que son, pero también puede tomar la forma de aceptar lo que está más allá de su control. Cuando aprende a aceptar las cosas que no puede cambiar, reescribe cómo reacciona su mente a cada situación que encuentra. El asunto es que la mayor parte del estrés y la ansiedad que siente la persona promedio resulta de no poder cambiar ciertas cosas. Una vez que aprende a aceptar esas cosas que no puede cambiar, elimina todo ese estrés y ansiedad dañinos de forma permanente.

Si bien aceptar lo que está fuera de su control requerirá un poco de práctica, es bastante fácil. El truco consiste en preguntarse si puede hacer algo para cambiar la situación actual. Si la respuesta es "no", déjelo ir. En lugar de perder tiempo y energía preocupándose por lo que no puede controlar, adopte el mantra: "Es lo que es". Esto puede parecer descuidado al principio, pero después de un tiempo, se dará cuenta de que es una señal real de fortaleza mental. Al aceptar lo que está más allá de su control, conserva su energía, pensamientos y tiempo para aquellas cosas que, si puede controlar, lo que hace que sus esfuerzos sean más efectivos y valiosos.

Siempre Esté Preparado

Otra forma de desarrollar la fortaleza mental es estar siempre preparado. Si permite que la vida lo lleve de un evento a otro, se sentirá perdido, inseguro y sin preparación para las experiencias que encuentre. Sin embargo, cuando se tome el tiempo para prepararse para lo que se avecina, desarrollará una sensación de control sobre la situación. Hay dos formas de estar preparado y son igualmente cruciales para desarrollar la fortaleza mental.

La primera forma de estar preparado es preparar la mente al comienzo de cada día. Esto toma la forma de usted tomándose un tiempo por la mañana para enfocar su mente en quién es y su perspectiva de la vida en general. Ya sea que se refiera a este tiempo como meditación, contemplación o afirmaciones diarias, el principio básico es el mismo. Centras tu mente en lo que crees y en las cualidades a las que aspiras.

Esto te mantendrá arraigado en tus ideales durante todo el día, ayudándote a tomar las decisiones correctas independientemente de lo que la vida te depare.

La segunda forma de estar siempre preparado es tomarse el tiempo para prepararse para la situación actual. Tómese el tiempo suficiente para prepararse. Si tienes que hacer una presentación, repasa la información que quieres presentar, elige los materiales que quieres usar, e incluso tómate el tiempo para asegurarte de tener la ropa exacta que deseas. Cuando entra en una situación totalmente preparado, aumenta su confianza en sí mismo, lo que le da una ventaja adicional. Además, eliminará el estrés y la ansiedad que resultan de no estar preparado.

Tómese el Tiempo para Aceptar el Éxito

Uno de los problemas que experimentan muchas personas de mentalidad negativa es que nunca se toman el tiempo para apreciar el progreso cuando se les presenta. A veces tienen demasiado miedo de perjudicar ese éxito como para reconocerlo. Sin embargo, la mayoría de las veces, no pueden aceptar el éxito porque su mentalidad es demasiado negativa para tal acción afirmativa. Por el contrario, las personas mentalmente sanas siempre se toman el tiempo para aceptar los éxitos que se les presentan. Esto sirve para desarrollar su sentido de confianza, así como su sentimiento de satisfacción por cómo van las cosas.

La próxima vez que experimente el éxito de cualquier tipo, asegúrese de tomarse un momento para reconocerlo. Puede crear una declaración obvia, como salir a tomar algo, darse un capricho con un buen almuerzo o alguna expresión similar de gratitud. Alternativamente, puede tomar un momento de tranquilidad para reflexionar sobre el éxito y todo el esfuerzo que se hizo para lograrlo. No existe una forma correcta o incorrecta de aceptar la prosperidad, necesita encontrar una forma que funcione para usted. El truco para aceptar el éxito es no dejar que se te suba a la cabeza. En lugar de elogiar sus esfuerzos o acciones, aprecie el hecho de que todo salió bien. Además, asegúrese de apreciar a aquellos cuya ayuda contribuyó a su éxito.

Sea Feliz con Lo Que Tiene

La satisfacción es otro elemento crítico para la fortaleza mental. Para desarrollar la felicidad, debes aprender a estar satisfecho con lo que tienes. Esto no significa que elimine la ambición o el deseo de lograr un mayor éxito. En cambio, muestra gratitud por los aspectos positivos que existen actualmente. Después de todo, la única forma en que podrá apreciar verdaderamente el cumplimiento de sus sueños es si primero puede entender su vida tal como es.

Un ejemplo de esto es aprender a apreciar su trabajo. Esto es cierto tanto si le gusta su trabajo como si no. Incluso si odia su trabajo y desea desesperadamente encontrar otro, siempre tómese el tiempo para apreciar el hecho de que tiene un trabajo en primer lugar. Podrías estar sin trabajo, lo que crearía todo tipo de problemas en tu vida. Entonces, incluso si odias tu trabajo, aprende a apreciarlo por lo que es. Esto se aplica a todo en tu vida. No importa lo bueno o malo que sea una cosa, siempre disfruta de tenerla antes de esforzarse por cambiar.

Sea Feliz Con Quién Es

Además de apreciar lo que tienes, siempre debes estar satisfecho con quién eres. Nuevamente, esto no significa que deba conformarse con lo que es y no tratar de mejorar su vida. En cambio, significa que debes aprender a apreciar quién eres. Siempre habrá problemas que querrás solucionar en tu vida y cosas que sabes que podrías hacer mejor. El problema es que, si te enfocas en las cosas incorrectas, siempre te verás a ti mismo bajo una luz negativa. Sin embargo, cuando aprende a apreciar las partes correctas de su personalidad, puede perseguir la superación personal con un sentido de orgullo, esperanza y optimismo por lo que se convertirá cuando comience a alcanzar su verdadero potencial.

CAPÍTULO 27:

Técnicas de Relajación

D ado como hemos visto que las emociones son el primer obstáculo para una relación sana y correcta con la comida, vamos a buscar específicamente las técnicas más adecuadas para apaciguarlas. No solo eso, estas técnicas son muy importantes para que la hipnosis sea profundamente efectiva para lograr los objetivos deseados.

De hecho, el entrenamiento autógeno es una de las técnicas de autohipnosis. ¿Qué significa autohipnosis? Como sugiere la palabra, es una forma de hipnosis autoinducida. Más allá de las diversas técnicas disponibles, todas tienen el objetivo de concentrar un solo objeto de pensamiento. Decirlo parece fácil, pero es increíble cómo, en realidad, nuestra mente está constantemente distraída e incluso superpone pensamientos distantes entre ellos. Esto conduce a una tensión emocional con repercusiones en la vida cotidiana.

Otras técnicas de autohipnosis de las que no hablaremos en profundidad incluyen las de Benson y Erickson.

La de Benson está inspirada en la meditación trascendental oriental. Se basa en la repetición constante de un concepto para favorecer una gran concentración. En concreto, recomienda repetir varias veces la palabra que evoca el concepto. Es la técnica más fácil y rápida de la historia. Realmente se necesitan de 10 a 15 minutos al día. El hecho de que sea tan simple no significa que no sea efectivo. Y también deberá familiarizarse con ella. Especialmente para aquellos que son principiantes en autohipnosis. De hecho, esta podría ser la primera técnica a probar de inmediato para abordar este tipo de práctica.

Te sientas con los ojos cerrados en una habitación tranquila y te concentras en respirar y relajar los músculos. Por tanto, piensa continuamente en el objeto de la meditación. Si su pensamiento se desvía, tráigalo de vuelta al objeto. Para asegurarse de practicar esta autohipnosis durante al menos 10 minutos, simplemente configure un temporizador.

Al parecer, la técnica de Erickson es más compleja. El primer paso consiste en crear una nueva imagen de sí mismo que le gustaría lograr. Así que partimos de algo que no nos gusta de nosotros mismos y creamos mentalmente la imagen positiva que nos gustaría crear.

En nuestro caso concreto, podríamos partir de la idea de que tenemos sobrepeso y transformar esa idea en una imagen de nosotros en perfecta forma, satisfechos de nosotros mismos frente al espejo.

Luego nos enfocamos en tres objetos alrededor del sujeto, luego en tres ruidos y finalmente en tres sensaciones. Se necesita poco tiempo para concentrarse en estas cosas. Disminuya gradualmente este número. Por tanto, dos objetos, dos ruidos y dos sensaciones. Mejor si los objetos son pequeños y con sensaciones ligeras e inusuales, a las que se presta poca atención. Por ejemplo, la sensación de la camiseta que llevamos en contacto con nuestra piel. Llegas a uno y luego dejas tu mente divagando. Tomamos la imagen negativa que tenemos y la transformamos mentalmente con calma en una positiva. Al finalizar esta práctica, sentirás una gran energía y motivación.

Entrenamiento Autógeno

El entrenamiento autógeno es una técnica de relajación autoinducida muy eficaz sin ayuda externa. Se denomina "entrenamiento" porque incluye una serie de ejercicios que permiten la adquisición gradual y pasiva de cambios en el tono muscular, función vascular, actividad cardíaca y pulmonar, equilibrio neurovegetativo y estado de conciencia. Pero no se asuste con esta palabra. Sus ejercicios no requieren una preparación teórica particular ni una modificación radical de los hábitos.

Practicar esta actividad te permite vivir una experiencia profunda y repetible en todo momento.

Autógeno significa "autogenerado", a diferencia de la hipnosis y la autohipnosis, que son inducidas activamente por un operador o la propia persona.

En esencia, el objetivo es lograr la armonía interior para poder afrontar mejor las dificultades de la vida cotidiana. Es una herramienta complementaria para la hipnosis. Las dos actividades están entrelazadas. Practicar ambos permite una mejor experiencia general. De hecho, la hipnosis ayuda a actuar directamente sobre el subconsciente. Pero para que la hipnosis sea eficaz, es necesario tener ya preparada una calma interior tal que no haya resistencia a las instrucciones dadas por el hipnoterapeuta. Los orígenes del entrenamiento autógeno tienen sus raíces en la actividad de la hipnosis. En este último, existe una relación exclusiva entre hipnotizador e hipnotizado. El hipnotizado debe, por tanto, encontrarse en un estado de máxima receptividad para poder llegar a un estado de pasividad constructiva a fin de crear la relación ideal con el hipnotizador.

Quienes se acercan al entrenamiento autógeno y ya se han sometido a sesiones de hipnosis pueden deducir las principales pautas de entrenamiento de los principios de la hipnosis. La diferencia es que te conviertes en tu propio hipnotizador. Por tanto, debes asumir una actitud de disponibilidad receptiva hacia ti. Esta actividad también permite una mayor introspección espiritual, sintiéndose dueño del estado emocional de uno mismo. Sin duda, esto trae innumerables ventajas en la vida cotidiana.

Por lo tanto, sugiero que todos prueben una sesión de hipnosis y luego hagan unos días de entrenamiento autógeno antes de comenzar a usar la hipnosis nuevamente todos los días. Es la forma más sencilla de abordar las técnicas de relajación por tu cuenta y empezar a familiarizarte con las sensaciones psicofísicas que dan estas prácticas. La mía es una sugerencia espontánea. Si ha probado técnicas de meditación y relajación en el pasado, también puede pasar directamente a la hipnosis guiada. En cualquier caso, el entrenamiento autógeno puede ser útil independientemente del nivel de familiaridad con estas prácticas. Está claro que, si tienes poco tiempo en tus días, no tiene sentido cargarte tanto. Recordemos que siguen siendo técnicas de relajación. Si los vemos demasiado como "entrenamiento", podríamos asociar obligaciones y malas emociones que van en contra del principio de máxima relajación. Así que no estoy diciendo que hagas entrenamiento autógeno e hipnosis todos los días, 10 flexiones, abdominales y tal vez yoga, y luego estarás relajado y en paz con tu cuerpo. Este enfoque no es bueno. Se trata de encontrar el equilibrio y la armonía en una práctica que tiene que ser agradable y pausada.

Ejercicios Básicos de Entrenamiento Autógeno

Los ejercicios básicos del Entrenamiento Autógeno clásicamente se dividen en seis ejercicios de los cuales dos son fundamentales y cuatro complementarios. Antes de los seis ejercicios, se practica una inducción a la calma y relajación, mientras que al final se recupera y luego se despierta.

Estos ejercicios se consideran fases consecutivas a realizar en cada sesión. No es obligatorio realizar todos los pasos juntos. Especialmente inicialmente, cada ejercicio deberá entenderse individualmente. Pero si pretendes parar, por ejemplo, en el cuarto ejercicio, y no hacer todos ellos, necesariamente tendrás que hacer los otros 3 ejercicios en la misma sesión primero. La duración de la sesión permanece sin cambios, sin embargo, porque al agregar ejercicios, hará que cada fase dure menos.

Primer Ejercicio—"Pesadez". Es un ejercicio muy útil para superar problemas psicofísicos relacionados con las tensiones musculares que derivan de las tensiones emocionales.

Segundo Ejercicio—"Calor" Sirve para aliviar los problemas circulatorios, en todos los casos en los que existe un problema de reducción del flujo sanguíneo a las extremidades.

Tercer Ejercicio—"Corazón" Es un ejercicio muy sugerente que permite recuperar el contacto con esa parte del cuerpo con la que tradicionalmente tratamos las emociones.

Cuarto Ejercicio—"Respiración" Produce una mejor oxigenación de la sangre y los órganos.

Quinto Ejercicio—"Plexo Solar." Ayuda a muchos que padecen problemas digestivos.

Sexto Ejercicio—"Mente Fresca." Produce un vaso de constricción cerebral que puede ser muy útil para reducir los dolores de cabeza, especialmente si está vinculado a una sobrecarga física o mental.

Posiciones Recomendadas

Las siguientes posiciones son adecuadas tanto para el entrenamiento autógeno como para las técnicas de hipnosis y relajación en general. Sugiero inicialmente usar la posición acostada y luego usarla en hipnosis para un vendaje gástrico virtual para simular la posición en la camilla quirúrgica.

Acostarse

Esta posición, al menos al principio, es la más utilizada por su comodidad. Se acuesta sobre su espalda (boca arriba) y las piernas ligeramente separadas con los dedos de los pies hacia afuera. Los brazos están ligeramente separados del torso y ligeramente doblados. Los dedos están separados entre sí y ligeramente arqueados.

En El Sillón

Te sientas con una silla pegada a la pared. Su espalda está firmemente contra el respaldo y su cabeza descansa contra la pared. Puedes colocar un cojín entre tu cabeza y la pared.

Alternativamente, puede usar una silla alta para descansar la cabeza. Los pies deben estar planos firmemente sobre el piso, con un ángulo de 90 grados en las piernas. Las puntas de los pies deben colocarse por fuera.

Los brazos deben descansar sobre los soportes (si están presentes) o los muslos.

Si hay soportes, las manos deben dejarse colgando.

Si no están presentes, las manos descansan sobre las piernas y los dedos están separados.

Posición del Cochero

Esta posición le permite estar sentado, pero sin un apoyo básico particular. Se puede practicar allí donde haya algo en que sentarse (una silla, una roca, un taburete ...).

Te sientas, por ejemplo, en la silla muy hacia adelante sin inclinarte hacia adelante con la espalda.

Sus pies deben estar apoyados firmemente en el suelo, con las puntas hacia afuera. La espalda debe inclinarse hacia adelante apoyando los antebrazos en los muslos y dejando que las manos cuelguen entre las piernas para que no se toquen entre sí. Gire el cuello hacia adelante tanto como sea posible y relaje los hombros y la mandíbula.

Otras Sugerencias

Para lograr los mejores resultados, el ambiente debe ser tranquilo, el teléfono y cualquier forma de distracción tecnológica debe estar desconectado de antemano. En la habitación debe haber una luz muy suave con una temperatura constante que no permita ni calor ni frío. Las condiciones ambientales, de hecho, influyen en nuestro estado de ánimo, y la adquisición de una posición correcta garantiza una relajación objetiva de todos los músculos.

No use ropa que apriete y restrinja su movimiento: para ello también quítese el reloj y las gafas y afloje el cinturón.

La constancia es muy importante para lograr un equilibrio psíquico. Solo se necesitan 10 minutos al día, pero una verdadera oposición debe tomarse en consideración en caso de que la haya. Antes de hacer esta práctica, realmente necesita tomarse un tiempo. Debe ser una práctica deliberada. Ésta es una de las razones por las que no es recomendable practicarlo en pequeños intervalos de tiempo entre compromisos, sino en segmentos horarios dedicados a ello.

Además, es recomendable no practicar los ejercicios inmediatamente después del almuerzo para evitar dormirse. Al final de cada entrenamiento, realice ejercicios para despertarse excepto la noche antes de irse a dormir.

Al principio, comprobar la relajación de las distintas partes del cuerpo requerirá cierta reflexión. Pero con el tiempo y la práctica, todo se volverá más instintivo. No esperes grandes resultados en los primeros días de práctica. No abandones la práctica de la manera correcta porque, como cualquier otra cosa, no puedes esperar saber cómo hacerlo de inmediato.

Un último consejo es no ser demasiado exigente a la hora de comprobar la posición a tomar. De hecho, las indicaciones proporcionadas son amplias; no es necesario interpretarlos rígidamente.

Conclusión

Este proceso requiere fuerza de voluntad, fortaleza y disciplina. Asegúrese de poder incorporarlos a su vida para ver los resultados con los que solo ha estado fantaseando en el pasado. Combina esto con otros libros de meditación para obtener una variedad de entrenamiento cerebral que te mantendrá enfocado en tus sueños más grandes.

Su actitud puede ser una de esas cosas importantes que le impiden alcanzar sus objetivos de acondicionamiento físico. Tener un momento de entusiasmo saludable no es necesario para una pérdida de peso sostenible.

Bajar de peso es sin duda una meta asombrosa, pero es extremadamente difícil de alcanzar si no hay una buena motivación que lo anime a seguir adelante.

Es absolutamente necesario algo de tiempo para alcanzar ese peso ideal, tanto tiempo como esfuerzo, y para motivarse en esta travesía, la mejor idea es adoptar el diálogo interno positivo.

Necesita recordar todos los increíbles beneficios para la salud de perder peso, como sentirse con más energía, sentirse mejor consigo mismo, dormir mejor y mucho más.

Además de recordarte todos los increíbles beneficios que trae para la salud el perder peso, otra gran idea es llevar un diario de triunfos en el que escribirás cada paso que hayas dado y logrado.

De esta manera, es más probable que se mantenga comprometido con su viaje de pérdida de peso. Para aumentar su compromiso, también debe aceptar algunas afirmaciones positivas y un diálogo interno positivo que lo mantendrá en movimiento.

Por lo tanto, la próxima vez que te mires en el espejo, en lugar de decirte a ti mismo "Nunca estaré delgado y simplemente me rendiré", di "esto va a ser increíble, perder esos cinco libras se siente genial y seguiré adelante".

Ambas afirmaciones son un diálogo interno, pero la primera es un diálogo interno extremadamente negativo, mientras que la segunda es un diálogo interno positivo.

Estas son declaraciones o pensamientos automáticos que debe hacerse conscientemente. El diálogo interno positivo es un paso extremadamente importante, ya que puede influir en cómo actúa o cómo se siente.

HIPNOSIS DE PÉRDIDA DE PESO RÁPIDA Y EXTREMA PARA MUJERES

Método innovador para Crear Resultados Usando Mini Hábitos, Quemar Grasa, Parar con Azúcar, Banda Gástrica Hipnótica y mucho más!

Robert Williams

Introducción

La pérdida de peso se ha convertido en un factor notable y exagerado hoy en día con las numerosas personas que siguen tendencias de nombres importantes para reducir tallas de vestidos. Para encajar en el atuendo de íconos de la moda como Kate Moss, perder peso debe hacerse con precisión. De lo contrario, podría arriesgar su bienestar y crear problemas importantes a largo plazo y en el presente.

En general, nos ponemos en forma para lucir bien y sentirnos bien. La gran mayoría se pone más en forma en primavera, y esto se debe a algunas razones. De buenas a primeras, después del período navideño, es posible que hayan ganado un par de libras que deben perder porque necesitan prepararse para sus ocasiones de mitad de año en las que tomarán el sol en la costa en un traje de dos piezas o algún bañador. El temor de que varias personas te vean en un estado semi desnudo hará que necesites verte tan bien como se puede esperar, por lo que la dieta y el ejercicio tienen una influencia sustancial en esto.

Cuando todo está dicho y logrado, solo la pura vibra de tener la opción de encajar en prendas que nunca imaginó que realmente podría transformarlo a usted y a su persona, y es por eso que lo hacemos.

CAPÍTULO 1:

El Secreto para Una Pérdida de Peso Duradera

La Hipnosis y la Pérdida de Peso

Es difícil determinar cuál es el mejor beneficio del uso de la hipnosis para perder peso. La hipnosis es un hábito de pérdida de peso natural, duradero y profundamente impactante que puede utilizar para diferir por completo en su forma habitual de lidiar con la pérdida de peso y la comida en general, por el resto de su vida.

Con la hipnosis, no ingieres nada que haga que la hipnosis funcione. En cambio, simplemente está escuchando meditaciones guiadas de hipnosis que lo ayudan a transformar la forma en que funciona su mente subconsciente. A medida que cambie su mente subconsciente, en primer lugar, descubrirá que ni siquiera tiene antojos o impulsos de comida poco saludables. Significa no más luchar contra sus deseos, hacer dietas yo-yo, "salirse del camino" o experimentar cualquier conflicto interno en torno a sus patrones de alimentación o ejercicios de pérdida de peso que le ayuden a perder peso. En cambio, comenzará a tener una mentalidad y una perspectiva completamente nuevas sobre la pérdida de peso que lo llevarán a tener más éxito en perder peso y mantenerlo para siempre.

Además de que la hipnosis en sí es práctica, también puede combinar la hipnosis con cualquier otra estrategia de pérdida de peso que esté utilizando. Los cambios en los comportamientos dietéticos, las rutinas de ejercicio, cualquier medicamento que pueda estar tomando con el consejo de su médico y cualquier otra práctica de pérdida de peso en la que esté participando se pueden realizar de manera segura con hipnosis. Al incluir la hipnosis en sus rutinas de pérdida de peso existentes, puede mejorar su eficacia y aumentar rápidamente el éxito que experimenta en sus patrones de pérdida de peso.

Finalmente, la hipnosis puede ser beneficiosa para muchas cosas más allá de la pérdida de peso. Uno de los efectos secundarios que probablemente notará una vez que comience a usar la hipnosis para ayudar a cambiar su experiencia de pérdida de peso es que también experimentará un aumento en su confianza, autoestima y sentimientos generales de positividad. Muchas personas que utilizan la hipnosis con regularidad se sienten más positivas y de mejor humor en general. Implica que una persona no solo puede perder peso, sino que también se sentirá increíble y tendrá un estado de ánimo feliz y alegre.

Cómo la Hipnosis Puede Ayudar En la Pérdida de Peso y Eliminar Malos Hábitos Alimenticios

A medida que avanza en el uso de la hipnosis para ayudarlo a perder peso, hay algunas formas en que lo hará. Uno de los métodos es concentrarse en la pérdida de peso. Sin embargo, otra forma es centrarse en temas relacionados con la pérdida de peso. Por ejemplo, puede utilizar la hipnosis para animarse a comer de manera saludable y, al mismo tiempo, ayudar a desanimarse de una alimentación poco saludable. Las sesiones prácticas de hipnosis pueden satisfacer tus antojos de alimentos que sabotearán tu éxito y, al mismo tiempo, te ayudarán a sentirte más atraído por tomar decisiones que te ayudarán a perder peso de manera efectiva.

Muchas personas usarán la hipnosis para cambiar sus antojos, mejorar su metabolismo e incluso ayudarse a sí mismos a adquirir el gusto por comer alimentos más saludables. También puede usar esto para ayudarlo a desarrollar la motivación y la energía para preparar alimentos más nutritivos y comerlos, de modo que sea más probable que tenga estas opciones más saludables disponibles para usted. Si cultivar la motivación para preparar y comer alimentos saludables ha sido problemático para usted, este tipo de enfoque de hipnosis puede ser increíblemente útil.

Además de ayudarlo a alentarse a comer de manera más saludable mientras se desanima a comer alimentos poco saludables, también puede usar la hipnosis para motivarlo a realizar cambios saludables en su estilo de vida. Puede ayudarlo con todo, desde hacer ejercicio con más frecuencia hasta adquirir pasatiempos más activos que respalden su bienestar en general.

También puede usar esto para ayudarlo a eliminar pasatiempos o experiencias de su vida que, en primer lugar, pueden fomentar hábitos dietéticos poco saludables. Por ejemplo, si come mucho cuando está estresado, puede usar la hipnosis para ayudarlo a lidiar con el estrés de manera más efectiva, de modo que sea menos probable que se atiborre de comida cuando se siente estresado. Si tiende a comer cuando se siente emocional o aburrido, también puede usar la hipnosis para ayudarlo a cambiar esos comportamientos.

Cómo Puede Garantizar Resultados Duraderos

La hipnosis es cuando la conciencia de una persona no puede considerar el pensamiento consciente como parte de su mente y llegar a su mente racional subconsciente. La mayoría de sus rutinas y modales se forman en su mente pensante subconsciente. Poder entrar en esta parte de su cerebro significa que puede resolver la raíz causante de cualquier hábito o comportamiento indeseable que ya no le está sirviendo. A menudo, las raíces de sus hábitos y comportamientos se forman sin su conciencia o intención consciente, lo que puede provocar problemas en su capacidad para superar estos hábitos o comportamientos. Debido a que es posible que no tenga claro por qué comenzaron, cuándo o cómo, es posible que tenga dificultades para comprenderlos y encontrar una resolución suficiente que lo ayude a superar estos comportamientos. La hipnosis es un método poderoso que puede ayudarlo a lograr precisamente eso.

Cuando le sucede a sus aspiraciones de pérdida de peso, su enfoque principal es cambiar su mente subconsciente con respecto a la comida. De esta manera, puede eliminar cualquier hábito o comportamiento que lleve a una alimentación compulsiva, antojos o comer en exceso, y puede comenzar a inculcar nuevas prácticas y acciones a nivel subconsciente. Lo que acaba ocurriendo es que cuando despiertas a tu realidad, notas que ya no tienes antojos o impulsos tan intensos alrededor de la comida, y puedes tener experiencias más agradables y positivas con tu dieta.

Crear estos cambios a nivel subconsciente significa que puede tener una perspectiva completamente renovada en torno a la alimentación y la pérdida de peso. Ahora, en lugar de negarse a sí mismo, exasperarse con los deseos o sentirse abrumado por sus dietas, puede sentirse seguro y en asociación con sus cambios.

Como alternativa a tener que luchar contra los impulsos internos, simplemente no los obtendrá.

Puede ser difícil de aceptar, pero comienzas a participar en la hipnosis y experimentas los cambios en tu mente subconsciente, verás cuán poderosa es la hipnosis.

Los Pasos a Seguir para Perder Peso con la Hipnosis

Cuando pierde peso con hipnosis, se trata de manera similar a cualquier otro efecto con hipnosis. Sin embargo, es vital comprender el procedimiento paso a paso para que aprenda qué esperar durante su tiempo para perder peso con el apoyo de la hipnosis. En general, hay alrededor de siete pasos relacionados con la pérdida de peso mediante hipnosis:

1. En su primer paso para lograr la pérdida de peso con hipnosis, ha decidido que desea un cambio y que está dispuesto a probar la hipnosis para cambiar su enfoque de pérdida de peso. En este punto, usted sabe que quiere perder peso y se le ha mostrado la posibilidad de perder peso mediante la hipnosis. Existe la probabilidad de que sea la etapa en la que se encuentra ahora

mismo cuando comienza a leer este mismo libro. Es posible que se sienta curioso, abierto a probar algo nuevo y un poco escéptico en cuanto a saber si va a funcionar para usted.

2. Sus sesiones representan la etapa dos del proceso. Técnicamente, pasará de la ubicación dos al paso cinco varias veces antes de pasar oficialmente a la fase seis. Tus sesiones son la etapa en la que te involucras en la hipnosis, nada más y nada menos. Durante sus sesiones, debe mantener la mente abierta y concentrarse en cómo la hipnosis puede ayudarlo. Si está luchando por mantener la mente abierta o todavía es escéptico acerca de cómo podría funcionar, puede considerar cambiar desde la absoluta confianza de que le ayudará a tener curiosidad sobre cómo podría ayudar.

3. Después de sus sesiones, primero experimentará un cambio de mentalidad. Es donde comienza a sentir que confía en su capacidad para perder peso y mantenerlo así. Al principio, su perspectiva aún puede estar ensombrecida por la duda, pero a medida que continúe usando la hipnosis y vea los resultados, se dará cuenta de que puede lograr el éxito con la hipnosis. A medida que esta evidencia comience a aparecer en su propia vida, encontrará que sus sesiones de hipnosis se vuelven aún más frecuentes y exitosas.

4. Además de un cambio de mentalidad, comenzará a ver comportamientos modificados. Pueden ser más pequeños al principio, pero verás que aumentan con el tiempo hasta que alcanzan el punto en el que tus acciones reflejan con precisión el estilo de vida que has querido tener. La mejor parte de estos comportamientos modificados es que no se sentirán forzados, ni sentirán que ha tenido que animarse a sí mismo para llegar aquí: su cambio de mentalidad hará que estos comportamientos modificados sean increíblemente fáciles de elegir. A medida que continúe trabajando en su hipnosis y experimente su cambio de

opinión, encontrará que sus cambios de comportamiento se vuelven más significativos y sin esfuerzo.

5. Después de su hipnosis y sus experiencias con cambios de mentalidad y comportamiento, es probable que experimente períodos de regresión. Los períodos de regresión se caracterizan por períodos en los que comienza a involucrarse nuevamente en su antigua actitud y acción. Ocurre porque ha experimentado esta vieja mentalidad y patrones de comportamiento con tanta frecuencia que continúan teniendo raíces profundas en su mente subconsciente. Cuanto más los elimine y refuerce sus nuevos comportamientos con sesiones de hipnosis consistentes, más éxito tendrá en eliminar estos viejos comportamientos y reemplazarlos por completo por otros nuevos. Cada vez que experimente el comienzo de un período de regresión, debe reservar algo de tiempo para participar en una sesión de hipnosis para ayudarlo a cambiar su mentalidad al estado que desea y necesita estar.

6. Sus rutinas de manejo representan el sexto paso, y se implementan después de que haya experimentado virtualmente un cambio significativo y duradero en sus prácticas de hipnosis. Ahora, está listo para programar sesiones de hipnosis con tanta frecuencia ya que está experimentando cambios sustanciales en su forma de pensar. Sin embargo, es posible que aún desee realizar sesiones de hipnosis de manera constante para asegurarse de que su filosofía permanezca cambiada y que no vuelva a los viejos patrones. Ocasionalmente, con estas sesiones de hipnosis de rutina de manejo constante, puede tomar hasta 3 a 6 meses o más para mantener sus cambios y evitar que experimente una regresión significativa en su mentalidad y comportamiento.

7. El paso final en su viaje de hipnosis será el paso en el que encontrará cambios duraderos. En este punto, es poco probable que necesite programar más sesiones de hipnosis. No debería tener que depender de la hipnosis para cambiar su forma de pensar porque ya ha experimentado cambios significativos. Ya no te encuentras regresando a viejos comportamientos. Dicho esto, es posible que de vez en cuando necesite tener una sesión de hipnosis solo para mantener sus cambios, especialmente cuando puede surgir un desencadenante inesperado que puede hacer que desee hacer una regresión en sus comportamientos. Estos cambios inesperados pueden suceder años después de haber logrados sus exitosos cambios, por lo que mantenerse al tanto de ellos y confiar en su método de afrontamiento saludable de la hipnosis es esencial, ya que evitará que experimente una regresión significativa más adelante en la vida.

CAPÍTULO 2:

Cómo Puedes Hackear Tu Mente para Dejar de Anhelar el Azúcar

Bienvenido a esta sesión de hipnosis para ayudarlo a vencer sus antojos de azúcar. Mientras está en su proceso de pérdida de peso, puede notar que está deseando más azúcar de lo que normalmente haría. Esto es completamente normal, especialmente cuando está eliminando el azúcar de forma repentina después de haber estado consumiendo grandes cantidades al día a lo largo del tiempo. El azúcar es una sustancia adictiva. Y como todas las sustancias adictivas, se puede vencer mediante el poder de la mente. Todo lo que necesita es reprogramar su mente consciente y subconsciente para que sea más fuerte y resistente contra tales ansias.

Estás dando los primeros pasos positivos para vencer esos antojos en este momento. Pero antes de que podamos comenzar, asegúrese de estar sentado cómodamente. Date un momento para ponerte bella y cómoda en una silla. Mantenga los ojos abiertos en este punto. Los cerrará más adelante, pero solo cuando nos adentremos más en la hipnosis.

Ahora tome un respiro profundo y refrescante. Imagínese que el aire que está respirando le brinda una sensación de seguridad y protección. Mantenga el aire adentro durante un par de segundos, para que esa sensación de seguridad y protección pueda moverse por su cuerpo. Luego, mientras exhala, imagine que el aire que sale de su cuerpo se lleva cualquier sentimiento de tensión o impaciencia. La impaciencia o la falta de atención son dos de los problemas más comunes que tienen muchas personas cuando participan en la hipnosis. Al imaginar que su exhalación ayuda a alejar esos sentimientos, está ayudando a que su mente se sienta más cómoda al apagarse y tomarse este tiempo para usted.

Haga esto un par de veces más y luego respire normalmente. Dirige tu atención a tu cuerpo. Encuentre las áreas donde se sienta completamente cómodo y relajado. Enfoque su mente en esas áreas de su cuerpo. Ahora imagina que te has apoderado mentalmente de esos sentimientos mientras los tomabas suavemente en tus brazos. Ahora imagina que estás liberando esa sensación por todo tu cuerpo. Observe cómo comienza a extenderse, por lo que se sentirá completamente relajado de la cabeza a los pies.

Sienta cómo se relajan las líneas de su frente. La piel de la parte superior de la cabeza se relaja. Sienta esa sensación bajando por su rostro. Alrededor de tus mejillas y tu boca. Alrededor de tus ojos. A medida que sus ojos comienzan a relajarse, puede permitir que los párpados se cierren suavemente. Solo cierra la puerta al resto del mundo ahora. Todo lo que necesitas es concentrarte en que tu cuerpo se sienta más cómodo y relajado. Sienta cómo su mandíbula comienza a aflojarse ligeramente. Tal vez su boca incluso se abra un poco. Tu cabeza entera está completamente relajada.

CAPÍTULO 3:

Cómo Superar los Atracones de Comida y Cambiar la Forma En Que Miras la Comida

La comida es algo que todos necesitamos para sobrevivir, nutrirnos, alimentarnos y contribuir a nuestra salud y bienestar. En un mundo ideal, todos comeríamos una dieta variada y equilibrada que nos satisfaga tanto física como emocionalmente. Sin embargo, la comida es, lamentablemente, un tema complicado.

Algunos de nosotros podemos establecer relaciones poco saludables con la comida, usarla de manera inútil y crear una adicción conductual en algunos casos. Los alimentos muy sabrosos (es decir, los que tienen un alto contenido de grasa, azúcar o sal) provocan una reacción química en el cerebro, lo que provoca una sensación de gratificación y satisfacción. Esta reacción puede volverse adictiva para cualquier persona con una relación alimentaria poco saludable. Aunque un trastorno alimenticio no es conocido por ser una "adicción a la comida", tener este tipo de relación con la comida puede provocar dificultades físicas y psicológicas. Aquí profundizaremos en el concepto de adicción a la comida y en cómo la hipnoterapia puede ayudarlo a desarrollar una relación más segura y feliz con la comida.

¿Qué es la Adicción a la Comida?

En la industria de la dieta, existe mucha controversia sobre si la adicción a la comida es real o no. Las imágenes cerebrales y otros estudios de personas con "adicciones a la comida" han mostrado resultados similares a aquellos con adicciones al alcohol. Sin embargo, a diferencia de la adicción a las drogas, la adicción a la comida no es una dependencia química, es una dependencia del comportamiento.

Por tanto, las personas no son adictas a la comida en sí, sino al acto de comer y a la sensación que tienen después de comer. Esto parece aumentar con alimentos muy sabrosos, ya que liberan sustancias químicas agradables, como la dopamina, en el cerebro.

Las personas que desarrollan este problema de comportamiento pueden estar obsesionadas con la comida y los pensamientos alimentarios. También pueden experimentar sentimientos de vergüenza después de comer. Comer esos alimentos también viene con un lado de culpa debido a nuestra sociedad impulsada por la cultura de la dieta y los estándares de belleza poco realistas, lo que dificulta que las personas cultiven actitudes equilibradas y racionales hacia la comida.

¿Qué Causa la Adicción a la Comida?

Como en otras adicciones, nunca hay una causa única sino una combinación de causas. Pueden ser influencias biológicas, psicológicas o sociales. Las causas biológicas incluyen desequilibrios hormonales, una variación en el desarrollo del cerebro, efectos secundarios de otras drogas o incluso un miembro de la familia que lidia con adicciones.

Los factores psicológicos pueden incluir presenciar un trauma o violencia, tener problemas para lidiar con sentimientos negativos, tener baja autoestima o lidiar con la tristeza o la pérdida. Cuando sufrimos mentalmente, la comida también se usa como un mecanismo calmante o mecanismo de afrontamiento. Si esto está en el centro de su adicción, si desea cambiar su relación con la comida, es importante solucionarlo.

Ciertos aspectos del bienestar mental también pueden afectar las conductas alimentarias deficientes. Estos problemas incluyen trastornos alimentarios, ansiedad y depresión. Si le preocupa una condición de salud mental, asegúrese de hablar con su médico o consejero. A veces, tratar esto puede ayudar a mejorar su relación con la comida.

Los factores sociales que pueden contribuir a la adicción a la comida pueden incluir problemas familiares, presión social o de grupo, sentirse aislado y eventos estresantes en la vida. No tener un sistema de apoyo en su lugar hará que los problemas alimenticios sean difíciles de superar. Intente comunicarse y hablar sobre cómo se siente, ya sea en un grupo de apoyo o con amigos y familiares.

Resultados de la Adicción a la Comida

Si una adicción a la comida no se trata, puede afectar considerablemente su salud física y mental. Continuar comiendo grandes cantidades de alimentos con alto contenido de azúcar y sal puede provocar complicaciones físicas como enfermedades cardíacas, problemas digestivos, trastornos del sueño, dolores de cabeza, mayor riesgo de accidente cerebrovascular y letargo general.

Psicológicamente, este tipo de relación alimentaria puede afectar su autoestima, lo que conduce a condiciones como depresión y ansiedad. Puede tender a desarrollar trastornos alimentarios e incluso luchar contra los pensamientos suicidas.

Señales de una relación alimentaria poco saludable

Reconocer que tiene un trastorno alimenticio es el primer paso para recibir ayuda. Si cree que puede tener una relación poco saludable con la comida, aquí hay algunas preguntas que debe preguntarse.

Tú haces:

- Cuando se trata de otros alimentos, ¿considera que consume más de lo planeado?
- ¿Intenta comer algo aunque no tenga hambre?
- ¿Se alimenta cuando no se siente bien?
- ¿Le preocupa reducir otros alimentos o no consumirlos?
- ¿Entra en pánico cuando esos alimentos no están disponibles, o se esfuerza por conseguirlos?

- ¿Se encuentra con que comer se interpone en otras actividades, como el tiempo en familia o pasatiempos?
- ¿Evade las reuniones sociales donde hay comida por miedo a comer en exceso?
- ¿Le resulta difícil funcionar debido a la comida/comer en el trabajo/escuela?
- ¿Se siente deprimido, nervioso o culpable después de haber comido?
- ¿Necesita comer más y más para reducir las emociones negativas o aumentar el placer?

Cuando se ha convertido en una preocupación lo suficientemente importante como para afectar su vida diaria, siempre es mejor buscar ayuda médica. Sigue leyendo para descubrir cómo te ayudará la hipnoterapia.

Hipnoterapia para el Abuso de Alimentos

La esencia de la adicción a la comida y los muchos factores complejos que la conducen significan que la motivación por sí sola a veces no es suficiente. También es importante comprender qué podría afectar sus acciones e identificar los mecanismos de afrontamiento disfuncionales antes de que se pueda realizar una investigación para mejorar su comportamiento.

La hipnoterapia es eficaz para mejorar los comportamientos. Su hipnoterapeuta le ayudará a alcanzar un estado profundamente relajado en el que es más probable que su subconsciente sea sugerente.

Su hipnoterapeuta puede trabajar con usted para descubrir la causa subyacente de su adicción antes de ofrecer sus sugerencias subconscientes para ayudarlo a cambiar hábitos y comportamientos.

La hipnoterapia es un recurso perfecto para ayudarlo con este proceso porque nuestra mente subconsciente está mucho más abierta a nuevas ideas cuando nos sentimos completamente cómodos. Y un hipnoterapeuta capacitado podrá guiarlo a través del proceso con un poco de esfuerzo de su lado, lo que a veces resulta en una mejora mucho más suave que la fuerza de voluntad sola.

La naturaleza calmante de la hipnoterapia también le ayudará a ser más consciente de sí mismo y consciente de la comida. Aprender a identificar las señales de hambre es crucial y algo con lo que muchos de nosotros estamos luchando cuando estás cargado emocionalmente.

Su hipnoterapeuta no debe recomendarle que se ponga a dieta u ofrecerle consejos nutricionales (a menos que esté capacitado en nutrición), sino que debe trabajar con usted en su mentalidad, llegar a la raíz del problema y ayudarlo a realizar cambios duraderos.

¿Cómo Consigo un Hipnoterapeuta?

Si está listo para hacer un cambio, encontrar un hipnoterapeuta que resuene con usted será el primer paso en su proceso. Contamos con una política de pruebas en el Directorio de Hipnoterapia para garantizar que todos los profesionales que figuran en nuestra plataforma hayan recibido pruebas de formación y seguridad o sean miembros de un organismo profesional. También animamos a nuestros miembros a que proporcionen mucha información para completar sus perfiles. Esto le permite aprender más sobre cómo funcionan y si es la persona que debe ayudar.

Hipnosis por Atracones: Superar las Adicciones a la Comida con Hipnoterapia

¿Qué es la Hipnosis por Atracones? ¿Y funciona para el comer en exceso y el comer poco saludable?

¿Alguna vez ha sentido que su vida se trata de comida? La comida es una parte importante de nuestra vida cotidiana, desde las vacaciones y las fiestas de cumpleaños hasta la hora de cenar con familiares.

Y siempre hemos estado condicionados a tener una relación alimentaria poco saludable. Hemos comenzado a comer alimentos y muchos de nosotros estamos comiendo azúcar. Algunos, por ejemplo, usan la comida en momentos de estrés para calentarse -son comedores emocionales. Algunos luchan continuamente por atiborrarse de antojos. Y cuando se aburren, cambian hacia la comida.

La explicación es simple: hemos condicionado nuestro subconsciente para usar la comida como una manta de confort.

Está bien. Nuestro subconsciente - el gran depósito de información que controla del 85 al 95 por ciento de nuestros pensamientos - quiere que nos sintamos seguros. La respuesta a luchar o huir es un mecanismo de defensa subconsciente natural; nos mantiene a salvo cuando estamos en peligro.

En otras palabras, superar la adicción a la comida requiere más que fuerza de voluntad. Sí, lo escuchaste bien, no necesitas ninguna fuerza de voluntad para vencer la adicción a la comida. Solo tiene que volver a entrenar su mente subconsciente para soportar esos antojos automáticos y liberarlos.

Es por eso que la hipnosis puede ser tan efectiva con la adicción a la comida.

La hipnosis ayuda a uno a llegar al subconsciente. Y cuando hablamos directamente con el subconsciente, podemos comenzar a liberarnos de los malos hábitos y volver a capacitarlo para que nos apoye. De hecho, es mucho más simple de lo que parece.

Puede preguntar: "¿Cómo funciona la hipnosis para la dependencia a los alimentos?" Así es como debe pensarlo: la hipnosis abre una línea de comunicación clara con el subconsciente. Podemos hablar con él directamente y usarlo para alimentar afirmaciones positivas y nueva información. Podemos reprogramar nuestra conciencia, gracias a la hipnosis.

Una Mirada Más Cercana

La adicción a la comida tiene muchos nombres clínicos y las personas pueden tener una gran cantidad de relaciones alimentarias poco saludables.

Por ejemplo, el trastorno por atracón ocurre cuando las personas planean consumir regularmente una cantidad excesiva de alimentos. Un comedor compulsivo parece consumir decenas de miles de calorías en poco tiempo, a menudo sin pensar, y esos atracones tienen implicaciones importantes para la salud.

Por el contrario, comer en exceso compulsivamente es similar. Las personas que comen en exceso compulsivamente también se ven superadas por los antojos, con mayor frecuencia de azúcar, lácteos o carbohidratos. Y según el Centro Nacional de Trastornos Alimenticios, experimentan una falta de control sobre sus antojos. La hipnosis nos ayuda a comprender los antojos y reprogramar el subconsciente para que sea más útil para ayudar a vencer los impulsos de comer en exceso.

Algunas personas finalmente se llaman a sí mismas adictas al azúcar o adictas a los carbohidratos. Un antojo es por un producto en particular y los antojos por opciones tan poco saludables no parecen desaparecer. Por ejemplo, la hipnosis para la adicción al azúcar puede ayudarnos a replantear cómo ve el subconsciente el azúcar y, a su vez, eso nos ayudará a aliviar nuestros antojos.

Muchos adictos a la comida experimentan síntomas comunes, independientemente del tipo de adicción.:

- Comer rápido
- Seguir alimentándose, aunque esté lleno
- A veces come, aunque no sienta hambre
- Comer en Secreto
- Sentir vergüenza o arrepentimiento por el consumo excesivo.
- Y sentirse obligado a comer o "guiado".

¿Y cuál es la causa de la relación alimentaria poco saludable? Las causas fundamentales de nuestras adicciones a la comida se encuentran predominantemente dentro de la mente subconsciente. Por ejemplo, hemos sido condicionados para agregar asociaciones positivas a ciertos tipos de alimentos, o comer en exceso o atracones, y esas asociaciones están profundamente arraigadas en el subconsciente.

Cómo Nuestros Sentimientos Fortalecen los Atracones de Comida

Comer en exceso, atracones de comida o antojos extremos no es el problema - el problema son los hábitos de pensamiento negativos que nos hacen tomar decisiones alimentarias poco saludables.

Esas conexiones están, lamentablemente, profundamente arraigadas. Hemos pasado nuestras vidas conduciéndonos a alimentos poco saludables.

Fiestas, matrimonios, hornear galletas con la abuela - hemos descubierto que nuestros compañeros son golosinas azucaradas y alimentos poco saludables. Algunos los utilizamos para recompensarnos, aliviar el aburrimiento o la ansiedad, incluso cuando nos sentimos ansiosos, algunos comemos.

Y muy a menudo, nuestros antojos se activan involuntariamente. Sentimos dolor y sentimos ¡BAM! Metimos la mano en el armario y comemos sin saber por qué.

Nuestros pensamientos subconscientes son automáticos y se han reforzado durante toda una vida de experiencia. Por ejemplo, es posible que hayamos encontrado consuelo en la comida después de un evento infantil traumático, al saber que la comida ha ayudado a adormecer los sentimientos de dolor o vergüenza. Como puede ver, ¡volvemos a la comida reconfortante!

CAPÍTULO 4:

La Motivación y la Auto Confianza que lo Ayudarán a Comenzar su Travesía de Pérdida de Peso

Tu travesía comenzará con su nivel de motivación. Muchas cosas son posibles, pero parece que casi nada lo es cuando te falta motivación. Levantarse de la cama mañana tras mañana, tratar de encontrar la fuerza para pasar el día puede ser tan difícil como intentar escalar una montaña algunos días. La motivación se puede encontrar en muchas cosas diferentes, pero siempre vendrá de nuestra mente. Nos apasionan las cosas que importan; ésos nos motivan a llevar el día.

Lo principal que tendrá que realizar para motivarse es cambiar su actitud a una positiva. Cuando miramos el mundo a través de una lente gris, fácilmente podemos ver todo como terrible. Cuando odias una cosa, ese odio comienza a crecer y extenderse a otras partes de tu vida. Tampoco podemos mirar la vida con anteojos rojos, porque no queremos hacernos ignorantes de la realidad. Tenemos que mirar el mundo, en nuestra vida, de frente, como es objetivamente. Cuando podamos hacer esto, será mucho más fácil asumir las cosas nuevas que se nos presentan todos los días.

Date tiempo para prepararte para estar motivada también, no solo para empezar a perder peso. Ante todo, tienes que tener la mentalidad adecuada. Luego, puedes prepararte para su plan de alimentación y régimen de ejercicio antes de comenzar. Si intentas forzarte a hacerlo, a veces puede hacer que sea aún más difícil comenzar.

Como humanos, nos gusta ser independientes. No todo el mundo está interesado en que le digan qué hacer y, a veces, buscamos ser desafiantes, incluso contra nosotros mismos. A veces, en nuestra cabeza, las cosas que nos dicen que hagamos no son nuestras ideas y, en cambio, pueden ser simplemente las presiones de la sociedad, nuestros compañeros y nuestros padres. Sus voces aún pueden llegar a ser tan profundas en nuestras cabezas que las confundiremos con las nuestras y nos frustraremos fácilmente con lo que nos decimos a nosotros mismos.

Puede parecer una batalla interna cuando intenta motivarse. Está la parte de ti que sabe lo que tienes que hacer, y luego está la voz que te dice que no lo hagas. Simplemente sentarse y esperar hasta mañana. La motivación se trata de silenciar esa voz y construir una de aliento.

No permitas que ningún arrepentimiento entre en tu vida o en el futuro. La lástima puede ser una emoción tan desperdiciada. No lo es. Hay un propósito psicológico para la culpa. Nos hace recordar nuestros errores y cuestionar nuestros motivos para hacer ciertas cosas. El arrepentimiento puede enseñarnos cómo ser mejores en el futuro. Sin embargo, demasiada tristeza puede hacer que se pierda mucho tiempo.

Algunas personas se arrepentirán tanto de ciertas decisiones que consumirán toda su vida. Si quieres avanzar y estar motivado, no solo por la pérdida de peso sino por todo en tu vida, también tienes que aprender a dejar ir el arrepentimiento. Sentirlo en primer lugar no está mal, pero no lo entretenga más.

Piensa en ello como alguien con quien te cruzas en la tienda de comestibles, alguien con quien quieres ser respetuosa, aunque no le tengas mucho cariño. En lugar de hablar con ellos e invitarlos a cenar, simplemente sonríes y sigues caminando. Tenemos que aprender a procesar todos los sentimientos de arrepentimiento y emociones de culpa y vergüenza. Simplemente déjalo pasar, pero no permitas que se quede más allá de su bienvenida.

Eres la persona que eres ahora mismo debido a la vida que has vivido. Puede ser muy fácil pensar: "Oh, debería haber hecho esto" o "si tan solo hubiera optado por la otra opción". Sin embargo, si no hubiéramos tomado esa única decisión, nuestras vidas serían increíblemente diferentes de lo que son ahora. Cada cosa que hemos experimentado, las decisiones que hemos tomado y los pensamientos que hemos tenido, todos estos son como ingredientes que forman parte de lo que nos hace quienes somos. Cuando puedas aprender a amarte a ti mismo y a la persona en la que te has convertido, entonces será más fácil desarrollar esa motivación porque dejarás ir el sentirte culpable y arrepentida.

Mira lo que te motiva ahora mismo, en este mismo segundo. ¿Qué es lo principal que me viene a la mente? Tal vez sea querer enorgullecer a un ser querido o mantener a su hijo. Quizás tu motivación sea pagar sus facturas o simplemente preparar tu próxima comida. Sea lo que sea, esto puede decirte mucho sobre lo que te impulsa en esta vida.

Cuando puedas tomar conciencia de todos los factores motivadores en tu vida, será más fácil utilizar estas imágenes e ideas cuando estés luchando en ciertas situaciones. Si no te viene nada a la mente, entonces es hora de hacer un examen de conciencia. Como mínimo, querer hacernos felices debería ser un motivador. Sentirme bien y verme mejor es todo lo que necesito para motivarme algunos días; sin embargo, otros requieren un poco más de trabajo.

Honestamente, a veces la comida me motivaba. Me decía a mí mismo que si pudiera evitar la comida rápida toda la semana y comer sano de lunes a viernes, podría volverme loco ese sábado. Me dije a mí mismo que no importaba si quería pasar por Taco Bell, Wendy's y KFC, todo en una semana. Cualquier cosa que decidiera para el sábado estaría bien, siempre y cuando me mantuviera resistente a mis antojos de lunes a viernes.

Si tuviera problemas el miércoles y solo quisiera saltarme la ensalada que traje al trabajo y caminar hasta el restaurante de comida rápida al otro lado de la calle, me recordaría a mí mismo que podría conseguirla el sábado. Cuando hacía dieta en el pasado, pensaba que tenía que cortar toda la comida pésima por el momento. ¡Me volvería loco! Finalmente, me di cuenta de que tenía que imponerme restricciones más flexibles y recordarme a mí mismo que no pasaría mucho tiempo antes de que pudiera volver a comer comida rápida. Me ayudó a mantenerme motivado durante toda la semana, en lugar de pensar siempre en la comida que quería.

Lo que terminaría sucediendo era que me sentía tan bien conmigo mismo por comer sano toda la semana que no querría arruinar mi racha, así que mantendría la dieta. Llegaba al sábado y pensaba para mis adentros que lo había hecho tan bien toda la semana. ¿Por qué arruinarlo

CAPÍTULO 5:

¿Por Qué Es Difícil Perder Peso?

¿Por Qué es Tan Difícil Cambiar Tus Hábitos Alimenticios?

El sistema de creencias que te sostienen repetidamente los medios y tus interacciones con los demás es que no eres lo suficientemente bueno a menos que luzcas de cierta manera. Cuando compras estas mentiras, te sientes mal por tu cuerpo.

Puedes pensar.

- Estoy demasiado gorda.
- Estoy demasiado delgada.
- Mis rodillas están flácidas.
- Tengo llantas.
- Si solo pudiera eliminar esta grasa de la espalda
- Tengo demasiadas arrugas alrededor de los ojos.
- Mis pestañas no son lo suficientemente largas, etc.

Podemos seleccionar y escoger cualquier parte de nuestro cuerpo que elijamos, pero se nos ocurrió la idea de hacerlo de otro lado.

Por ejemplo, ve una revista que anuncia en su portada:

Deshágase de los Brazos Temblorosos

Te vas a casa, levantas un brazo frente al espejo y saludas, y luego piensas: tengo los brazos temblorosos y necesito deshacerme de eso.

Le acaban de vender una creencia.

Adquirimos muchas creencias sobre nuestro cuerpo de esta manera, y ese es solo un miserable ejemplo.

La mayoría de la gente comienza inocentemente en el camino de la dieta. No pretenden convertirla en una carrera para toda la vida, pero lo que pasa es esto:

Están insatisfechos con su cuerpo en su totalidad o en partes o con su peso, por lo que limitan sus hábitos alimenticios. Empiezan a seguir pautas sobre cómo deben comer.

Entonces es probable que una de las situaciones se materialice, o ambas:

- Pierden peso y vuelven a sus antiguas formas de comer y hacer las cosas. Quizás estén un poco contentos de haber sido privados de su dieta y piensan que, dado que han perdido el peso que querían, pueden satisfacer sus deseos esta vez.
- Se perdieron mientras estaban a dieta y, a pesar de la privación de alimentos, ahora comen y más. Luego uno vuelve a los viejos patrones de alimentación.

En ambos escenarios, recuperan el peso perdido, por lo general agregando algunos kilos más a su cuerpo que antes de ponerse a dieta en primer lugar. Sintiéndose mal por haber vuelto a donde estaban y por ganar peso adicional, se golpearon emocionalmente por ello. Se sienten fracasadas. No se sienten lo suficientemente bien, ni lo suficientemente sexys, ni lo suficientemente bellas y no amables. Al sentirse infelices con su cuerpo y con el aumento de peso, encuentran otra dieta, un programa o una píldora de dieta que les ayude a perder peso. Juran que se apegarán a él para siempre y juran que nunca volverán a comer alimentos malos. Tienen un fuerte sentido de determinación y las mejores intenciones. Entonces, siguen su programa, toman sus pastillas, hacen ejercicio por la mañana y nuevamente por la noche, dejan de lado los alimentos que disfrutan y comen lo que se les dice que deben comer.

Porque las Dietas a Veces No Funcionan

¡Las dietas no funcionan! ¡Búscalo en Google! Al menos no tienen un efecto duradero. El problema con la dieta es que es una acción temporal con un resultado intermedio. La mayoría de las personas se ponen a dieta para solucionar algún problema. Bueno, estoy aquí para decirte que ¡no hay nada malo contigo! La única razón por la que pensarías que necesitas ser arreglada es porque los medios y nuestra sociedad han comercializado un montón de sistemas de creencias, ¡y tú los creíste!

Cómo la Mente Afecta la Ganancia o la Pérdida de Peso

Hay un momento que llega cuando están en una fiesta de cumpleaños y todos tienen un pastel, o están en una barbacoa y todos están comiendo hamburguesas, y dicen: "Solo por esta vez, comeré un pedazo de pastel", o, "Solo por esta vez, comeré una hamburguesa", y así lo hacen.

Entonces se sienten culpables; esa sensación repugnante y asquerosa de que son una persona terrible y han hecho algo horrible, y ahora toda su dieta está arruinada.

Entonces, hacen una de dos cosas:

- Se castigan a sí mismos. Luego, reduzca aún más la ingesta de alimentos al día siguiente, y ellos lanzan o hacen otra serie u hora de cardio además de la hora y media que ya están haciendo.

- Dicen: "Joder!, y ya lo arruiné y lo estropeé", y continúan comiendo todo lo que creen que es terrible hasta que se entumecen por la emoción genuina porque solo pueden sentir lo lleno que está su estómago. La simple reaparición a los viejos patrones de alimentación, recuperar el peso perdido, y más. Se dan una paliza emocional por volver a fallar y seguir siendo gordos e imperfectos. Hasta que llega el día de nuevo cuando creen una promesa que otro programa, dieta o píldora les dice que pueden perfeccionarlo si siguen el programa. El ciclo continúa y con cada nueva dieta, se aumenta de peso. Se convierte en una batalla, una pelea. Es lo que yo llamo "El Ciclo del Abuso de Tu Cuerpo".

Las dietas no funcionan a largo plazo para la pérdida de peso y la felicidad, y hay toneladas de estadísticas y estudios que lo respaldan.

Cómo Reprogramar Nuestra Mente para Perder Peso

¿Qué funciona? Lo más probable es que hayas escuchado que un estilo de vida saludable funciona, pero ¿cómo sabes eso cuando te han enseñado un millón de formas diferentes sobre qué comer, qué no comer, qué es saludable, qué no es saludable, qué es bueno, y que está mal?

Bueno, comienza con el Ciclo de Amar Tu Cuerpo. Esto es lo contrario de lo que te enseñan los medios y de lo que escuchas decir a la gente. El Ciclo de Amar a Tu Cuerpo no comienza con lo que debes y no debes hacer. Comienza contigo y conectarte con tu cuerpo y espíritu, comunicándote, honrando y siendo amable.

Funciona así:

Tratas a tu cuerpo con amabilidad; le da mensajes amables, consciente de sus viejos patrones de pensamiento mientras trabaja para cambiarlos. Muestras respeto a tu cuerpo cuidándolo, preguntándole qué necesita de ti hoy y luego escuchando cómo responde su cuerpo. Crea confianza en tu relación con tu cuerpo que probablemente no existe en este momento. Cuando comienzas a confiar en tu cuerpo, y tu cuerpo comienza a confiar en que tratarás de cuidarlo y ser amable con él, tu relación con tu cuerpo crece. Este ciclo, a su vez, ama tu cuerpo y lo respeta. Cuando amas tu cuerpo y lo respetas, naturalmente quieres hacer cosas buenas por él, y naturalmente quieres tratar tu cuerpo con amabilidad, preguntarle qué quiere y escucharlo.

El Ciclo de Ama a Tu Cuerpo es simple, y la forma de entrar en ese ciclo también es simple, y eso es lo que contiene este libro. Se trata de aprender a ser amable con tu cuerpo, honrarlo y comunicarte con él, que es lo que yo llamo los tres sencillos pasos para construir una relación sana y feliz con tu cuerpo.

CAPÍTULO 6:

Detener la Alimentación Emocional

Considere llevar un diario de atracones. No necesitas mucho para esto; un planificador estándar servirá (dependiendo de la frecuencia con la que coma en exceso, en realidad). En él, rastrea lo que te provocó atracones. Se sorprenderá de la rapidez con la que comenzará a notar patrones que de otro modo podría haber ignorado por completo. A menudo, una semana es suficiente. Armado con este conocimiento, tendrá una idea mucho mejor de lo que lo está provocando.

Manejar el Estrés

Como notará en su diario, sus señales a menudo están relacionadas con el estrés o la ansiedad. Por lo tanto, lo primero que debe hacer es eliminar la mayor cantidad posible de estos factores de estrés. ¿Tu trabajo está provocando atracones? No se lleve el trabajo a casa. Hable con el psicólogo interno sobre las sugerencias que podría tener para el manejo del estrés. Y si todo eso no funciona, considere buscar un nuevo trabajo.

¿Quizás es una situación social con un ser querido? Si cree que están abiertos a una conversación sobre estos temas, sugiera, sin acusación, que la interacción con ellos le resulta estresante y que esto le está afectando negativamente. Si no cree que sea capaz de mantener este tipo de conversación sin juzgarlo o causarle malestar, tal vez considere tomarse un tiempo.

Donde no pueda eliminar el estrés, manéjelo en su lugar. Existen estrategias para el manejo del estrés que pueden ayudar. Estos incluyen meditación, ejercicio, diversión y relajación. Todas estas son formas saludables de reducir los efectos del estrés en su vida y si puede reemplazar sus atracones con alguna o todas estas actividades que en realidad podrían ayudar.

Planifique Comer Tres Comidas al Día

No se salte el desayuno. Esto es algo que hacen muchos de los que comen en atracones y se adapta directamente a ellos. Se ha demostrado que las personas que no desayunan tienen más riesgo de sufrir ataques cardíacos y tienen más probabilidades de tener sobrepeso que las que sí desayunan. Entonces, todos esos beneficios para la salud que pensaba que estaban obteniendo, no existen.

¿Cómo evitar el desayuno hace todas estas cosas? La razón es doble. En primer lugar, si se salta el desayuno, continúa el ayuno de la noche anterior en adelante. O, dicho de forma más concisa, te estás muriendo de hambre durante más tiempo. Esto provoca todo tipo de respuestas de estrés en su cuerpo, que no son saludables y en realidad conducen a la retención de calorías, ya que su cuerpo reduce el consumo de calorías para ayudarlo a sobrellevarlo. Luego, cuando coma más tarde, debido al hambre, será mucho más difícil resistir los antojos de comida chatarra y comer de manera saludable. Finalmente, puede provocar una desconexión entre su estómago y su mente.

Entonces, lo largo y lo corto es, ¡desayune! Trate de ingerir al menos algo de fruta y quizás un tazón de cereal por la mañana. A partir de ahí, intente convertir su desayuno en algo saludable que lo mantendrá satisfecho hasta el almuerzo.

Tampoco se salte el almuerzo o la cena. Planee obtener tres comidas completas al día que le brinden la nutrición y la satisfacción que necesita. Esa última parte es importante. Si no disfruta de la comida que está comiendo, es muy probable que la use como una excusa inconsciente para darse un gusto (léase comilonas) en algún momento del día. Esto no quiere decir que debas comer hamburguesas todos los días, pero sí significa que tampoco tienes que comer tu aburrida ensalada de verduras todos los días. Asegúrese de que haya algunos aspectos de lo que está comiendo que disfrute.

Disfrute Snacks Saludables

También es una buena idea tener snacks saludables a mano para cuando tenga ganas de algo. Nuevamente, esto no significa "aburrido". No estás tratando de castigarte a ti mismo. Eso finalmente desencadenará otro episodio de atracones. En su lugar, busque algo que le guste. Hay bastantes snacks disponibles en el mercado hoy en día que en realidad son bastante sabrosos sin estar cargados de azúcar, sal o grasa. Esto incluye frutas, pero también puede incluir barras nutritivas y nueces. Depende de lo que realmente te guste.

Establezca Patrones Alimenticios Saludables y Estables

La estabilidad es tu amiga. Por esa razón, trate de hacer arreglos para que coma en horarios regulares, preferiblemente con otras personas, ya que las horas de comida son excelentes ocasiones para socializar. Si no tiene con quién comer, no se preocupe. Eso cambiará una vez que regrese a un ritual más normal y saludable.

El primer paso hacia ese objetivo es estandarizar los horarios de las comidas para que su cuerpo se acostumbre una vez más a ritmos más normales. Esto permitirá que su cerebro y su estómago se reconecten y, por lo tanto, lo hará más consciente de cuándo tiene hambre y cuándo está satisfecho. Esto hará que sea más fácil detenerse cuando sea necesario. Además, no coma frente al televisor. Cuando lo hace, es más probable que coma en exceso, ya que le toma más tiempo darse cuenta de las señales de su estómago que le dicen que ha tenido suficiente.

Evite la Tentación

Si vives con alguien a quien de vez en cuando le gusta tener comida chatarra en la casa, habla con esa persona y pídele que te ayude a superar tu problema. Sí, eso significa pedirles que no guarden comida chatarra por ahí donde pueda encontrarla. No tiene que ser permanente, solo hasta que hayas controlado tus atracones.

Para evitar la tentación cuando esté en el supermercado u otros lugares, no vaya de compras cuando tenga hambre. Este es un consejo muy valioso que no solo ayudará con sus problemas de atracones, sino que también lo ayudará a evitar gastar de más, ya que todo parece mucho más atractivo cuando no hemos comido. Por lo tanto, antes de ir al supermercado o al centro comercial, asegúrese de comer. Esto hará que toda la experiencia sea mucho más fácil para usted personalmente y también para su billetera.

Ejercítese

Hay muy pocas cosas en este mundo para las que el ejercicio no sea bueno. Lucha contra las actitudes negativas; te ayuda a perder peso y, en general, te hace sentir mejor sobre tu situación al inundar tu sistema con endorfinas y otras sustancias químicas felices. Es más, le ayudará a combatir el aburrimiento y el estrés, irse a la cama a tiempo y mejorar sus niveles de energía. Y aunque es posible que no lo crea al principio cuando recién está comenzando y su cuerpo no está acostumbrado, ¡muchas personas lo encuentran bastante agradable!

El truco es ejercitarse y no torturarse. Mucha gente, incluidos los entrenadores, parecen creer que la única forma de ganar es a través del dolor. Eso es una tontería. Lo único que provocará es que odie el ejercicio y se sienta resentido. Eso no beneficiará a nadie.

En cambio, una estrategia mucho mejor es comenzar lentamente y luego ir aumentando. De esta manera, no se sentirá resentido por lo que está haciendo y tendrá el placer de ver un proceso de mejora. Claro, esto significa que pasará un poco más de tiempo antes de que los efectos del ejercicio comiencen a mostrarse, pero, por otro lado, también significa que la posibilidad de que continúe es mucho más significativa.

Si no estaba haciendo ningún tipo de ejercicio, comience caminando o montando en bicicleta. Inicialmente, no tiene por qué estar tan lejos, siempre y cuando tenga incorporada una tasa constante de mejora. Hoy una milla, mañana una milla y cuarto. Después de eso, piense en unirse a un grupo. Aquí nuevamente, no debes exagerar y unirte al grupo súper duro de vida o muerte, sino algo más a tu nivel. Los aeróbicos acuáticos, los ejercicios de estiramiento u otras formas que lo empujarán, pero no lo romperán son lo mejor para empezar.

Si es obeso o tiene sobrepeso, es posible que inicialmente no vea mucha pérdida de peso. No se preocupe por eso. Todavía estás cambiando. Simplemente está sucediendo en el interior. Transformarás grasa en músculo, por ejemplo. Solo después de eso, la pérdida de peso real comenzará a establecerse. No se desanime. En su lugar, observe lo que puede hacer, en lugar de lo delgado que es. Tal vez lleve un calendario de ejercicios en el que registre lo que hizo y cómo se siente. Entonces, considere que al menos se está esforzando; deberías ver una mejora constante.

Lidiar con el Aburrimiento y Evitar el "No"

No es solo en términos de comida que debes evitar la palabra "no", debes evitarla en su totalidad. Por lo tanto, no excluya los atracones de su vida, busque una forma alternativa de ocupar su tiempo. Entonces, emprende un pasatiempo. Mejor aún, continúe con un pasatiempo que solía tener pero que tuvo que dejar de lado como resultado de los atracones, algo que realmente disfrutó y que siente que debería poder disfrutar nuevamente. En otras palabras, ocupa tu tiempo. De lo contrario, el aburrimiento se instalará y luego pasará su tiempo intentando (y fallando) no pensar en atracones.

Involucre a otras personas. Únase a un equipo o una clase donde otras personas dependen de su presencia. De esta manera, incluso si está teniendo un día malo, será mucho más probable que vaya. Antes de ir, es posible que no crea que realmente puede disfrutar, pero eso cambiará muchas veces una vez que llegue allí. En psicología, llamamos a esto la brecha de empatía caliente-fría. Significa que no podemos imaginar cómo se sentirá algo a menos que lo estemos sintiendo. Es por eso que la tentación es tan difícil de resistir y por qué no podemos creer que no podamos resistirla cuando no la sentimos.

También es por eso que no podemos imaginarnos disfrutando de algo fuera de la casa si estamos sentados en ella deprimidos e infelices, pero una vez que estamos fuera de la casa nos resulta bastante fácil divertirnos. Y es la razón por la que es una buena idea emprender actividades en las que no es solo nuestra expectativa de disfrute lo que nos impulsa a ir, sino también los compromisos sociales.

También podrías considerar la posibilidad de tener un perro. Estos pueden ofrecerle una gran cantidad de compañía y también la oportunidad de salir a caminar, lo que obviamente es una excelente manera de hacer ejercicio. Ahora, esto es evidente, pero en realidad debes querer un perro, ya que requieren mucha atención y amor. No busques uno si no estás seguro, ya que de lo contrario te sentirás mal contigo mismo y por no cuidar al perro.

Si está pensando en adquirir un perro, ¿puedo aconsejarle uno mestizo en lugar de uno pura sangre? Su perrera local tendrá perros que necesitan un hogar o serán sacrificados de otra manera. Sálvate salvando a un perro.

CAPÍTULO 7:

Comer Saludable

Cómo la Meditación Ayuda a Comer Saludable

Te Ayuda a manejar tus emociones

Parte de ser humano significa que tienes sentimientos. En ocasiones, es posible que se sienta más emocional que otras. Algunas de estas emociones pueden llevarnos a una alimentación emocional. Descubres que todo lo que quieres hacer es seguir comiendo incluso cuando no tienes hambre. Este es un hábito de alimentación poco saludable que puede resultar en un aumento de peso o, en ocasiones, provocar algunas enfermedades. La meditación te permite hacerte cargo de tus emociones. En lugar de ser emocional con regularidad, le permite a uno encontrar algunas soluciones para los desafíos que enfrentamos. A medida que enfoca su mente en analizarlos, puede encontrar fácilmente una posible solución.

Te Ayuda a Evitar el Comer en Exceso

Es posible que haya tenido hambre todo el día, y todo lo que está esperando es poner sus manos en una comida cuantiosa. Descubres que has invertido tu mente en pensar mucho en los alimentos que quieres consumir. Cuando haces eso, tu apetito aumenta. Una vez que comes, terminas comiendo en exceso porque tu mente ya ha registrado que tenías mucha hambre. Independientemente de la cantidad de comida que consuma, tiene la necesidad de seguir comiendo más. En el proceso, terminas comiendo en exceso y arrepintiéndote tarde. A veces, los alimentos dulces pueden hacernos comer en exceso. Puede ser uno de esos días buenos en los que te sientes con energía y cocinas una buena comida. Pasas gran parte de tu tiempo preparándola y, cuando es momento de consumirla, te encuentras comiendo en exceso, ya que es deliciosa. La meditación te permite saber cuándo estás lleno y, por lo tanto, puedes comprender que no es necesario seguir agregando más comida. Puedes comer la porción que necesitas y puedes guardar el resto para otro día. En este caso, le permite tener autocontrol mientras consume sus alimentos.

Encuentras Otras Formas de Reducir el Estrés

La alimentación por estrés es un gran desafío entre una variedad de personas. La vida puede volverse desafiante y sientes que estás bajo presión. Hay diferentes desafíos a los que nos enfrentamos. Algunos de ellos están fuera de nuestro control, mientras que otros son manejables. Es posible que haya perdido recientemente a un ser querido. El duelo te hace sentir estresado y quizás te preguntes por qué tuvieron que irse. Una persona puede encontrarse en una situación en la que se siente sola y esto genera estrés. Por otro lado, es posible que haya aplazado una evaluación y se sienta mal por esta situación. Probablemente se pregunte si logrará graduarse en el año previsto o si tendrá que permanecer más tiempo en la escuela. Estas son algunas de las situaciones que provocan estrés. Cuando ocurren, su solución podría ser comer. Siempre que se sienta triste o tenga ganas de llorar; terminas buscando una comida para comer. En este proceso, terminas comiendo en exceso y los alimentos consumidos no son útiles para tu cuerpo. La meditación le permite encontrar formas de manejar situaciones tan estresantes y, por lo tanto, ya no es necesario comer en exceso.

Permite Hacer Frente a Trastornos Alimenticios

Algunas personas tienen problemas alimentarios crónicos, como bulimia y anorexia. Las personas con anorexia tienden a negarse a comer. Descubres que comen pequeñas porciones de comida en un día, que es menor que la cantidad de comida que su cuerpo necesita. Descubres que algunas personas que luchan con el aumento de peso tienden a ser anoréxicas. Con el aumento de peso, su autoestima disminuye y desarrollan otras complicaciones. A veces pueden sentirse incómodos alrededor de algunas personas, y cada vez que consumen algo, todo lo que quieren hacer es vomitar y liberar los alimentos consumidos. También tenemos algunos modelos que luchan contra la anorexia. Quieren tener una determinada forma y, por lo tanto, reducen la ingesta de alimentos. No consumen las porciones de alimentos requeridas y puede tener algunos efectos nocivos en sus cuerpos. La bulimia se refiere a una condición por la cual el individuo consume mucha comida, lo cual es innecesario. Este es un desafío para las personas pequeñas que desean aumentar de peso. Descubres que, independientemente de la cantidad de comida que consuman, no se producen grandes cambios en su cuerpo. La meditación te permite aceptarte a ti mismo tal como eres y, por lo tanto, no necesitas alimentos para aumentar tu autoestima.

CAPÍTULO 8:

Comer los Alimentos Correctos Se Vuelve Automático

¿Cómo Practicar una Dieta Consciente?

Practicar la conciencia alimentaria puede requerir cierto esfuerzo, pero hacer cambios incrementales marcará una diferencia significativa con el tiempo.

He leído detenidamente algunos de los estudios e innumerables publicaciones de blog para compilar una lista de diez consejos a continuación para ayudarlo a comenzar con una práctica de alimentación cuidadosa:

1. Comience con su lista de compras - escriba una lista de compras completa antes de empezar a comprar. Recuerde los beneficios para la salud de todo lo que ponga en esa lista; es sostenibilidad y valor nutritivo en la despensa de su cocina. Asegúrese de que cuando tenga hambre, no compre (lo que puede llevar a transacciones de impulsos) y cumpla con su plan.

2. Prepárese para el éxito: piense antes de la semana y planifique en consecuencia. Cuando tenemos una agenda ocupada y no nos hemos preparado para nuestras comidas, puede ser fácil recurrir a las comidas rápidas, que sabemos que no nos ofrecen mucha nutrición o nada de alimento.

3. Documente el hambre y actúe en consecuencia. Este requerirá algo de práctica. ¿Cuánto escuchas las pistas que tu cuerpo te da sobre lo que quiere en la semana? Es un error común que

cuando nuestro cuerpo intenta decirnos que tiene sed, a menudo pensamos que tenemos hambre (Mattes, 2010). Dedique algún tiempo a comprender mejor las señales que su cuerpo le está dando y a actuar de manera adecuada sobre ellas.

4. No te dejes pasar hambre y comerás. Si no comes nada, llegarás a la mesa hambriento, lo que generalmente conduce a impulsos de comer y comer en exceso mientras intentas llenar el vacío del hambre en lugar de comer de manera significativa. Vuelve al consejo número dos - prepárese siempre para los días ocupados y tómese un tiempo para comer.

5. Comience con una porción más pequeña. Te ayudará a ser más consciente de los alimentos que tienes en el plato y a aumentar tu concentración en lo que estás consumiendo y en cómo satisfaces tus necesidades de hambre.

6. Come comprometida con todos tus sentidos. Apaga la televisión, guarda el teléfono, guarda el libro para más tarde; cuando estés en la mesa y estés comiendo, dedícale toda tu atención. Involúcrate a cada comida con todos sus sentidos: ¿cómo huele? ¿Qué texturas son diferentes? ¿Cuáles son los colores en eso? ¿Cómo fue tu experiencia al comer? ¿La comida en tu lengua? Prueba el primer bocado y disfruta de cada momento.

7. Tómese un descanso entre bocado y bocado. Hacer una pausa entre bocado y bocado es otra forma de llamar la atención sobre la comida. Deje sus cubiertos y tómese un descanso mientras completa su bocado. Antes de continuar con su comida, reflexione sobre la comida que queda en su plato. Le permite reducir la velocidad mentalmente para evaluar qué tan lleno está.

8. Mastique despacio y preste atención. Es muy fácil engullirse la comida en un día de trabajo ajetreado y pasar a lo siguiente. Ten en cuenta el tomar esto con calma - y eso incluye el movimiento físico de comer. Haga un esfuerzo deliberado para masticar más lentamente de lo que lo haría normalmente. Cuánto saboreas y cuánto más rápido te sientes lleno puede sorprenderte.

9. Dedica un momento para reflexionar - cuando termines su comida. Tómate un momento para recordar cómo te sientes ahora con la comida. Vigila tu cuerpo, nota cada cambio, las diferentes sensaciones y reacciones emocionales que ha traído comer.

Los Beneficios de una Alimentación Consciente

Una de las ventajas esenciales de la alimentación consciente es cómo puede ayudarlo a tomar decisiones alimentarias saludables con muchos efectos colaterales. Incluso las prácticas genéricas de atención plena pueden tener un impacto significativo en los hábitos alimentarios saludables (Jordan et al., 2014).

1. Pérdida de Energía

Uno de los beneficios de la alimentación consciente reportados más ampliamente es la pérdida de peso. La alimentación consciente se relacionó con el control de peso y la pérdida activa de peso en personas etiquetadas como obesas (Dalen et al., 2010). También tuvo éxito en mujeres que informaron comer regularmente en restaurantes donde la práctica del cuidado consciente podría ser más difícil (Timmerman & Brown, 2012).

Otra investigación mostró que las personas que consumen deliberadamente más informan consumir porciones más pequeñas de alimentos ricos en calorías, lo que los ayuda en sus procesos de pérdida de peso (Beshara, Hutchinson y Wilson, 2013).

A diferencia de los métodos dietéticos típicos que pueden crear sentimientos de privación, una alimentación cuidadosa lo motiva a estar en contacto con la necesidad física de alimentos y el impacto negativo en la mente y el cuerpo de comer en exceso los alimentos incorrectos.

2. Bienestar y otras ventajas psicológicas

Comer con cuidado también ayuda a promover la salud psicológica. Diferentes alimentos pueden tener un efecto directo en nuestros estados emocionales (Kidwell & Hansford, 2014), por lo que ejerce un mejor control sobre su bienestar mental mientras se dedica a comer con atención plena.

Algunas ventajas de la alimentación consciente pueden incluir:

- Reconoce patrones de alimentación emocional y reactiva, que conducen a una mala salud emocional.
- Nutrición para el cuerpo, el corazón, la mente y el alma.
- Mayor comprensión de la interacción con los alimentos y el clima en general.
- Mejor control y confianza para tomar decisiones saludables y deliberadas.

CAPÍTULO 9:

Hacer Dieta No Cambia Tus Hábitos

Es impráctico para cualquiera de nosotros creer que debemos ser conscientes de cada bocado o incluso de cada comida que consumimos. Las demandas del trabajo y la familia a menudo implican que coma sobre la marcha o que tenga solo una pequeña ventana durante el resto del día para comer algo o enfrentarse a la inanición. Pero aunque no pueda ceñirse a una práctica rigurosa de alimentación consciente, puede resistirse a comer sin sentido y seguir las advertencias del cuerpo. Antes de consumir una comida o un refrigerio, tal vez debería tomar algunas respiraciones profundas y considerar en silencio lo que traerá a su estómago. En reacción a las señales de hambre, ¿se está alimentando por necesidad o se está alimentando como reacción a una señal emocional? ¿Estás aburrido o nervioso o solo, quizás?

Del mismo modo, ¿está consumiendo alimentos nutricionalmente equilibrados o está consumiendo alimentos reconfortantes para la mente? Aunque, por ejemplo, tenga que alimentarse en su lugar de trabajo, ¿se tomará un par de minutos en lugar de realizar múltiples tareas o ser interrumpido por su pantalla o teléfono para concentrar toda su energía en la comida? Piense en la alimentación consciente como un ejercicio: cuenta hasta el último detalle.

Cuanto más haga para calmarse, reflexionar únicamente sobre el proceso de alimentación y responder a su cuerpo, más disfrute podrá sentir de sus comidas y más influencia podrá tener con respecto a su dieta y comportamientos dietéticos.

Explorar tu Relación con la Comida Utilizando el Mindfulness

La comida afecta drásticamente su bienestar, ya sea consciente de ello o no. La forma en que se siente físicamente, reacciona emocionalmente y se las arregla mentalmente puede verse influenciada. Puede mejorar su energía y perspectiva, o puede agotar sus activos y hacer que se sienta cansado, de mal humor y desanimado.

Todos estamos de acuerdo en que se puede consumir azúcar, alimentos refinados y más bayas y verduras. Porque si fuera necesario reconocer las "leyes" de una vida segura, ninguno de nosotros tendría sobrepeso ni sería adicto a la comida rápida. Sin embargo, una vez que coma deliberadamente y se sintonice más con el cuerpo, comenzará a sentir cómo varios alimentos lo afectan física, psicológica y emocionalmente. Y hará que la transición a mejores opciones para comer sea mucho más sencilla de realizar.

Para empezar, si sabe que cuando está agotado o estresado, la golosina dulce que desea simplemente lo deja sintiéndose mucho peor, es mejor controlar esos antojos y simplemente optar por un bocadillo saludable que mejore su energía y estado de ánimo.

¿Cómo Te Hace Sentir Tu Comida?

Es importante tomar conciencia de cómo los distintos alimentos le hacen descubrir verdaderamente su relación con la comida. ¿Cómo se siente después de cinco minutos, una hora o unas horas de comer? ¿Cómo te va normalmente durante el día? Prueba el siguiente experimento para comenzar a observar la relación entre lo que consumes y cómo te hace sentir:

Sigue el Vínculo Entre la Comida y los Sentimientos

Coma con regularidad. Elija los ingredientes, las cantidades y los períodos que consume habitualmente, pero ahora enfatice lo que hace. Mantenga una lista durante las comidas de todo lo que consume, como snacks y golosinas. No se engañe a sí mismo; ya sea que lo escriba todo o lo siga en una aplicación, no lo recordará todo. Preste atención a las emociones físicas y mentales cinco minutos después de despertarse, una hora después de comer, dos o tres horas después de comer.

Observe si ha surgido un cambio o transición debido a la alimentación. ¿Está mejor o peor que antes de comer? ¿Te sientes lleno de energía o cansado? ¿Alerta o aburrido? Mantener un registro en su teléfono móvil o en un diario puede mejorar su comprensión de cómo las comidas y los refrigerios que ingiere influyen en su estado de ánimo y bienestar.

Experimentar con Diferentes Combinaciones de Alimentos

El método de comer se convierte en una práctica de escuchar su propio cuerpo hasta que pueda relacionar sus preferencias alimentarias con su bienestar físico y mental. Por ejemplo, puede notar que se ve lento y letárgico durante horas después de consumir carbohidratos. Los alimentos con alto contenido de carbohidratos, entonces, es algo que intenta prevenir. Por supuesto, debido a influencias como la genética y el estilo de vida, múltiples alimentos nos impactan a todos de manera diferente. Por lo tanto, encontrar los alimentos y las variaciones de alimentos que funcionan mejor para usted puede requerir un poco de prueba y error. El siguiente ejercicio le ayudará a aprender cómo las combinaciones y cantidades de alimentos influyen en su bienestar:

Mezclar y Combinar Diferentes Alimentos

Comience a experimentar con su comida:

- Empiece a consumir menos cosas con más frecuencia o menos comidas.
- Dedique dos o tres días a eliminar la carne de su dieta, en caso de que consuma carnes.
- O tal vez debería eliminar las carnes rojas, pero debería agregar aves y pescado.

- Elimina de tu dieta estos alimentos: sal, cafeína, azúcar o pizza, por ejemplo, para ver si esto influye en cómo te sientes.
- Juegue con combinaciones de alimentos. Trate de consumir comidas con carbohidratos, proteínas, carne o vegetales únicamente.
- Mantenga una nota cuando juegue en sus patrones dietéticos con todo lo que nota en usted mismo. La consulta que busca abordar es: "¿Qué hábitos alimentarios llevan al valor de mi vida y qué desvía la atención de eso?" Durante dos o tres semanas, comience a jugar con múltiples estilos, proporciones y cantidades de comida, controlando cómo se siente psicológica, física y emocionalmente.

Comer para Llenar un Vacío vs Comer para Mejorar su Bienestar

Aunque la comida influye sin lugar a dudas en cómo te sientes, sigue siendo bastante cierto que el cuándo, dónde y cuánto consumes también afectan cómo te sientes. Muchos de nosotros a veces confundimos los sentimientos de miedo, fatiga, aislamiento o frustración con hambre y usamos la comida para lidiar con estas emociones. El dolor que experimentas te dice que deseas más y necesitas algo en tu vida para llenar un vacío. Una amistad más fuerte, una carrera más gratificante o un deseo espiritual podrían ser la necesidad. Sin embargo, como continuamente desea llenar los vacíos con comida, eventualmente olvida su verdadero anhelo.

Llenarte de comida y saturarte te ayudará a ocultar lo que te mueres de hambre, pero solo por un momento. Y entonces volvería el verdadero hambre o necesidad. Practicar la alimentación consciente te ayuda a calmarte, reflexionar sobre el momento real y comprender lo que realmente pensaste. "Y cuando te preguntas a ti mismo con frecuencia," Después de una comida o un refrigerio, ¿qué tan bien me siento? Comenzará la fase de adquirir conocimiento de sus necesidades dietéticas

Tomar Respiraciones Profundas Antes de Comer

La respiración también puede ayudar a aliviar el hambre, sobre todo cuando la comida no es especialmente hambre. El oxígeno alimenta nuestro cuerpo, y la energía y la sensación de bienestar se verán reforzadas al respirar profundamente. También alivias el estrés y la tensión, típicos imitadores de la falsa hambre, cuando respiras profundamente.

8 Hábitos Conscientes que Practicas Todos Los Días

1.Sentarse en el Mañana

Se ofrece una oportunidad fantástica para el Mindfulness (también llamado atención plena o conciencia plena) en la mañana. El día recién comienza, es tranquilo y agradable, y es posible que tenga algunos recuerdos para usted. Disfruto esperar un par de minutos en lugar de saltar de la cama y seguir la rutina matutina. Solo hablo de ser feliz por el día y estar en el momento. Es posible que solo desee relajarse en el sofá y concentrarse en la respiración sincronizada, o también puede tener lugar la meditación. Noto que hacerlo me permite comenzar con el marco mental correcto todos los días.

2. Comer Conscientemente

¿Cuál fue el último momento en que disfrutó de una comida? Eso es fácilmente comprensible. Tu vida es complicada y, como resultado, comer ha sido algo que se ha logrado de pasada. Tenemos cadenas de comida rápida que también podemos recorrer y consumir mientras viajamos. Alternativamente, le animo a que intente reducir la velocidad, prepararse la comida para usted y comer deliberadamente.

Elija alimentos enérgicos con una selección de matices, texturas y sabores diferentes.

Tómese el tiempo para masticar realmente cada bocado y disfrutarlo. Para la digestión, hacerlo es más saludable y puede ser un período divertido y relajante. Muchos de nosotros llevamos las distracciones a la mesa como un punto extra. Algunas personas ven televisión, otras aprenden y es posible que otras no puedan dejar el teléfono.

3. Pasar Tiempo al Aire Libre

Otro enfoque para obtener la atención plena sería invertir un poco de tiempo al aire libre y no es necesario dirigirse a un lugar lejano para lograr los efectos óptimos. Todo lo que necesita hacer es dar un paseo por su vecindad. Será el lugar ideal para estar en contacto con la naturaleza e interactuar con el momento presente, ya sea que tengas hermosos senderos, parques o áreas verdes. Observe lo que ve en su caminata, cómo se siente con el clima, lo que escucha y lo que huele.

4. Meditar

El arte del Mindfulness es la meditación. Aprovechas la oportunidad para interactuar con tu mente cuando meditas. Requiere algo de tiempo aprender a respirar de forma controlada y silenciar todo el ruido, pero puede ser útil en muchos aspectos. También puede ser útil para relajarse y controlar el estrés y ser un período de atención plena.

5. Enfocarse en Una Tarea a la Vez

Es casi natural suponer que lograr todo a la vez es más fácil, pero no es real. No le presta a cada uno de ellos la atención que necesita dividiendo la energía en varias actividades. Los estudios también muestran que la multitarea aumenta la probabilidad de errores, ya que lleva más tiempo que completar cada actividad de forma individual. Tomar un trabajo a la vez y concentrarse en la misión en cuestión. Tómate un breve descanso cuando hayas terminado y luego continúa con la siguiente misión. Es una forma más cómoda y consciente de lograr las cosas, y es de esperar que la eficiencia aumente.

6. Sienta los Sentimientos

No debes evitar tus sentimientos mientras estás en proceso de atención plena o Mindfulness. En el momento, parte de la vida es exactamente lo que es. Puede implicar emoción a veces, pero no querrás seguir impulsando emociones positivas o evitar una reacción emocional real. Quizás, debido al momento, solo necesitas reconocer los sentimientos negativos. Acepte la deshonestidad, los celos, el dolor, la frustración, etc. como lo que son y permítase sentirlos. Debe ser consciente de cómo reacciona a las emociones, pero aceptarlas por lo que son es seguro.

7. Cree Algo

Esta también será una forma exitosa de ejercitar el Mindfulness si tienes un pasatiempo artístico. Tu lado artístico es consciente de su esencia, ya sea que quieras dibujar, pintar, crear o tomar fotografías. La práctica del Mindfulness, como beneficio adicional, inspirará imaginación. Puede notar que pensamientos frescos e innovadores vienen a usted más rápidamente mientras está de paseo o meditando.

8. Involúcrese en Actividades Físicas Que Le Apasionen

Cuando hacemos algo que amamos y que necesita la concentración del cuerpo y la mente, es más fácil estar plenamente atento. Surf, baloncesto, fútbol o ciclismo, por ejemplo. Puede significar un objetivo perdido o malgastado si olvida su Mindfulness al participar en estas prácticas. Puede dedicar tiempo a participar plenamente buscando una actividad que disfrute y que pueda enseñarle cómo llevar esa consciencia plena a otros aspectos de la vida. Sentirás que has logrado un tipo diferente de poder sobre tu vida porque estás más atento y en el momento. Te ayudará a lograr una satisfacción general que no sea tan temporal. Consulte cualquiera de estas estrategias para ver la diferencia que puede crear la atención plena.

CAPÍTULO 10:

Cómo Reemplazar Tus Hábitos y Patrones Alimenticios Negativos por Unos Positivos

Hábitos Negativos

L as malas prácticas obstaculizan tu vida y te disuaden de cumplir tus objetivos. Tanto psicológica como físicamente, ponen en peligro tu bienestar. Y están desperdiciando recursos y tiempo.

Entonces, ¿por qué las estamos haciendo? Y lo más importante, ¿harás algo al respecto?

Ambos tenemos malos hábitos personales y sociales que nos gustaría romper, ya sea fumar cigarrillos, llegar tarde, beber refrescos, acusar a alguien o mordernos las uñas, por mucho que odiemos nuestros hábitos poco saludables, hacerlos partes del pasado puede ser difícil. Entonces, ¿qué solución hay? He descubierto que reemplazarlo con un buen hábito es la forma más fácil de borrar un hábito negativo.

No Eliminas un Mal Hábito, lo Sustituyes

Todos los patrones que tienes en este momento, positivos o malos, tienen una causa en tu vida. De alguna manera, te beneficias de estos hábitos, aunque sean perjudiciales para ti de alguna forma u otra.

A menudo, como en el caso de fumar o los narcóticos, la ventaja es bioquímica. A veces es emocional, como si permanecieras en una relación que es terrible para ti. Y su pobre hábito es una manera fácil de lidiar con la incomodidad de ciertas maneras. Morderse las uñas, jalarse el cabello, dar golpecitos con el pie o apretar los dientes, por ejemplo.

Estos "beneficios" o explicaciones a menudo se refieren a malos hábitos más pequeños.

Para empezar, podría hacer que te sientas conectada al abrir la bandeja de entrada de su correo electrónico tan pronto como encienda su máquina. Mirar todos estos correos electrónicos al mismo tiempo mata tu efectividad, divide tu energía y te abruma con la tensión. Pero te evita preocuparte como si estuvieras "abandonando"... y luego lo estás haciendo de nuevo. Dado que los malos hábitos dan algún tipo de beneficio en su vida, es muy difícil eliminarlos simplemente. (Esta es la razón por la que las sugerencias simples como "por favor, deja de hacerlo" rara vez funcionan).

Alternativamente, deberías cambiar un mal hábito por uno nuevo que tenga una ventaja comparativa. Por ejemplo, si fumas cuando estás deprimida, cuando eso suceda, es un mal plan "simplemente dejar de fumar". En lugar de fumar un cigarrillo, deberías pensar en un mejor enfoque para lidiar con la tensión e incorporar el nuevo comportamiento.

En otras palabras, en su vida, los hábitos negativos satisfacen esas necesidades. Y por eso es más fácil sustituir los malos hábitos por conductas sanas que satisfagan el mismo deseo. Si esperas eliminar los hábitos no saludables sin reemplazarlos fácilmente, tendrás algunas necesidades insatisfechas y será imposible adherirse a un régimen de "por favor, no lo haga" durante mucho tiempo.

Cómo Interrumpir una Mala Práctica

Aquí hay algunas órdenes adicionales para romper con sus malos hábitos y pensar de manera diferente sobre el proceso.

1. Elige tu hábito poco saludable a reemplazar. Cuando te enfrentas a la tensión o el aburrimiento que provocan tu mal

hábito, debes tener un plan en mente sobre cómo reaccionarás. Cuando tienes ganas de fumar, ¿qué haces? ¿Qué vas a hacer cuando Facebook te llame para procrastinar? (Ejemplo: ejercicios de respiración en su lugar.) (Por ejemplo, escriba una oración para trabajar). Sea lo que sea y con lo que esté luchando, en lugar de su mal hábito, debe crear una estrategia para lo que va a hacer.

2. Elimine tantos estímulos potenciales como sea posible. Si bebes mientras fumas, no vayas a un bar. Cuando estén en la casa, si comes galletas, tíralas todas. Si levantar el control remoto del televisor es lo primero que haces mientras estás sentada en el sofá, esconde el control remoto en un espacio separado en un gabinete. Facilita la ruptura de los malos hábitos evitando las cosas que los causan. Tu entorno está facilitando tus malos hábitos en este momento y dificultando los buenos hábitos. Ajusta el entorno y el resultado se podrá modificar.

3. El poder de incluir a alguien. ¿Cuánto intentas disfrutar de una dieta privada? O tal vez "dejaste de fumar" ... ¿ni te lo guardaste para ti? (Nadie te verá fallar de esa manera, ¿verdad?) En su lugar, únete a alguien y háganlo juntos. Los dos deben hacerse responsables mutuamente y compartir colectivamente los éxitos. Es un gran motivador darse cuenta de que todos los demás quieren que lo haga con éxito.

4. Rodéate de personas que vivan como tú quieres vivir. No es necesario descartar a tus viejos compañeros, pero no subestimes la influencia de descubrir nuevos.

5. Visualiza el éxito ti misma. Imagínate tirando cigarrillos o comprando o despertando temprano con alimentos nutritivos. Cualquiera que sea el mal hábito, imagínate rompiéndolo, riendo y amando tu éxito. Imagínate asumiendo una nueva personalidad.

6. No tienes que ser nadie más; solo tienes que volver a tu antiguo yo. Es muy dudoso, de verdad, que hayas tenido estos malos hábitos toda tu vida. No tienes que convertirte en un ser

humano sano; solo tienes que volver a estar saludable. Incluso si fue hace años, sin este pobre hábito, siempre has existido, lo que significa que seguramente lo volverás a hacer.

7. Para resolver el diálogo interno negativo, use la palabra "pero". Una cosa sobre la lucha contra los malos hábitos es que castigarte por no comportarte mejor es fácil. Es rápido recordarse a sí mismo que no sirve cada vez que cometes un error. Siempre que eso ocurra, termine la oración con "pero…".

"Estoy gorda y fuera de forma, pero dentro de un par de meses, podría estar en forma".

"Soy tonta y nadie me valora, pero trabajo para mejorar un talento valioso".

"Soy una perdedora, pero a veces todo el mundo tiene éxito".

8. Plan de fallas. De vez en cuando, todos cometemos un error. Por lo tanto, prepárate para ello en lugar de castigarte por un error. Lo que distingue a las mejores estrellas de todos los demás es que vuelven al rumbo muy pronto, y todos nos desviamos del rumbo.

CAPÍTULO 11:

¡No Tienes que Hacer Ningún Ejercicio!

En el mercado actual, hay tantas opciones diferentes que es natural ser escéptico, pero ¿y si pudiera mostrarte un método que realmente funciona? ¿Estás interesada en descubrir el secreto para perder peso rápidamente que las élites de Hollywood han estado escondiendo durante años? ¿Eres tú una de los millones de personas cansadas de sentirse frustradas por su incapacidad para perder peso, independientemente del programa? Compartiré contigo un secreto que no es un conocimiento común y pocas personas lo saben. Aquí hay formas de perder peso sin hacer ejercicio:

Modificar tu Dieta para la Pérdida de Peso

Las dietas y la pérdida de peso parecen ir de la mano. Una dieta suele ser lo primero a lo que recurre una persona cuando se trata de perder peso. Sin embargo, la mayoría de las personas pueden mantener su peso actual, o incluso perder peso, simplemente aprendiendo a cambiar sus hábitos alimentarios. Esto, en sí mismo, es una forma de dieta. Sin embargo, a diferencia de las dietas tradicionales de moda o de choque, puedes beneficiar a tu cuerpo en términos de salud para el sueño de su vida. Si eres una persona que consume alimentos debido a problemas emocionales o espirituales, entonces necesitas que se aborden estos problemas. Podrás hacer muy poco progreso con tu pérdida de peso si hay un problema subyacente. Muchas personas también comen cuando están pasando por momentos de estrés. También debes aprender a modificar estos hábitos.

Varias dietas y programas de pérdida de peso prometen una pérdida de peso rápida. Sin embargo, la mayoría de las dietas rápidas no son saludables.

Despojan al cuerpo del peso del agua y del tejido muscular. Estos son dos ingredientes clave que el cuerpo necesita cuando se trata de quemar grasa corporal. Con una dieta intensiva, es posible que observe una gran pérdida de peso al principio. Su cuerpo eventualmente se enviará a sí mismo al modo de inanición cuando se dé cuenta de que no está recibiendo la cantidad adecuada de nutrientes y alimentos. Con su metabolismo en modo de inanición, se vuelve cada vez más difícil perder peso. Este es el punto donde la mayoría de las personas abandonan sus dietas por completo. Para perder peso de forma permanente, debes estar preparada para modificar tu ingesta de alimentos.

Debes comprender un concepto cuando se trata de dietas y pérdida de peso: está bien que coma. Nunca deberías porqué saltarte una comida Nunca te saltes una comida, especialmente el desayuno. Si tiene hambre entre comidas, permítase un snack saludable. Esto evitará las sensaciones de hambre y evitará que comas en exceso. Durante las comidas, asegúrate de comer despacio. Esto permitirá que tu cuerpo tenga tiempo para digerir tu comida. Tu estómago podrá decirle cuándo está lleno y evitará que comas más de lo que necesitas. Siempre debes consultar a tu médico antes de comenzar una nueva dieta y régimen de pérdida de peso.

¿Sabes por qué la gran mayoría de los métodos de dieta son tan ineficaces?

Desafortunadamente, estos programas intentan hacer demasiado, esencialmente jalar y empujar su cuerpo, erradicando cualquier posibilidad de éxito, ¿qué sucede cuando intenta empujar y jalar algo simultáneamente? Simplemente, nada en absoluto, fuerzas opuestas en diferentes direcciones anulan sus energías. Si bien este ejemplo puede parecer una tontería, en realidad es una ilustración del efecto que tienen la mayoría de los programas de dieta en tu cuerpo y por qué siempre fallan. Para ayudar a tu cuerpo a deshacerse del peso extra, hay dos máximas claves que deberá hacer:

- Reduzca su ingesta diaria de calorías.
- Queme las reservas de grasa de su cuerpo.

Sin embargo, estos dos conceptos están realmente opuestos entre sí. Si elige reducir su ingesta calórica diaria, su cuerpo comienza a quemar menos grasa. Desafortunadamente, así es como nuestro cuerpo se las arregla. Este es un mecanismo de supervivencia que se activa para ayudar a protegerse contra circunstancias peligrosas, como el hambre.

Mantener tu Peso Perdido

Alguna vez has tenido la experiencia de ser exitosa en la pérdida de peso después de ser miembro de un club de adelgazamiento durante unos meses, solo para recuperar todo el peso que perdiste cuando dejas de asistir regularmente.

Parece como si fuera casi como un complot para que sigas pagando para seguir yendo al club de adelgazamiento; de lo contrario, encontrarás que no puedes mantener la pérdida de peso.

Entonces, para mantener el éxito, necesitas hacer más que ir regularmente a un club de adelgazamiento o seguir una dieta en un periódico.

Es sobre hacer cambios en tu forma de pensar sobre tu peso y darte cuenta de que las dietas funcionan. Sí, si sigues lo que está escrito, o lo que te dicen, perderás algo de peso. Sin embargo, el peso es en muchos casos y en la mayoría de los casos se recupera muy rápidamente una vez que decide que va a volver a una dieta "normal". Si las dietas no funcionan, ¿qué puedes hacer para ser como te gustaría ser y estar saludable también?

> **Comer regularmente:** Es posible que hayas intentado perder peso saltándote comidas por completo. Esto no funciona porque su nivel de azúcar en sangre baja y comienza a desear

mucha azúcar y otros carbohidratos simples. Como resultado, probablemente te encontrarás comiendo demasiada comida alta en calorías, alta en grasas y poco saludable y, como resultado, lo perdido vuelve rápidamente.

Comer saludablemente: Si piensa en lo que en realidad está comiendo y trata de hacer su dieta lo más saludable posible, sin ser fanático, entonces tendrá muchas más posibilidades de poder controlar su peso controlando su forma de pensar.

Comer de manera saludable significa tener una dieta balanceada, comer muchas frutas y verduras frescas, proteínas bajas en grasa, grasas saludables como el aceite de oliva y el aguacate, y muchos carbohidratos complejos. También significa reducir el consumo de alimentos que contienen azúcar y alimentos blancos como la harina blanca, el arroz blanco y la pasta blanca y, en cambio, comer más alimentos integrales.

Relajarse frecuentemente: Si tiendes a comer más cuando te sientes estresada, tómate unos momentos cuando sientas que el estrés aumenta para cerrar los ojos y tomar algunas respiraciones lentas mientras respiras en relajación y exhala cualquier tensión.

Escuchar a tu cuerpo: Aprenda a escuchar lo que tu cuerpo le dice que necesita en cualquier momento del día y permítete tener lo que parezca necesitar, aunque al mismo tiempo sea consciente de las pautas saludables mencionadas anteriormente.

Dormir lo suficiente para la pérdida de peso

Cuando pensamos en las cosas más importantes que nuestro cuerpo necesita, dormir está a la altura de la comida, el agua y el oxígeno, la cantidad de sueño que duermes a diario puede tener un efecto dramático en tu salud y peso. Pero, ¿sabemos realmente cuánto sueño necesitamos?

Como guía general, la mayoría de los adultos deberían tener como objetivo tener entre 7 y 8 horas de sueño al día. Nuestros cuerpos son todos diferentes, y algunas personas pueden encontrar que funcionan al máximo con 6 horas de sueño al día, mientras que otras pueden necesitar alrededor de 9. Sin embargo, la falta de sueño es un gran problema, y si solo estás manejando alrededor de 4-5 horas por noche, entonces tu cuerpo se ve privado de sueño.

En primer lugar, veamos los beneficios de dormir bien por la noche:

Dormir Naturalmente Repara Tu Cuerpo: Se producen moléculas de proteína adicionales mientras duerme, lo que ayuda a combatir las infecciones y el sistema inmunológico repara las células.

El sueño reduce los niveles de estrés: un sueño de buena calidad puede ayudar a reducir la presión arterial y los niveles de hormonas del estrés en su cuerpo.

Mayor Concentración: Una buena noche de sueño le permitirá concentrarse mejor al día siguiente y también ayudará a la función de la memoria.

Más Relajada: Un buen sueño significará que te despiertes más fresca y relajada.

Si no duermes lo suficiente con regularidad, todos los beneficios anteriores se revertirán. Por lo tanto, esto puede significar despertar atontada, más estresada e incapaz de concentrarse. También será más propensa a enfermarse y aumentar la presión arterial. Puedes pensar que la falta de sueño y el cansancio emocional pueden resultar en una pérdida de apetito y pérdida de peso, pero la verdad es que la falta de sueño puede conducir a un aumento de peso. El sueño ayuda a mantener bajo control las hormonas de tu cuerpo que controlan su apetito, por lo que, si no duermes lo suficiente, tu apetito aumentará y se sentirás aún más hambrienta. La falta de sueño hará que tu cuerpo tenga niveles de energía reducidos y tu cuerpo anhelará alimentos con alto contenido de grasa que pueden darle un impulso temporal. Estos alimentos tienden a tener un alto contenido de calorías y sal o azúcar; no te llenarán porque carecen de nutrición y muy pronto te dejarán perezoso y con hambre. Nada te preparará mejor para el día que un buen sueño reparador seguido de un desayuno bien equilibrado. Para ayudarse a dormir, trata de limitar tu consumo de alcohol y comidas picantes. Intenta relajarte de forma natural antes de acostarte con un largo baño o algunos ejercicios de relajación. Trata de evitar el consumo de alcohol como tu principal forma de relajarse y aliviar el estrés. Si estás buscando perder peso, además de llevar una dieta sensata y equilibrada y hacer ejercicio regularmente, debes dormir bien todas las noches.

Hacer Cambios en el Estilo de Vida para Perder Peso

Si estás tratando de perder peso, aquí está la clave para perder peso: la pérdida de peso exitosa generalmente se logra haciendo cambios en el estilo de vida, no arreglos temporales. Si modificas tu estilo de vida para ser más activa y comer más sano, la pérdida de peso es algo natural. Alternativamente, no importa cuánto peso inicial puedas perder con una dieta de 90 días y una secuencia de ejercicios, recuperaras tu peso si no adoptas un estilo de vida saludable después de esos 90 días.

Comprométete y decide: Sabe que perder peso de manera duradera requiere un compromiso con estándares más altos de salud. No hay éxito de la noche a la mañana. Se necesita tiempo, esfuerzo y mucha disciplina. Oblígate a ti misma a "ganar salud", no a "perder peso".

Ten metas realistas: Bajar de peso demasiado rápido no solo es idealista sino también peligroso. Establece metas que sean alcanzables (en la medida de tus estándares) para que no tires la toalla y te rindas incluso antes del final de la primera etapa de la carrera.

Aprende a amar los alimentos más saludables: Reducir la ingesta de calorías no significa necesariamente tener que renunciar a todas tus comidas favoritas. De hecho, aún puedes tener tus pasteles de crema de chocolate amargo favoritos, siempre y cuando te ciñas a alimentos buenos y saludables la mayor parte del tiempo. Recuerde, es un maratón, no una carrera.

CAPÍTULO 12:

¡No hay dietas estrictas!

Cambia Tu Mente, Cambia Tus Hábitos Alimenticios

En el corazón mismo del pensamiento, el poder es la noción de que tus pensamientos crean tus circunstancias y condiciones colectivas. Cada aspecto de tu vida actual, ya sean relaciones, las finanzas, la salud o la imagen de ti misma, es el resultado de tus pensamientos más comunes y los sentimientos, emociones y creencias que crean.

No eres tus circunstancias; tu creas tus eventos, sean los que sean, deseados o no deseados. La forma más fácil de crear conciencia de pensamiento es aceptar la verdad. A través de su ilimitado poder creativo, tus pensamientos crean tu circunstancia. Por lo tanto, al ser consciente de las ideas más comunes en tu mente, puedes determinar qué pensamientos/semillas cultivar y cuidar, cambiando así tu realidad o circunstancia.

Para crear conciencia de pensamiento, busca dentro de ti para que tu realidad comience en tu mente. Solo estando vivo en tu mente puedes crear conciencia del pensamiento. Solo siendo consciente de la energía producida por ideas específicas y comunes, puedes cambiar el poder concomitante en áreas particulares de tu vida.

Tus hábitos dominantes, creencias y actitud mental (tu circunstancia) provienen de los pensamientos. Es por eso que necesitas tomar conciencia de ellos para que no atraigas circunstancias, hábitos y creencias impropios y, por lo tanto, una vida inadecuada que nunca te ayude a alcanzar tu máximo potencial que sabes que tiene.

El ser humano promedio tiene entre 6.000 y 70.000 pensamientos por día. Debido a que algunos de estos pensamientos son fugaces, solo podemos llamarlos "reflexiones de la mente", los pensamientos no son iguales. Las ideas más poderosas que pueden cambiar tu vida son aquellas a las que les atribuyes más poder emocional y en las que piensas con frecuencia.

La conciencia del pensamiento es un hábito aprendido que te pide que aprendas a equilibrar entre el seguimiento obsesivo de todas tus ideas, incluidas las fugaces que tienen un efecto mínimo en tu vida, y la conciencia de tus pensamientos más habituales.

La conciencia del pensamiento no se obsesiona con cada pensamiento; es consciente de tus pensamientos habituales porque, como hemos dicho, solo aquellos pensamientos que repites y que le añades emociones pueden cambiar tu vida. Al aprender a reconocer y ajustar estos pensamientos de manera adecuada, puedes usar pensamientos prestablecidos (afirmaciones) para cambiar cualquier perspectiva y aspecto de tu vida o circunstancia (incluida la forma en que lo ves).

Un gran porcentaje de nuestros pensamientos son habituales. La ciencia estima que debido a la gran cantidad de ideas que experimenta la mente humana por día, el 95-99% de nuestros pensamientos y comportamientos son automáticos.

Debido a que la mente es una máquina de automatización profesional - se automatiza para ahorrar capacidad intelectual - sin la conciencia del pensamiento, es posible crear una realidad que es muy diferente de la que deseas. Por ejemplo, si deseas un trabajo o una casa nueva, tus pensamientos o creencias más comunes hacia esa misión son negativos. O te consideras indigna de estas cosas. Tus circunstancias solo cambiarán después de que cambies tus pensamientos y, por lo tanto, tus creencias y hábitos.

Amarte a Ti Misma y a Tu Cuerpo con un Nuevo Enfoque Sobre la Comida

La mala imagen de sí mismo (o imagen corporal) se desarrolla a partir del odio hacia uno mismo. En el fondo, una mala imagen de uno mismo es un síntoma de odio a sí mismo. El odio a uno mismo es un rasgo de carácter negativo que puede contrarrestar con una afirmación positiva orientada a mejorar la relación con tu cuerpo.

Las siguientes afirmaciones ayudarán exactamente con eso. Como se dijo y se ilustró anteriormente, puedes crear afirmaciones de autoimagen que despierten tus emociones y te lleven a creer en tu genialidad actual (pensar que estás presente tal como eres).

1. "Soy bella y maravillosamente creada"
2. "Soy perfecta, sea cual sea el estado en el que me encuentre hoy"
3. "Soy una persona atractiva que atrae a personas positivas y crea circunstancias favorables en mi vida"
4. "Siempre me veo y me siento genial"
5. "Mi cuerpo está en un templo en el que derramo amor, cuidado y afecto"
6. "Soy una persona segura y admirada por muchos"
7. "Soy una persona fuerte y capaz. Puedo superar todos los desafíos que el mundo me depare"
8. "Cada momento de cada día que llega es una oportunidad para el amor propio y el cuidado"
9. "Acepto mis defectos"
10. "Merezco amor"
11. "Creo en mí misma y en mis habilidades"
12. "Estoy muy orgullosa de mí misma y de quién soy ahora y de la persona en la que me estoy convirtiendo"
13. "Merezco la felicidad y el éxito"
14. "Siempre hago lo mejor que puedo"
15. "Soy una catalizadora del cambio. Me adapto bien al cambio"
16. "Veo críticas negativas por lo que es: la opinión de una persona"
17. "Me acepto y me amo tal como soy ahora"

18. "Mis imperfecciones son las que me hacen única"
19. "Trato a todos con amor y amabilidad, y todos responden de la misma manera"
20. "No me estancaré en mi opinión negativa sobre mi cuerpo, mis habilidades y aceptaré la positividad como mi destino".

Una imagen positiva de sí mismo conduce a una mayor confianza. Dicho esto, también puedes crear afirmaciones destinadas específicamente a mejorar tu confianza.

Vive Una Vida Saludable y Serena

- Como seres humanos, todos anhelamos - la paz.
- Pero la paz es un término amplio y que lleva a una lista interminable de preguntas.
- ¿Cómo definimos la paz?
- ¿Qué nos da paz?
- Y lo más importante, ¿por qué lo anhelamos?

Todas estas preguntas son pertinentes y todas tienen peso. Comenzarás a darte cuenta de que lo es aún más a medida que te embarcas en tu travesía hacia la mente humana, en busca de ella. Sin embargo, al buscar la paz, debes estar dispuesta a aprender cómo funciona la conciencia humana. Otro punto importante es de qué manera la meditación tiene varios efectos optimistas sobre la conciencia, la figura y el alma humanas.

Y finalmente, uno de los atributos menos apreciados y posiblemente uno de los más beneficiosos de la meditación - la relajación mental. Reflexiona sobre cuándo fue la última vez que le diste un descanso a tu cerebro. Ten en cuenta que irse de vacaciones no cuenta. ¿Recuerdas el último momento en el que te quedaste quieta durante 15 minutos y no hiciste absolutamente nada? No enumeraste mentalmente las tareas que tienes que hacer; no tomaste decisiones sobre lo que necesitarías para cenar. No te preocupaste por diez cosas diferentes que sucedieron hoy, no hiciste nada.

Seamos honestos; lo más probable es que haya pasado un tiempo. Por suerte para ti, se sabe que la meditación desencadena la respuesta de relajación en la mente. Cualquier tiempo que pases meditando es tiempo que estás pagando, permitiendo que tu cerebro entre en un estado de relajación absoluta.

¿Porque es esto importante? Cuanto más relajado esté tu cerebro, más fácil te resultará conciliar el sueño, controlar tus niveles de estrés y reducir tu ansiedad. Piensa en ello como tu equilibrio emocional. Al relajar tu cerebro, lo entrenas para mantener un mejor equilibrio dinámico, lo que te permite convertirte en un individuo más equilibrado.

Estas no son todas las cosas positivas que están asociadas a la meditación. También se sabe que la meditación mejora la bondad en las sociedades y ayuda a las personas a tener una mentalidad más comunitaria. También juega un papel importante en la lucha contra las adicciones; estudios han demostrado que a los alcohólicos en recuperación generalmente les va mucho mejor cuando reciben entrenamiento meditativo. Entonces, con todas nuestras dudas resueltas, la única pregunta ahora es cómo lo hacemos, o más exactamente, ¿cómo nos preparamos para ello?

No te preocupes, lo tenemos cubierto: ¡sigue desplazándote!

CAPITULO 13

¡No Tendrás que Renunciar a Tus Alimentos Favoritos Ni Pasar Hambre!

Muchas personas tienen un excelente acuerdo de estrés en sus cuerpos y mentes, y también tienen resistencias a querer soltar el peso por una razón u otra. Puedes transformar estas experiencias y permitir que ocurran cambios significativos en tu vida adoptando algunos métodos nuevos. Primero, obtienes algo de claridad sobre cómo quieres hacerlo, decides lo que quieres hacer en lugar de lo que has estado haciendo y aprendes cómo puedes liberar tus resistencias y tu estrés.

Hablamos sobre varias opciones para enfoques de pérdida de peso. Miramos al Dr. Oz y al Dr. Mercola. Y también, hablamos de Batidos Verdes y de trabajar con una Vitamix u otros emulsionantes alimentarios, haciendo purés y batidos y la combinación de alimentos brevemente. Además, hablamos de cosas que puedes hacer en lugar de lo que has estado haciendo, como usar tabletas sin azúcar, para que tengas algo que ponerte en la boca y bocadillos de frutas o nueces, chicle sin azúcar y papas dulces japonesas. Veamos el azúcar y por qué deseas crear sustitutos para él.

El Azúcar y Sus Alimentos Sustitutos

Hablamos de la stevia como sustituto del azúcar. La stevia es adecuada para ti y es más dulce que el azúcar. Puedes ponerlo en tu comida o usarlo en tu cocina. Hay un tipo de stevia llamado "Stevia Glycerite" que no tiene sabor al final. Algunas stevia tienen un sabor al final ligeramente metálico, pero este no, y sabe bastante bien.

Hay otro edulcorante llamado xilitol. Y este es bastante bueno para ti también. Se encuentra en una gran cantidad de chicles, enjuagues bucales, pasta de dientes y aerosoles nasales. El xilitol ayuda a superar ciertas infecciones y es encantador. Entonces, hay cosas que puede hacer en lugar de comer azúcar de caña. Al azúcar de caña refinada que está en este momento en el mercado se le han eliminado muchos de los nutrientes.

¿Cuáles son exactamente los problemas con el azúcar? Cuanto más te informes sobre esto, más podrás crear una terapia de aversión exitosa para ti. Es posible que desees observar y ver todo el daño que el azúcar hace en tu cuerpo. Por un lado, el azúcar genera obesidad, diabetes y desequilibrios metabólicos. Disminuye las hormonas del crecimiento, que son la clave para mantenerse joven. Además, alimenta el cáncer y debilita la vista, causa somnolencia y puede causar alergias a los alimentos y contribuir al eccema en los niños y más. Hay tantos problemas con el azúcar. Hace que tu estado de ánimo fluctúe. Puede dañar tu ADN. Puede provocar infecciones bacterianas. Y tu cuerpo convierte el azúcar en grasa. Entonces, el azúcar no es adecuado para ti.

Hay tantos otros enfoques que puedes saborear la dulzura. Y es tan importante saborear la dulzura porque la dulzura es un anhelo que todos tenemos como seres humanos. Hay muchos sabores diferentes en los alimentos: salado, astringente, amargo, salado y ácido. Y a nuestras papilas gustativas les gustan todos esos en un grado u otro. A algunas personas no les gusta lo amargo o lo picante, pero casi todo el mundo quiere azúcar. La mayoría de las personas no se dan cuenta de que existen formas de obtener alimentos dulces y no contribuir a la obesidad, el sobrepeso o los problemas de salud. Entonces, el xilitol y la stevia son buenos. La fruta es buena. Muchas personas sienten que es bueno comer fruta por la mañana porque su cuerpo se limpia después de una noche de ayuno. Por supuesto, todas las personas son diferentes, por lo que debes experimentar cuál de estas prácticas es mejor para ti.

Escoger Tu Comida Sabiamente

Comer con frecuencia durante el día puede ser muy beneficioso para muchas personas. Si comes tres comidas y algunos bocadillos, probablemente no tendrás mucha hambre. Si comes bocadillos pequeños a moderados, su cuerpo comenzará a quemar energía. Y si te gusta la comida, ¡probablemente te gustará comer con frecuencia! Lo importante es elegir bien. No es necesario que sigas una dieta estricta. No te ponga a dieta en absoluto. Simplemente encuentra cosas buenas, deliciosas y saludables para comer. Las nueces son útiles en pequeñas cantidades. Las frutas son geniales. Hay todo tipo de alimentos saludables maravillosos en este mundo para comer. Solo tenlos a tu alrededor. Ve a una tienda, ve si tienen comidas preparadas si no tienes tiempo para hacer algo. Y puedes comer estos alimentos como bocadillo o comida. Entonces, come bien. Come comida deliciosa y no te prives, porque cualquiera que experimente privación empezará a tener antojos.

Alimentación Consciente

Sobre todo, come conscientemente. Se consciente de lo que haces. Mastica bien tu comida. No engullas la comida. No comas sin pensar en ello. Si es de tu agrado, bendice tu comida antes de comer y de gracias por ella. Recuerda que muchas personas en esta tierra no tienen comida decente o suficiente comida. Bendecir tu comida y comerla conscientemente son formas potentes de estar presente con ella. Presta atención e infórmate sobre tu comida. Lee sus etiquetas. Y cuanto más lo hagas, más dirás, "Eso no es para mí", cuando te encuentres con algo que es basura. Podrías decirte a ti misma: "Eso no es para mí. Eso es dañino. Hay algo más que puedo hacer en su lugar". Y puedes tener muchas opciones de alimentos alternativos a tu alrededor. Y así es como se puede crear una vida sana.

Qué Hacer con los Antojos

Si tiene antojos de algo, hay varias cosas que puedes hacer. Ya hemos estado hablando de ellos. Uno es crear aversión. Dite lo malo que es eso. Y el otro es la sustitución. Nunca te prives. Come alimentos buenos, saludables, beneficiosos y deliciosos. Crea repulsión hacia los diferentes alimentos. Repítete cosas como: "No quiero comer eso. Eso no es bueno para mí. El hecho de que alguien haya dicho que debo comerme estos macarrones con queso o esta hamburguesa grande que vi en la televisión no significa que sea para mí. No, no estoy lista para hacerlo. Voy a parar ". Dite a ti misma: "Tengo hambre y tengo algo más que puedo hacer en su lugar". Cuando tienes aversión, puedes decir: "El azúcar es asqueroso. Está hecho en fábricas.

Manejo de las Resistencias para Perder Peso

¿Qué puedes hacer si te resistes a perder peso? Ahora bien, ¿por qué las personas serían inmunes a perder peso? Hay varias razones. El más importante es que hacer algo nuevo está fuera de la zona de confort de las personas porque lo han estado haciendo de una manera durante mucho tiempo. También puedes estar usando comida para poner un poco de ungüento en tus viejas heridas. Te comes lo que te has dicho a ti misma que lo hará por ti; te hipnotizas para que comas lo que consideras reconfortante. Y para algunas personas, es difícil salir de la zona de confort. Es amenazante. Algo en su interior podría decir: "Esas frutas y verduras no son seguras. Si como mis usuales pasteles de chocolate, me siento cómoda, lo que siempre he hecho. Voy a ir y hacer eso de nuevo". Puede que no sea cómodo para tu vida. Puedes estar satisfecha ahora o parecerlo porque te hipnotizas. Pero te inventaste todo esto - pensando que las viejas costumbres te darán paz interior y amor - y les das poder. Pero en el último análisis, no es cómodo porque te hace sentir como no quieres sentirte. No quieres tener el peso extra. No quieres llevarlo contigo. No querrás tener problemas de salud derivados de comer alimentos que no son buenos para ti. Así que recuerda que algunas de las resistencias más destacadas tienen que ver con la zona de confort.

Creando un Tipo de Vida Superior

Algunas personas se resisten a querer hacer algo bueno por sí mismas. Se dicen a sí mismos: "Bueno, necesito cuidar de todos los demás antes de cuidarme a mí mismo". Pero la verdad del asunto es que, si te cuidas bien, podrás cuidar mucho mejor a otras personas porque tienes más claridad y energía. Tienes un mejor plan de acción y ayudas a otras personas con el ejemplo. Así que lee las etiquetas de los alimentos y elige sabiamente. Tienes la oportunidad de llevar tu vida a otro nivel. Y parte de esto se trata de ir a otro nivel en tu comida porque la comida crea conciencia. La comida genera energía. La comida es la piedra angular de tu vida. Y si tienes buena comida de alta calidad, creas un canon más alto en tu vida.

La comida chatarra crea hábitos, pensamientos y sentimientos chatarra. La comida tiene conciencia. Tiene una vibración. Si ingieres alimentos que tienen una vibración alta, entonces tienes una vibración más alta. Si comes alimentos orgánicos, por ejemplo, entonces tienes vida. Estás latiendo con vida. Tomas eso en tu cuerpo y estás latiendo con vida. Pero si ingieres comida muerta que está desnaturalizada o se purga de todos sus nutrientes, afectará tu forma de pensar y sentirte, qué tan clara está tu mente y qué tan vibrante es tu ser. Elígelo. Escuche tu guía y muévete a un terreno más alto. Es posible que tu recomendación le diga: "Es hora. Estoy contigo y te estoy ayudando ahora". Es una oportunidad tan perfecta.

Mover Tu Cuerpo

Es bueno ejercitarse tanto como sea posible, pero eso no significa que deba ser intenso o excesivo. Encuentra algo que te guste hacer. Me encanta hacer yoga desde hace mucho, mucho tiempo. Es algo que disfruto hacer. Siempre puedes bailar si eso es lo que quieres. Puedes usar una pelota de ejercicios gigante y, si te gustan, puedes hacer abdominales y caminar. Aquí hay muchas cosas que puedes simplemente hacer si crees es lo mejor para ti. Encuentra solo lo que te gusta y trabaja en ello. Supón que quieres bailar. Y si te sientes avergonzada, no lo hagas cuando haya alguien cerca. Pon algo de música y simplemente baila porque es esencial para que las cosas se muevan en tu cuerpo. Haz que tu comida sea digerida. Pon en marcha tu circulación. Es esencial.

CAPÍTULO 14:

¡No Hay Medicamentos Peligrosos que Tomar!

D etectar el hambre cerebral es la clave para el proceso de transformación. Intentamos recuperar esta habilidad cuando nuestro nivel de ansiedad está en la estratosfera, o cuando sentimos la presión de participar en ceremonias sociales. Las prácticas de atención plena nos brindan igualdad para reconocer físicamente el cuerpo, aceptar más fácilmente las emociones y protegernos de la respuesta poco saludable a las presiones sociales. Si tenemos cuidado, en lugar de eliminar la sensación abrumadora descrita como deseo (debido a circunstancias sociales incómodas, presión de grupo o emociones inadecuadas) y gastar impotentemente, puede participar en prácticas alternativas.

La meditación se conoce más comúnmente como un medio para lograr el Mindfulness y, por lo tanto, reconocer el hambre cerebral. Si la idea de la meditación está activamente provocándote (y esto es comprensible para las mujeres de hoy en día), prueba alguna forma de meditación activa (como nadar).

Aquí hay otros consejos útiles para lograr la atención plena (Mindfulness) sin meditación:

Por ejemplo, decida si volver a la atención plena varias veces durante un día ajetreado, moverse lentamente en su vida o ser demasiado consciente de su entorno. Un ejemplo de cómo puede volverse demasiado consciente es reconocer algo nuevo todos los días mientras camina por el parque por el que desea caminar.

El factor decisivo es tener cuidado y simplemente no sucede así por así. Al desarrollar un Activador del Mindfulness (Mindful Trigger), puede recordarse a sí mismo que debe llevar una vida consciente. Recuerde, tenemos que ser conscientes del hambre cerebral y debemos ser conscientes del hambre física. ¡El éxito de repetir los pasos del Comportamiento Cognitivo Delgado acelera y fortalece el recableado! Estas redes neuronales se restauran cuando se produce un pánico por la comida y pueden observar con calma lo que se llama hambre cerebral e identificar las necesidades emocionales que deben abordarse. Esta es una experiencia en la que no tienes que preocuparte por eso y no comes en exceso.

Ayudas para el Mindfulness

A continuación, se presentan algunos consejos que serán útiles para obtener la atención plena:

- **Ríase en Público** - reír no solo lo hace sentir mejor, sino que también crea un intercambio de energía positivo cuando interactúa con alguien.
- **Identifique el Estado de Ánimo** - ejecutar la misma actividad con diferentes estados de ánimo producirá resultados diferentes. ¿Observa cómo afecta el estado de ánimo a la biología?
- **Vuelva a Conectarse con Su Cuerpo** - tenga en cuenta la posición de su cuerpo y cómo le afecta. ¿Está su cuerpo nervioso o abierto y fluido?
- **Regrese a sí mismo antes de estar con alguien** - respire y regrese a sí mismo antes de interactuar directamente con alguien por teléfono o correo electrónico. Cuando suene el teléfono, debe volver a tener cuidado. La persona que llama lo mantiene fresco, presente y disponible.
- **Algo viejo o nuevo** - tome conciencia de algo nuevo cuando camine por un camino frecuente. Puede haber varias cosas a las que puede prestar atención, como las pulsaciones de teclas

de la computadora, el canto de los pájaros, el suave rugido de un avión sobre usted, sus pasos, o muchas más.

- **Mime al niño que lleva dentro** - puede ser tan fácil como tumbarse en el césped. Puede parecer una tontería al principio, pero no dejes que otros decidan tu vida. Sienta las hojas, la brisa y el sol en su piel. Siempre me devuelve a ese momento y me da una sensación misteriosa, infantil, que dura todo el día.

- **Decida ir despacio** - es la naturaleza la que nos conecta de nuevo con la eternidad del momento. En cada momento de esta conciencia, volvemos al título del fenómeno mundial de Eckertall, "Poder del Ahora". Torre despierta a sus lectores a una vida egocéntrica como creador del sufrimiento y los anima a vivir una vida sin dolor viviendo plenamente el presente. Este libro es muy recomendable para cualquier persona interesada en aprender el comportamiento de las mujeres naturalmente delgadas a través del poder de la atención plena.

Herramientas para Identificar las Verdaderas Necesidades y Responder a Lo que Necesita Atención

Hay muchas causas para el hambre no física: situaciones sociales (hambre social) que cree que necesita comer para adaptarse, o si se siente socialmente incómodo y cree que comer en exceso lo hace sentir bien. Si esto también puede ser causado por un desequilibrio emocional (hambre emocional), no podemos identificarlo, lidie con él o desarróllelo para calmarnos. A medida que se desarrolle su atención plena, tendrá más tiempo para sucumbir al hambre cerebral a medida que comprenda mejor las causas de sus ansias cerebrales y asuma la necesidad personal de autodefensa. Hasta el día en que comer en exceso sea historia.

La parte 2 del paso 3 es una característica que aborda todas las necesidades del hambre. Una vez que haya identificado lo que necesita su atención, puede desarrollar habilidades que satisfagan sus necesidades en lugar de limitarlas. Si comemos o comemos demasiado, continuamos el ciclo de la vergüenza. Al tener el coraje de identificar y abordar las necesidades subyacentes, estamos fortaleciendo una red neuronal saludable. Entonces, la mayor parte comienza con las emociones. A continuación, se muestran formas de reconocer algunas de las emociones:

- **Decaída**

Baja energía sin signos de hambre física. En la mayoría de los casos, sus niveles de dopamina son bajos. La rutina física moderadamente intensa y/o la meditación pueden aumentar los niveles de dopamina a un límite considerable.

- **Aburrida**

Recuerde que el aburrimiento es una forma de auto rechazo. Es importante trabajar en uno de los proyectos soñados, el diario, el display de visualización, volver a conectarse y reinvertir en uno de los desafíos de su vida. Si no sabe cuál es su interés, prometa descubrirlo a partir de ahora. Hay miles de recursos y libros de trabajo para ayudarlo con esta búsqueda. Cambie su energía hacia este proceso de descubrimiento. Esto desviará su atención e interés de los pensamientos sobre la comida.

- **Decepcionada**

¡Exprese su decepción de forma clara y en voz alta! ¡Llama a tus amigos, escribe en el diario, grita! No necesita atiborrarse de pensamientos negativos. Debe compartir sus inseguridades y decepciones con las personas relevantes. De lo contrario, conducirán a un desequilibrio emocional y, finalmente, a comer en exceso.

- **Cansada**

Si come en exceso debido a la privación crónica del sueño, invertir en la higiene del sueño ayuda mejor a su capacidad de reconfigurar su cerebro. La meditación es la recomendación número uno para mejorar la calidad del sueño, ya que calma el problema. Inicie el "ciclo de apagado" una hora antes de acostarse. Música relajante, películas con niveles bajos de testosterona, baños relajantes, pijamas sensuales, luz tenue, sin tiempo en la computadora, menos libros excitantes, en resumen, una pérdida que aumenta la emoción.

- **Soledad**

Si se siente solo, puede llamar a un amigo. Sal, conoce a alguien. Haz algo bueno para alguien, incluso para extraños. Vaya al hospicio o al centro de manejo de crisis para niños para ayudar. La necesidad de comida disminuirá a medida que se mitigue el problema real.

- **Ira**

Si el problema es crónico, busque tratamiento de un especialista con experiencia en ira. Si ocasionalmente está enojado, grite, golpee su bolso o camine mientras expresa enojo. Puede intentar calmarse haciendo meditación o durmiendo durante algún tiempo.

- **Estrés Acumulado**

Haz ejercicio o realiza ejercicio intenso. Al ir reduciendo proporcionalmente para tener el punto de vista, tiene dos opciones: disfrutar de los peores pensamientos (y aumentar el estrés y la ansiedad) o tener la opción de dejar de lado sus pensamientos blanco y negro. Observa la meditación para aliviar el estrés.

- **Perder el Control**

Enfréntate a tu peor temor de lo que significa para ti la pérdida de control en un sentido general. ¿Es posible que se concentre en el peor escenario, la forma de pensar en blanco y negro? ¿Necesitas control? ¿A qué temes fallar si no tienes el control?

Si no sabe lo que está haciendo, haga un ejercicio de respiración, vuelva a conectarse con su cuerpo y continúe preguntando en voz baja. "¿Qué siento?" "¿Cuál es mi nivel de energía?" Los cambios importantes son el ejercicio, la meditación, usar tu música favorita, llevar un diario de tus emociones o tomar una ducha fría. Es algo que puedes hacer de inmediato en lugar de comer sin saberlo, y eso no es un problema siempre y cuando sepa que le ayuda a prestar atención a sus necesidades reales. Esté preparado para repetir tantas veces como lo necesite. Si, por alguna razón, tiene limitaciones y no puede realizar una actividad alternativa, imagina hacerlo con cuidado y por etapas.

CAPÍTULO 15:

Olvida el Concepto de 3 Comidas al Día

Aquí hay algunos avances sencillos que puede tomar para pensar que es delgada:

Elimina Tus Medidas

¿Crees que las personas delgadas saltan a la balanza cada mañana? No, no lo hacen. Fijarte en la balanza y en tus números te hace cautivo de ello. En el momento en que pierde una libra o dos, puede sentirse extraordinario, sin embargo, si aumenta un poco, en ese punto puede provocar una implosión. Los sentimientos de decepción que lo persiguen pueden hacer que corra por la barra de chocolate más cercana u otra comida reconfortante. Además, las básculas de baño no son un método preciso para controlar su peso. Imagina un escenario en el que estás practicando más y ganando músculo. O, de nuevo, tal vez necesite una descarga concreta decente - bueno, ¿hay un par de libras adicionales? Mujeres, ¿es ese momento y su cuerpo se hincha de peso líquido? Un número tan grande de componentes puede afectar ese número en las básculas.

Por lo tanto, es una gran oportunidad para dejar de decidir su prosperidad por lo que pesa y comenzar a echar un vistazo a todos los cambios positivos que está haciendo en su vida. Dale una oportunidad a la forma en que te sientes y las decisiones acertadas que tomes para que sea tu nuevo indicador de reducción de peso. O, por otro lado, esencialmente observe cómo sus prendas se aflojan y su cuerpo se vuelve más pequeño.

Sintonice Su Cuerpo

Haga una pausa por un minuto o dos para preguntar si se siente extremadamente ansioso. Hay momentos en los que creemos que tenemos hambre, pero no muchos cuando estamos realmente ansiosos.

Con frecuencia alimentamos nuestros sentimientos como resultado de un falso deseo entusiasta. O, por otro lado, quizás ambos nos sintamos ansiosos por sentir hambre. El hambre genuina es esa leve sensación de masticación o vacío en el estómago. Haga un esfuerzo por sintonizar con su cuerpo, para sintonizar verdaderamente con las necesidades de su cuerpo. Coma posiblemente para satisfacer el deseo genuino y deténgase cuando su cuerpo haya tenido suficiente. Elija fuentes de alimentos que lo hagan sentir satisfecho, apoyado y ligero, y manténgase alejado de todos los alimentos que lo hagan sentir sustancial, agrandado e incómodo. ¡Es tan sencillo como eso!

Mastique Su Comida

El procesamiento comienza en la boca y una gran asimilación es básica para convertir los alimentos que ingiere en la energía que su cuerpo necesita. En el momento en que muerde su comida, vigoriza la descarga de catalizadores digestivos en el estómago y el tracto digestivo. Si come demasiado rápido, estas proteínas no tienen la oportunidad de procesar su comida de manera viable. En el momento en que comes rápidamente, también tragas más aire e ingieres partes más grandes de la comida, lo que ejerce presión sobre el estómago y puede causar hinchazón y gases.

Además, la hormona del apetito leptina seguirá expandiéndose a medida que coma, hasta que se sacie el hambre. Morder la comida por completo y comer gradualmente le da a su cuerpo tiempo para percibir que está lleno y le permite a la leptina comunicar algo específico de su estómago a su cerebro para dejar de comer ya que ha tenido suficiente.

Coma Comida Más Pequeñas con Más Frecuencia

Coma no menos de cada 4-5 horas para darle a su cuerpo el combustible que necesita para trabajar de manera efectiva. Esto ayudará a mantener sus niveles de glucosa y mantendrá su digestión activa. Planifique con el objetivo de tener alimentos saludables cerca de manera constante. Tenga en cuenta que debe comer cuando empiece a tener hambre, no después de que se vuelva codicioso. En el momento en que experimente un apetito excesivo, es una indicación de niveles bajos de glucosa que harán que anhele el azúcar y otros alimentos malos.

Aproveche al Máximo Su Comida

Relájese, baje la velocidad, relájese y aproveche al máximo su comida. Crear un clima relajado y encantador cuando come, lo insta a morder más, a comer más lentamente y hace que sea más fácil escuchar a su cuerpo. Del mismo modo, intente abstenerse de cualquier cosa que ocupe su concentración lejos de la comida, por ejemplo, sentarse frente al televisor. En este sentido, es probable que se mantenga concentrado en la cantidad que está comiendo. Cuanto más consciente sea del punto en el que está comiendo, más sintonizará con la señal que dice que ha tenido suficiente.

CAPÍTULO 16:

Cómo Practicar la Alimentación Consciente y Disipar los Pensamientos Negativos.

Como el yoga, los hábitos alimenticios saludables están enmarcados por la expectativa y la práctica. ¿Has seguido este examen patrocinado y decidido establecer tu relación factible y ajustada con la comida?

Como individuo que nunca ha probado otra dieta, sabes que es todo menos difícil especializarse en un plan de alimentación saludable, y significativamente más simple perder fuerza o autodisciplina y descartar tu propósito después de medio mes o quizás días. Eso es porque la mayor parte de nosotros no le damos a nuestros nuevos hábitos saludables el tiempo y la consideración que necesitan para ser programados.

Una metodología consciente puede ayudarte a deshacerte de obstáculos en el camino para considerar un hábito de alimentación saludable, sin importar si tu objetivo es seleccionar verduras en lugar de carbohidratos refinados para instar a los más delgados y retroceder para comprender la hora de las comidas o eliminar la carne para coordinar tu moral. "La Atención Plena ayuda a disminuir el esfuerzo que experimentan las personas al hacer cambios. Parece ayudarnos o asociarnos con todas o algunas de las formas más notables de variar esas viejas vías neuronales que están genuinamente talladas en la mente, y trabajar para obtener y crear nuevas para fortalecer".

El acuerdo de acompañamiento te ayudará a establecer deseos genuinos por el tiempo que sea necesario para implementar una mejora duradera mientras fusiona lentamente los ensayos de Mindfulness, las opciones de alimentos entusiastas y más deleite en cada comida.

Concentrarse en la experiencia de comer momento a momento puede ayudarte a mejorar tu dieta, supervisar los anhelos de comida e incluso ponerte en forma. Esta es la forma de empezar a comer conscientemente.

¿Qué Es la Alimentación Consciente?

La alimentación consciente mantiene una familiaridad en el momento con la comida y la bebida que ingresaste a tu cuerpo, evitando decidir cómo te hace sentir la comida y, por lo tanto, las señales que tu cuerpo envía sobre el sabor, la satisfacción y la totalidad. La alimentación consciente solo espera que tu reconozcas y reconozcas las emociones, las consideraciones y las sensaciones sustanciales que sientes - y puedes llegar a comprar, preparar y servir tus alimentos incluso gastandolos.

Para una gran cantidad de personas, nuestras vidas bulliciosas hacen que las comidas se emprendan apresuradamente, o nos encontremos comiendo en el vehículo mientras conducimos, en el área de trabajo frente a una pantalla de PC o en el sillón sentado frente al televisor. Comemos sin pensar, engullendo la comida tanto si estamos ansiosos como si no. Comemos con regularidad por motivos que no son el hambre - para satisfacer necesidades entusiastas, aliviar la presión o adaptarnos a sentimientos indeseables, como lástima, tensión, depresión o cansancio. La alimentación consciente es a veces contraria al tipo actual de alimentación "sin sentido" poco saludable.

Ventajas de una Alimentación Consciente

Al considerar cómo te sientes al comer - la superficie y los sabores de cada pedazo importante, el anhelo de su cuerpo y las señales totales. Cómo los diferentes alimentos influyen en tu energía y estado mental - puedes descubrir cómo apreciar tanto tu comida como la práctica de comer. Estar atenta a los alimentos que consumes puede promover un mejor procesamiento, mantenerlo lleno de menos alimentos e impactar decisiones más inteligentes sobre lo que come después. De manera similar, puede ayudarte a liberarte de hábitos poco saludables relacionados con la comida y la alimentación.

Comer conscientemente puede empujarte a:

- Impedir y disfrutar de un alivio del apuro de su día, lo que facilita la presión y el nerviosismo.
- Observar y modificar tu relación con la comida - ayudándote, por ejemplo, a notar una vez que asistes a la comida por razones que no sean el hambre.
- Obtener un placer más notable de la comida que comes, mientras buscas la manera de dar marcha atrás a todos, más valiosas se vuelven tus comidas y golosinas.
- Elegir opciones más saludables sobre lo que comes, concentrándote en cómo cada alimento te hace sentir después de comerlo.
- Mejora tu procesamiento comiendo más lentamente.
- Sentirte más llena antes comiendo menos comida.
- Establecer una asociación destacada con el origen de tu comida, cómo se entrega y el viaje que lleva a su plato.
- Comer de una manera más saludable y ajustada progresivamente.

El Método Más Eficaz para Practicar la Alimentación Consciente

Para practicar el Mindfulness, te gustaría requerir interés en una actividad con Atención Plena total. Debido a la alimentación consciente, es esencial comer con toda su consideración en contra del "piloto automático" o mientras estás leyendo, mirando tu teléfono, sentada frente al televisor, soñando despierta o planificando lo que estará haciendo más tarde. En el momento en que tu consideración se desvíe, vuélvela con delicadeza hacia tu comida y también a la experiencia de cocinar, servir y comer.

Intenta practicar la alimentación consciente durante breves períodos de cinco minutos desde el principio y desarrolle de manera constante a partir de ese tiempo. Además, recuerda que comenzarás a comer conscientemente cuando hagas tu lista de compras o examines el menú del restaurante. Evalúa todo con cuidado para aumentar tu resumen o navegar por la lista.

Empieza por respirar profundamente unas cuantas veces y considera la estimación de la salud de cada pequeño alimento diferente. Mientras que los especialistas en nutrición bromean incesantemente sobre qué alimentos son "saludables" y cuáles no, la pauta más simple y confiable es comer alimentos que sean lo más parecidos posible a la forma en que la naturaleza los preparó.

Utiliza todas tus facultades mientras compras, cocinas, sirves y comes tu comida. ¿Cómo se ven, huelen y se sienten los diversos alimentos al momento de cortarlos? ¿Cómo sonarían mientras se cocinan? ¿Cómo sabrían al comer?

Muestra interés y menciona hechos objetivos sobre ti misma, incluso como la comida que va a comer. Observa cómo estás sentada; siéntate con una postura elevada; sin embargo, mantente relajada. Reconoce tus factores ambientales, pero descubre la manera de bloquearlos. Concentrarse en lo que sucede a tu alrededor te desviará de tu proceso de comer y le restará valor a la experiencia.

Sintoniza tu deseo: Cuánta hambre, ¿verdad? Te gustaría animarte mutuamente cuando estés ansiosa pero no codiciosa después de saltarte las comidas. Date cuenta de cuáles son tus expectativas al comer esta comida específica. ¿Es cierto que simplemente estás comiendo porque tienes mucha hambre, o es que estás agotada, necesitas una interrupción o crees que es lo que debes hacer?

Con la comida frente a ti, haz una pausa por un momento para dar la bienvenida a todas las personas con las que compartes la comida antes de comer. Especialízate en las superficies, formas, matices y olores de la comida. ¿Qué respuestas se necesitan de la comida y cómo te hacen sentir los aromas?

Toma un mordisco y observa cómo se siente en tu boca. ¿Cómo retratarías la superficie en este punto? Planifica identificar todas las fijaciones, todos los diferentes sabores. Muerde completamente y mira cómo muerdes y cómo se ve.

Concéntrate en cómo cambia tu experiencia de un momento a otro. ¿Te sientes llenándote? ¿Es correcto citar que estás satisfecha? Tómate el tiempo máximo necesario, permanece presente y no apresures la experiencia.

Deja tus cubiertos entre mordiscos. Deja a un lado un poco de esfuerzo para pensar en cómo te sientes (ansiosa, satisfecha) antes de recuperar tus utensilios. Sintoniza tu estómago, no tu plato. Date cuenta de que estás llena y deja de comer.

Aprecia y cree de dónde se originó esta comida, las plantas o criaturas incluidas, y cada una de las personas que se necesitaron para enviar la comida y llevarla a tu plato. Ser progresivamente conscientes de los puntos de partida de nuestros alimentos puede ayudar a todas las personas a tomar decisiones más inteligentes y cada vez más manejables.

Continúa comiendo gradualmente mientras hablas con tus compañeros de alimentación, prestando mucha atención a las señales de saciedad de tu cuerpo. Si estás comiendo sola, planea estar presente en la experiencia de devorar la comida.

Integrar la Alimentación Consciente en Tu Vida

Es ridículo para la inmensa mayoría de la gente trabajarlo; estaremos atentos a cada bocado o quizás a cada comida que comamos. El peso del trabajo y la familia a veces significa que te ves obligada a cenar apresuradamente o que solo tienes una pequeña porción de tiempo para comer algo o el riesgo de pasar hambre durante el resto del día. Esto se debe a que una vez que no puedes mantener una práctica de alimentación consciente, puedes, en cualquier caso, abstenerte de comer sin pensar y hacer caso omiso de las señales de su cuerpo.

Tal vez tomes unas cuantas respiraciones completas antes de comer una comida o un bocado para considerar qué introducirás en tu cuerpo de manera discreta. ¿Es preciso hacer referencia a que simplemente estás comiendo a la luz de las señales de antojo, o dirías que estás comiendo debido a un signo emocional? ¿Quizás estás cansada, nerviosa o solitaria? Además, ¿dirías que estás comiendo alimentos sanos y saludables, o dirías que estás comiendo alimentos emocionalmente reconfortantes? Aunque te gustaría usar su área de trabajo. Por ejemplo, ¿estaría listo para tomarse unos segundos para enfocar toda su atención en su comida en lugar de realizar varias tareas o ser desviada por tu PC o teléfono?

Considera la alimentación consciente como ejercicio: cada pieza cuenta. Concéntrate exclusivamente en la forma en que comes al ritmo de tu cuerpo, la satisfacción más destacada que encontrarás en tu comida y el control más destacado que tendrás sobre tu régimen alimenticio y hábitos alimenticios.

Cambiar de una Alimentación Inconsciente a una Consciente

Comer en piloto automático o mientras realizas múltiples tareas (conducir, trabajar, leer, mirar la televisión, etc.) Centrando toda tu atención en la comida y también en la experiencia de comer.

Comer hasta que se acabe toda la comida, sin tener en cuenta las señales de saciedad de tu cuerpo. Tomar nota de las señales de tu cuerpo y comer hasta que te sientas satisfecha.

Ingerir para bloquear un vacío sensible (porque estás estresada, sola, miserable o agotada, por ejemplo). Comer para satisfacer el apetito físico.

Comer basura o comida de consuelo. Comer comidas consistentes y saludables.

Comer lo más rápido posible. Comer gradualmente, saborear cada bocado.

Utilizar el Mindfulness para Investigar Tu Relación con la Comida

Independientemente de si eres consciente de ello o no, la comida afecta significativamente tu prosperidad. Puede afectar cómo te sientes genuinamente, cómo reaccionas emocionalmente y la forma en que intelectualmente supervisas. Puedes ayudar a tu energía y punto de vista, o puedes agotar tus activos y hacer que te sientas cansada, de mal humor y desanimada.

Como un cuerpo, nos damos cuenta de que siempre debemos comer menos azúcar y preparar alimentos y más productos del suelo. Sea como fuere, si conocer las "reglas" de una dieta adecuada fuera suficiente, ninguna persona tendría sobrepeso o quedaría atrapada en una alimentación de baja calidad. En ese momento te vuelves más consciente de ti mismo al comer; comenzarás a sentir cómo los diferentes alimentos te afectan genuina, intelectual y emocionalmente, lo que hará que sea mucho más sencillo hacer el cambio a opciones de alimentos más beneficiosas. Por ejemplo, una vez que comprendas que el bocadillo dulce que te gustaría comer cuando estas agotada o desanimada te deja sintiéndote aún más lamentable, es más simple afectar esos deseos y elegir un bocadillo mejor que ayude a su energía y estado de ánimo.

Muchas personas solo se concentran en cómo nos afecta la comida cuando realmente nos enferma. La pregunta que debemos presentar no es: "¿Mi comida hace que me muera?" sino, "¿Qué tan bien me hace sentir?" Al final del día, ¿qué proporción se siente mejor después de comer? ¿Qué cantidad de energía y emoción se tiene después de una comida o un bocado?

CAPÍTULO 17:

Ingredientes Esenciales para una Mejor Nutrición

L a comida es una necesidad para el cuerpo. Sin comida, tu cuerpo se marchitará y morirá. No todos los alimentos se consideran aptos para el cuerpo, mientras algunos alimentos son muy saludables para el cuerpo, y esos son los que debes consumir. Esta lista de alimentos cubre todo el valor nutricional que obtendrás al comer alimentos, y le proporcionarán a tu cuerpo suficiente energía y lo ayudarán a llevar una vida productiva. Así que aquí están los alimentos.

Frutas

El primero son las frutas. Las frutas son muy importantes para el cuerpo y la salud. Ahora la fruta puede variar desde antioxidantes hasta fibras. Las fibras ayudan a que el sistema digestivo funcione bien y ayudan a eliminar cualquier antioxidante del cuerpo. Las bananas proporcionan al cuerpo suficiente potasio, fibra y vitaminas. Los aguacates proporcionan al cuerpo carbohidratos no dañinos y grasas saludables. Son ricos en potasio y vitamina C. Otras frutas que debe tomar son las bayas, ciruelas, melocotones, peras, cerezas, zanahorias y sandías. Las frutas son ricas en vitamina C y ayudan a limpiar el cuerpo de cualquier toxina.

Huevos

El siguiente son los huevos, que son unas potentes fuentes nutricionales. Aportan al cuerpo mucha nutrición que te ayudará a desarrollar músculos fuertes, y también brindan al cuerpo las vitaminas necesarias para mejorar la memoria y nutrientes que te ayudarán a poder realizar tus actividades diarias con facilidad. Los huevos también reducen el riesgo de desarrollar enfermedades cardíacas porque pueden proporcionar el colesterol necesario que el cuerpo necesita. También disminuyen la pérdida de visión y te ayudarán a perder peso y a sentirte con energía.

Los huevos estimulan el sistema inmunológico y también te proporcionan vitamina B12, vitamina E y selenio. Se aseguran de que tengas un sistema inmunológico saludable, lo cual es muy bueno para la piel. Los huevos se pueden comer crudos o hervidos. Los huevos limpian la obstrucción arterial y reducen cualquier enfermedad que haya en el cuerpo.

Carne Roja y Blanca

El siguiente alimento para comer es la carne roja y blanca. No se recomienda la carne roja, pero si la consumes hazlo en poca cantidad para que pueda ofrecer a tu cuerpo la nutrición que necesita. La carne magra es el tipo de carne roja mejor recomendada, ya que tiene mucho hierro biodisponible. El hierro es necesario para la sangre y la pechuga de pollo también es un tipo importante de carne blanca. La pechuga de pollo tiene un alto nivel de proteínas y pocas calorías que favorecen al organismo. La carne magra también se recomienda para un cuerpo sano.

Nueces y Semillas

El siguiente alimento que debe comer son nueces y semillas. Las almendras contienen fibra, magnesio y semillas de chía. Tienen una gran cantidad de fibra, calcio, magnesio y manganeso que son esenciales para el cuerpo y le brindan grasas insaturadas saludables. Ahora bien, si bien las nueces son muy ricas en fibra, son buenas para el sistema digestivo. El maní es un alimento muy nutritivo y están llenos de antioxidantes. El coco proporciona al cuerpo el ácido graso que tanto necesita; sin embargo, debes tener cuidado al consumir nueces porque tienen muchas calorías. A la mayoría de la gente le gusta comerlos en exceso. No es bueno comerlos en exceso. Cómelos solo con precaución.

Vegetales

Los siguientes son los vegetales. Hay diferentes gamas de vegetales, pero el preferido es el brócoli. El brócoli es un vegetal que aporta al organismo fibras para una correcta digestión. También proporciona al cuerpo vitamina K y vitamina C. También contienen muchas proteínas. Las zanahorias proporcionan al cuerpo caroteno y son un buen antioxidante que ayuda a limpiar el cuerpo de cualquier toxina. El pepino también es un gran tipo de verdura para consumir porque contiene mucha vitamina K y minerales, y también es bajo en carbohidratos y calorías, y también tiene mucha agua. El contenido de pepino también es fundamental para el organismo.

Los tomates proporcionan al cuerpo vitamina C y potasio, y se incluyen en la clase de vegetales, pero técnicamente son frutas. Hay muchos vegetales que puede consumir, que incluyen lechuga, cebolla, espinaca, pimiento y coliflor. Todos estos vegetales son muy importantes para el organismo.

Ajo

El siguiente es el ajo. El ajo ayuda a estimular el sistema inmunológico y contiene el compuesto de azufre orgánico bioactivo. El ajo proporciona una amplia gama de nutrientes para el cuerpo como la vitamina K y la vitamina C. También es rico en fibra.

Cereales

El siguiente son los cereales. Los cereales son ricos en carbohidratos, pero son muy saludables para el cuerpo, especialmente si los consume con una dieta alta en carbohidratos. Los mejores cereales para consumir son el arroz integral porque proporcionan al cuerpo mucha vitamina b1, magnesio y fibra. El arroz integral es el cereal más popular. La avena contiene mucha fibra llamada mejor pasto y la fibra tiene muchos beneficios. La quinua aporta fibra y magnesio al organismo. Tiene un sabor muy atractivo y es popular entre la comunidad consciente de la salud.

Pan

El siguiente es el pan. La mayor parte del pan blanco disponible localmente está altamente procesado. Es difícil obtener pan saludable no procesado, pero es fácil obtener un pan saludable, y ese pan se llama pan Ezequiel. El pan Ezequiel se ha elaborado a partir de varias legumbres y cereales que brotan orgánicamente. Otro pan saludable que debes consumir es el pan bajo en carbohidratos horneado en casa. Es probable que un pan horneado por personas comunes sea más saludable que el hecho en la fábrica, y es la forma de pan más preferida.

Legumbres

El siguiente son las legumbres. Las legumbres son otro grupo de alimentos que se recomienda por su valor nutricional. Los frijoles son legumbres que proporcionan al cuerpo suficiente fibra, minerales y vitaminas. Es aconsejable cocinar los frijoles rojos correctamente, ya que pueden ser tóxicos cuando los digieres crudos. Las judías verdes son la forma inmadura de las judías comunes. En los países occidentales, les gusta comer judías verdes. Las lentejas son otra forma de legumbre que tiene un alto contenido de fibra y es la mejor fuente de proteína de origen vegetal. Sin embargo, debe tener en cuenta que las legumbres contienen nutrientes que afectan el sistema digestivo y también la absorción de nutrientes. Entonces, por lo tanto, debe remojar las legumbres adecuadamente antes de cocinarlas y cocinarlas muy bien.

Productos Lácteos

El siguiente son los productos lácteos. Los productos lácteos son conocidos popularmente por su alto contenido de calcio y magnesio, que ayuda a los huesos y los dientes. Se ha demostrado que los lácteos enteros ayudan con la obesidad y la diabetes tipo 2. Los productos lácteos que provienen de vacas alimentadas con pasto son más nutritivos que los elaborados en la fábrica y contienen gran cantidad de vitamina k2 y ácido activo. El queso contiene muchos nutrientes, contienen la misma cantidad de nutrientes que una taza llena de leche y son muy atractivos.

La leche entera contiene muchas vitaminas y minerales, y también contiene mucha proteína animal. El yogur contiene cultivos vivos que son beneficiosos para el cuerpo y contienen muchas bacterias beneficiosas. También brindan muchos beneficios para la salud del cuerpo, al igual que la leche. La leche desnatada aporta calcio al organismo, y es fundamental para huesos fuertes, proteínas y vitamina D. La leche desnatada contiene 0 porcentaje de grasas saturadas, por lo que es recomendable tomarla tres veces al día.

Grasas y Aceites

El siguiente es grasa y aceite. Una gran cantidad de grasas y aceites se consideran saludables. La manteca grasa amigable hecha de pasto para vacas es rica en vitamina K2. El aceite de coco es bueno para el cuerpo, especialmente cuando se lucha por perder grasa abdominal. El aceite extra virgen es uno de los aceites vegetales más saludables. Tiene muchos antioxidantes y, por lo tanto, es amigable y tiene grasas mono saturadas que son saludables para el corazón. Es bueno consumir grasas y aceites, pero debes tener en cuenta la forma en que los consume porque si las consumes demasiado, estarás poniendo a tu cuerpo en riesgo de hipertensión arterial, problemas cardíacos y diabetes.

Tubérculos

El siguiente son los tubérculos de tallo. Ahora los tubérculos vienen en dos categorías. La primera categoría son los tubérculos de raíz y la segunda categoría son los tubérculos de tallo. Un buen ejemplo de tubérculo de tallo son las patatas. Las papas están llenas de vitamina C y ayudan a mantenerte lleno durante el día y a reducir tus antojos. Reducen los riesgos de tomar un dulce de chocolate o una taza de helado, y proporcionan al cuerpo muchos nutrientes y antioxidantes saludables, que ayudan a eliminar las toxinas del cuerpo.

Vinagre de Sidra de Manzana

El siguiente es el vinagre de sidra de manzana. El vinagre de sidra de manzana proporciona muchos beneficios para la salud del cuerpo. Ayuda a reducir el nivel de azúcar en la sangre del cuerpo y ayuda a perder peso. El vinagre de sidra de manzana es una de las fuentes recomendadas más saludables para perder peso. Ayuda a rejuvenecer la lubricación. Si tiene problemas en las articulaciones, puede ayudar a fabricar el líquido sinovial para lubricar las articulaciones. Puedes usar el vinagre al preparar comidas y aliñar ensaladas.

Mariscos

El siguiente es el marisco. Los mariscos incluyen alimentos como el pescado y la familia de no-pescado. La mayoría de los mariscos incluyen pescados y familias de no-pescados que son comestibles. La mayoría de los alimentos son ricos en ácidos grasos omega-3, por lo que consumirlos ayudará a alargar tu vida. También reducen el riesgo de enfermedades como la demencia y la depresión. También ayudan a mejorar la memoria cerebral y la función cognitiva. La mayoría de los mariscos tienen una composición nutricional similar; un gran ejemplo de mariscos para comer es el camarón atún, las sardinas, el salmón.

Frijoles

El siguiente alimento son los frijoles. Los frijoles son ricos en proteínas de origen vegetal y fibra. También contienen muchas vitaminas, minerales, zinc, hierro y vitamina b. Los frijoles se ofrecen en diferentes formas como pasta, sopa de ensalada, chile, y también puede convertirlos en productos horneados. Los frijoles tienen fotoquímicos que combaten enfermedades que son responsables de proteger a las células de los daños relacionados con el cáncer de colon.

Chocolate Oscuro

El siguiente es chocolate oscuro. El chocolate amargo no solo es popular por su agradable sabor, sino también por sus valores nutricionales. El chocolate amargo se elabora a partir de cacao y el cacao es rico en antioxidantes. El consumo de cuatro porciones de chocolate amargo al menos cuatro veces a la semana ayudará a mejorar sus vasos sanguíneos y reducir los casos de presión arterial. El chocolate negro mantiene un proceso corporal estable.

Bayas

El siguiente son las bayas. Las bayas incluyen fresas, frambuesas, arándanos y bayas saludables. Las bayas son ricas en vitamina C y fibra, y son esenciales para tener un sistema digestivo suave. También funcionan como alimento para el cerebro. Si toma bayas todos los días, mejorará su capacidad intelectual. Ahora no se puede enfatizar lo suficiente la cuestión de consumir el tipo correcto de alimentos, especialmente si desea mantener un cuerpo sano. Ahora bien, al consumir alimentos, debes tener en cuenta que estos deben contener todas las clases de alimentos que son vitaminas, proteínas y carbohidratos.

CAPÍTULO 18:

Trucos para Quemar Grasa

Formas Naturales de Quemar Grasa

No tienes que invertir miles de dólares en el mejor calentador de grasa del mercado para derretir el exceso de grasa porque naturalmente puedes quemar grasas. Recuerda, esto debe hacerse con el ejercicio adecuado junto con una dieta saludable y equilibrada si deseas descubrir cómo los hombres pueden quemar rápidamente la grasa del abdomen. Ten en cuenta que, si te basas únicamente en una dieta equilibrada o en el ejercicio diario, es probable que no tengas el potencial para hacerlo. Una cosa adicional que debes tener en cuenta es que es posible que no puedas perder las grasas rebeldes del vientre si deseas concentrarte en un solo área en particular. Aquí hay algunas estrategias sobre cómo puedes hacerlo:

- Reducir la ingesta calórica

Reduce las dimensiones de tus comidas en porciones. Es importante que consumas menos calorías de manera justa y no tanto como desees. La sugerencia es consumir menos calorías de las que eliminarías. Cuanto menor sea la cantidad de calorías que ingiera, mejor. El truco seguramente será reemplazar las comidas pesadas con verduras y frutas.

Otro paso importante que el hombre debe dar es el conteo de calorías. Debes averiguar cuánta comida debes consumir y cuánto trabajo tienes que hacer. Algunas personas cuentan las calorías, pero no cuentan las dos o tres bebidas que toman por la noche, lo cual es muy malo. Es importante tener en cuenta todo lo que va directo a tu boca.

- Come alimentos ricos en fibras

Como sabes, la fibra es extremadamente útil en tu cuerpo para eliminar contaminantes, grasas en exceso y otras partes no deseadas. Puedes consumir muchas verduras y frutas todos los días, y también puedes consumir mucha agua en el alcohol. Y si puede, adéntrese en el hábito de beber té verde. El té verde contiene antioxidantes y otros compuestos que ayudan naturalmente a quemar grasas.

- Dieta Saludable

Comprender rápidamente para los hombres cómo perder grasa abdominal incluirá un programa de dieta segura y equilibrada. Tenga en cuenta que comer comida rápida, demasiado café y té, refrescos y sobrellevar la presión de la escuela o el trabajo solo se sumará a tu aumento de peso.

Lo que tienes que encontrar es la comida que te ayudará a quemar grasas. Asegúrate de averiguar cómo integrar alimentos saludables en tu dieta y también, por nombrar algunos, esto debe incluir alimentos como verduras e incluso frutas, carnes magras, granos integrales y frijoles.

- Limitar la descarga de insulina

La insulina es un compuesto de almacenamiento, que puede reducirse suprimiendo las inmersiones no deseadas de glucosa en sangre. Esto solo se logra comiendo con más frecuencia. Lo que haces es principalmente alimentar tu cuerpo de manera mucho más equitativa a lo largo del día, y es por eso que tus niveles de azúcar serán más estables. Los bocadillos son esenciales y vitales, ya que le ayudarán a reducir la aparición de insulina en la sangre. Para mejorar, debe beber más agua, si es posible, con limón (o algunos otros jugos cítricos) en ella.

- Intensifica tu actividad física

Se recomienda tener un régimen de ejercicio semanal de tres a cinco veces para perder peso. El ejercicio debe ser de intensidad moderada para lograr cambios físicos en tu cuerpo, si optas por una actividad aeróbica que sea más vigorosa, mejor. Ahí es donde radica el problema cuando no tienes tiempo para ir a una clase de aeróbicos o participar en un gimnasio. Para solucionar esto, solo tienes que convertir tus actividades diarias en actividades más activas. Por ejemplo, reemplaza tu pasatiempo de subir en ascensor por subir las escaleras, caminar a la oficina en lugar de conducir en automóvil. Puede haber tantos en su programa de entrenamiento, por lo que solo necesita ser imaginativo.

Hacer ejercicio con regularidad es una parte esencial del proceso de pérdida de peso. El levantamiento de pesas es algo maravilloso que se incluye en la pérdida de peso de los hombres. Cuando entrenes tu masa muscular, a su vez, quemarás más calorías. Seguirás consumiendo calorías mientras duermes. Significa que reducirás el peso más rápido.

- Sé optimista y vive una vida libre de presión

Los problemas a menudo se sumarán a tu abrumador peso. Si te deprime, querrás comer más. Entonces, rodéate de personas positivas en un ambiente seguro para evitar caer en esta situación.

Quemar Grasa

Solo los hombres pueden conseguir calentadores de grasa. Estas fórmulas únicas para hombres aumentan los niveles de testosterona, impulsando así el proceso de pérdida de grasa. Se crearon específicamente para incluir muchos ingredientes activos diferentes que son seguros para los hombres que prefieren mejorar las iniciativas de reducción de peso, reducción de grasa y desarrollo muscular.

Los altos niveles de cafeína son un componente típico de los quemagrasas a base de testosterona

La L-glutamina ayuda a los músculos a sanar después de que termina el entrenamiento de un hombre. Tener en cuenta que la reducción de peso es una mezcla de dieta, ejercicio y el uso de quemagrasas de L-glutamina en este suplemento mejora su uso porque también ayuda al sistema inmunológico.

Finalmente, la canela se incluye en este suplemento quemagrasas porque mejora la tasa metabólica y disminuye el riesgo de problemas diabéticos.

En un suplemento nutricional para hombres, un refuerzo de testosterona es siempre una excelente manera de desarrollar y derretir la masa muscular grasa también. La L-arginina es otro elemento proteico saludable que expande el capilar, permitiendo que más oxígeno y nutrientes ingresen al torrente sanguíneo, lo que inevitablemente estimula los tejidos musculares de una persona.

Para los hombres. Puede elegir entre varios quemadores de grasa, por ejemplo, los mencionados anteriormente o cualquier tipo de combinación.

¿Qué pasa con el tipo de ingredientes?

Si no es así, no se arriesgue. Ten en cuenta cualquier efecto adverso relacionado con los ingredientes y toma solo la dosis recomendada.

Cada uno de estos productos tiene diferentes principios activos y fórmulas. Sin embargo, algunos son mejores para los hombres, ya que se enfocan no solo en la degradación y la quema de grasa, sino también en el culturismo. Hay muchas tiendas de alimentos orgánicos e incluso sitios web para su estudio, que ofrecen específicamente una selección de quemadores de grasa creados por hombres.

La alternativa del quemador de grasa no tiene por qué ser difícil de descubrir, dependiendo de los criterios de pérdida de peso que le gusten y del estado de salud actual. Pero asegúrate de incluir el ejercicio en tu estrategia de reducción de peso.

La verdad es que los hombres se benefician maravillosamente de programas como el Incinerador de Grasa. Eso es porque comienzan a apreciarlo tan pronto como comienzan. La tasa metabólica en sus cuerpos se ha vuelto mucho más enérgica antes de que lo entiendan, y el peso simplemente comienza a descongelarlos permanentemente.

Lo que está sucediendo es que cuando las personas continúan con los regímenes veinte minutos al día y tres días a la semana, no se dan cuenta de que han comenzado a desarrollar tejido muscular mucho más magro. Y mientras esto sucede, el sistema de calentamiento se alimenta, lo que simplemente hace que la grasa se derrita.

Puede prepararse para eliminar una gran cantidad de grasa corporal y obtener mucha masa muscular magra.

No son los músculos grandes que los hombres a menudo asocian con musculosos y culturistas.

Si bien puede ser útil para ti si tienes una membresía en un gimnasio donde puedes usar algún equipo profesional para ayudarte en tu travesía, no es un requisito obligatorio, pero te dará los resultados que deseas. Una de las muchas cosas que te ayudarán en tu camino hacia la meta es una colección de mancuernas, y vale la pena la pequeña inversión si aún no tienes algunas.

Al igual que con cualquier rutina que implique tareas físicas, debes asegurarte de estar en buena forma física para realizar los procedimientos necesarios. Si tienes una discapacidad física que te prohibiría hacer ejercicio, o si tienes condiciones médicas que requieren una política dietética, como diabetes mellitus, es posible que desees obtener el permiso de tu médico antes de comenzar.

Si deseas saber cómo perder grasa abdominal fácilmente, ten en cuenta que esto se puede lograr con ejercicio regular junto con una dieta equilibrada.

CAPÍTULO 19:

Otro Elemento Básico para Triunfar con la Pérdida de peso

Comer Saludable

¿Sería recomendable que comenzaras una mejor rutina de alimentación o crearas propensiones a dietas inteligentes para ponerte en forma? Para algunas personas, lo principal que consideran con respecto a la reducción de peso es que deberían comenzar a comer mejor. En realidad, para beneficios extendidos, la preferencia a comer de manera nutritiva es una alternativa enormemente mejorada por algunas razones.

El simple aviso de "comenzar una mejor rutina de alimentación" infiere que luego te saldrás de esa dieta. Eso en ese momento te revela que comer menos carbohidratos es una forma momentánea de lidiar con un problema de estilo de vida. Claro, las dietas de moda pueden funcionar por el momento, pero a largo plazo, en su mayor parte, no brindan ninguna ventaja genuina. Las personas necesitan perder peso y no recuperarlo. Si aprendes las mejores estrategias posibles para controlar el peso y mantienes las preferencias a las dietas inteligentes, es mucho más probable que alcances y mantengas tu peso ideal. Dar alimentos excepcionalmente nutritivos en las mejores cantidades posibles es el enfoque ideal para alimentar tu cuerpo y controlar tu peso.

Muchas "la moda imperante come menos" aumentan la fama momentánea por la sencilla explicación de que dan en el momento presente, una rápida reducción de peso, estos regímenes alimenticios se basan frecuentemente en sacar algunos alimentos nutritivos y suplantarlos con batidos, bebidas con cafeína u otros elixires encantadores, pastillas de dieta, mezclas con alto contenido de fibra o costosas cenas preparadas. Algunas veces, definitivamente disminuir tus calorías es parte de estos planes de control de peso. Es imperativo recordar que tu cuerpo se alimenta de los alimentos que consumes. Para trabajar a un nivel elevado, ser sólido y entusiasta, es indispensable suministrar a tu cuerpo alimentos excepcionalmente nutritivos. Expulsar rápidamente los alimentos nutritivos de tu régimen alimenticio para ponerte más en forma no puede ser una elección perspicaz. A veces, la reducción de peso rápida puede causar más daño que cualquier otra cosa.

Mucha gente comprende que la digestión de tu cuerpo es imprescindible para controlar el peso. Piensa en tu digestión como tu grado de uso de vitalidad. Utilizar menos energía puede provocar un aumento de peso, ya que la proporción de músculo a grasa es una vitalidad en abundancia que se almacena en las células grasas. Al bajar de peso demasiado rápido, tu cuerpo puede dificultar la digestión. Esto, por lo tanto, puede hacer que duermas más después de una pérdida rápida de peso en una rutina de alimentación. Conocido como el impacto del yo-yo, esta es una de las principales fuentes de decepción para las personas que esperan adelgazar y no recuperar el peso. Al unir patrones dietéticos adecuados y ejercicio razonable, puedes mantener con éxito tu digestión funcionando a tu nivel legítimo, lo que ayudará a controlar tu peso. La actividad que fortalece los músculos, que expande directamente tu digestión, es significativa, al igual que el ejercicio cardio-aeróbico normal.

Se deben recordar un par de enfoques clave sobre la alimentación adecuada. Comer unas pocas comidas y snacks poco estimadas durante el día es una metodología superior que las comidas más grandes y menos continuas. Trata de no saltarte el desayuno - realmente es la comida más importante del día. Comer normalmente mantiene tu digestión. Seleccionar alimentos crujientes y artículos genuinos, incluidas las fuentes de alimentos naturales, son decisiones nutricionales mucho mejores que los alimentos manipulados, que contienen sustancias y sodio.

Numerosas personas creen que comer de manera nutritiva es difícil de lograr. La metodología que se debe seguir es crear buenas propensiones a la dieta para ponerse en forma, mantener un peso legítimo y aumentar tu bienestar. Las preferencias, tanto grandes como terribles, son difíciles de romper. Cuando establezcas buenos patrones dietéticos, esas propensiones serán generalmente fáciles de mantener durante la temporada básica; tus técnicas de alimentación son solo eso - una preferencia. Una parte de la construcción de un proyecto de alimentación decente es descubrir cómo buscar los alimentos básicos para tomar las decisiones nutricionales correctas. La mayoría de las visitas al mercado te llevan a caminos similares y a elegir alimentos similares. Al acostumbrarte a comprar continuamente una selección de alimentos sanos y nutritivos, garantizarás que tengas estas cosas en tu hogar.

Otra mala interpretación sobre la alimentación adecuada es que los alimentos nutritivos son agotadores, insípidos y no deliciosos. Nada puede estar más lejos de la realidad. La disposición legítima de los alimentos, las técnicas de cocina, los planes nutritivos y la buena sustitución de los alimentos pueden dar lugar a platos increíblemente sólidos y deliciosos.

Con la mejor disposición posible hacia tus propensiones saludables, muy bien puede ser un enfoque placentero, sólido y delicioso para el control de peso legítimo. El temido enfoque de "comenzar una mejor rutina de alimentación" puede mantenerse alejado mientras creas diseños de dietas inteligentes en tu enfoque para lograr un gran bienestar y una reducción de peso legítima.

En el caso de que realmente registres lo que estás comiendo regularmente, es de suponer que te quedarás boquiabierta con una aprensión nauseabunda. Nunca pensamos en incluir el pequeño trozo de caramelo del tamaño de una porción aquí y los dos dulces para observar realmente el efecto significativo que está teniendo en nuestros planes de control de peso. El enfoque ideal para lograr un estilo de vida sólido, en la medida en que vayan nuestros planes de control de peso, es comer más productos agrícolas. Todos lo sabemos, entonces, ¿por qué nos dirigimos al pasillo de las papas fritas en el supermercado en lugar del segmento de productos agrícolas?

Básicamente se reduce a esto. Los alimentos de baja calidad desencadenan nuestro antojo y nos dejan con ganas de más. ¿Alguna vez se ha preguntado por qué comer una pequeña cantidad de Cheez-it hace que te comas una gran parte del paquete? Un sabor hace que tu cuerpo necesite seguir comiendo. Actualmente, en el caso de que puedas condicionarte para hacer eso con uvas, podríamos lograr esa forma de vida sólida. Sin embargo, puede ser difícil, no factible. Aquí hay cinco formas diferentes de condicionarse para decidirse por decisiones más beneficiosas sobre lo que come.

Fuera de la Vista, Fuera de la Mente

Si no tienes un buen alimento en tu cocina, no lo comerás. Realmente es así de sencillo. Soy el tipo de persona que necesita algo de comer mientras veo mi película diaria y, en general, adquiriré las peores cosas. Las principales ocasiones en las que no lo hago es cuando no puedo. Haz tus compras de alimentos directamente después de haber comido una comida enorme, de modo que no estés ansiosa por alimentos malos, sino fuentes de alimentos excelentes. Sal de la tienda sin alimentos de baja calidad y con muchos productos frescos. Tu monedero y tu barriga te lo agradecerán a largo plazo.

Agrega Frutas y Vegetales a Tus Platos

Algunas veces, es difícil tomar un par de fresas sin bañarlas en chocolate; deseas algo malo para tu salud. Ese es el alimento detonante que te grita; sin embargo, no es necesario que respondas. Corta las fresas y llévalas a un recipiente con avena. Agregue un par de arándanos y pasas. Simplemente asegúrate de utilizar leche descremada y mantén el azúcar en el gabinete. Los productos orgánicos tienen suficiente dulzor sin necesidad de agregar algo más. Considéralo golosinas características.

¿Cuándo fue la última vez que estabas emocionada de comer palitos de zanahoria y apio sin salsa para aderezarlos? Probablemente nunca, pero eso no significa que nunca lo harás. Agrégalos a una pequeña porción de verduras mixtas cuando necesites un poco. No, no puedes sofocarlo todo con un grasiento aderezo de queso cheddar azul. Eso es algo similar a zambullirlos en salsa, ¿no es así? Un poco de aderezo de vinagreta es lo que tu psique debería considerar.

Haz un Compromiso

Si estás siguiendo la Dieta Estadounidense, tu inventario actualmente suspira por alimentos con alto contenido de sal y azúcar. Parar nunca es fructífero cuando se hace de inmediato. Las personas piensan que tienen que dejar todas las cosas malas al mismo tiempo, y luego, tres días después del hecho, se desgastan y vuelven a patrones de comportamiento negativos. Ser sano no significa que debe renunciar a las comidas que le gustan.

En la remota posibilidad de que necesites pizza, come un poco con un plato de productos naturales con una porción de verduras mixtas en lugar de papas fritas. En caso de que necesites Cheeze-Its, come un poco con un poco de uvas en lugar de una gran porción de la caja de cheez-It. Se consciente de eso y mejora gradualmente tus patrones dietéticos.

Cárgate de Líquidos

Comúnmente, confundimos el esfuerzo con la sed. Crees que tienes hambre hasta que bebes un vaso de agua decente y revitalizante. En ese momento, tu estómago se siente algo más lleno y no ha incluido más calorías al organismo. Si alguna vez bebes líquidos con regularidad, es probable que no lo hagas en ningún caso, pensando que estás ansiosa.

Entonces, a la luz de eso, siempre que temas pedir un exceso de fetuccini Alfredo en tu restaurante italiano preferido, bebe un vaso de agua antes de solicitarlo. Es posible que desees dejar de escoger eso por un agradable plato fresco de verduras mixtas con camarones o pollo.

Tomar un Suplemento

De vez en cuando, nos ponemos en marcha con nuestras vidas y podemos tener las mejores expectativas para comer de manera saludable; sin embargo, generalmente no podemos encontrar alimentos adecuados para comer. Sorprendentemente, la mayoría de las máquinas de dulces no ofrecen palitos de zanahoria y apio. Una forma de evitar esto es tomar un suplemento diario que les brinde a todos el sustento que obtendrían si comieran montones de productos agrícolas. Esto no significa que debas tomarlos y seguir comiendo barritas dulces durante el día, como habrás adivinado. La basura sigue siendo basura.

Puede que no estés acostumbrada a comer alimentos cultivados en el suelo; sin embargo, como cualquier otra cosa, es necesario acostumbrarse. Utiliza los consejos anteriores para facilitar el progreso, pero no adoptes una mentalidad similar a la de un tramposo. Los tramposos nunca tienen éxito, y en el caso de que fuera simple, todo el mundo se paseaba en muy buena forma. Continuar con una forma de existencia completa implica apostar por decisiones adecuadas. Cuanto más puedas hacerlo, más beneficios obtendrás.

CAPÍTULO 20:

Cómo Funciona la Hipnoterapia de Banda Gástrica

Muchos tipos diferentes de hipnosis benefician al cuerpo humano de diferentes maneras. Algunos de estos métodos incluyen la hipnosis para bajar de peso y una vida sana, que son diferentes tipos de hipnosis para bajar de peso. La hipnoterapia con banda gástrica es una de ellas y popularmente conocida como un tipo de estado hipnótico que es sugerido a su subconsciente, que implica colocar una banda gástrica alrededor de su estómago. Esto a cambio le ayuda a perder peso, junto a la hipnosis general para las sesiones de pérdida de peso.

Este tipo de hipnoterapia se considera a menudo como el último tipo de hipnoterapia que la gente intenta si desea alcanzar sus objetivos. La práctica implica una cirugía conocida como cirugía de banda gástrica. Durante la cirugía, se coloca una banda gástrica alrededor de la parte superior de su estómago, con el propósito de limitar la cantidad total de alimentos que consume diariamente. Este es un tipo más extremo de hipnoterapia para bajar de peso, que ha demostrado ayudar a las personas a perder peso. Dado que es quirúrgico, no puede realizar este método usted mismo. También incluye riesgos potenciales, por lo que debe ser tratado con respeto y solo realizado por un médico certificado.

Sin embargo, puede implementar usted mismo la hipnoterapia con banda gástrica. Es una técnica más comúnmente utilizada por los hipnoterapeutas con el propósito de engañar al subconsciente haciéndole creer que se ha colocado una banda gástrica cuando en realidad no es así. Dado que la hipnoterapia se centra en silenciar su mente consciente e implementar pensamientos y creencias en su mente subconsciente, como un tipo de hipnoterapia, es bastante eficaz. Dado que la hipnoterapia nos ofrece muchos beneficios, además de permitirnos imaginarnos y aceptar lo que somos capaces de hacer, actúa como la solución perfecta para alcanzar algunos de los objetivos que pueden parecer fuera de su alcance.

La hipnoterapia con banda gástrica implica el proceso de creer que ha experimentado la cirugía física en sí, lo que finalmente le hace creer que el tamaño de su estómago también se ha reducido.

La banda gástrica utilizada en la cirugía de ajuste de banda gástrica es una estructura de silicona ajustable, que se utiliza como dispositivo para perder peso. Esta banda gástrica se usa durante la cirugía y se coloca estratégicamente alrededor de la parte superior de su estómago, dejando un pequeño espacio sobre el dispositivo. El espacio que queda abierto por encima de la banda gástrica restringe la cantidad total de alimento que se almacena dentro del estómago. Esto se hace para implementar un control adecuado de las porciones diarias y evitar comer en exceso. La banda gástrica ajustada físicamente dificulta que uno consuma grandes cantidades de alimentos, lo que puede crear el hábito de implementar un control adecuado de las porciones diarias. Esto esencialmente hará que se sienta más lleno después de comer menos, lo que a cambio fomenta la pérdida de peso.

La mayoría de las personas optan por someterse a la cirugía después de haber probado otros métodos para perder peso, incluidas dietas yoyó, suplementos dietéticos o medicamentos de venta libre, todo con la esperanza de perder peso. La cirugía de banda gástrica actúa como un último recurso para aquellos que desean desesperadamente perder peso y han estado luchando durante mucho tiempo.

La hipnoterapia de banda gástrica es un método muy útil, ya que puede permitirle obtener un resultado similar al de la propia cirugía de ajuste de banda gástrica. Esto se debe a que está visualizando literalmente cómo se realiza el mismo procedimiento y cómo se beneficia de él.

Durante la hipnosis de banda gástrica, se visualiza a sí mismo perdiendo peso inconscientemente, lo que se traduce en su realidad consciente.

Los hipnoterapeutas que se especializan en hipnoterapia de banda gástrica se centran en encontrar la raíz de lo que impide que sus clientes pierdan peso. La mayoría de las veces, descubren que la alimentación emocional es una de las principales causas que contribuyen a que las personas mantengan su peso. También hacen hincapié en abordar las experiencias que permanecen en su mente subconsciente pero que aún no se han abordado. Estas experiencias a menudo hacen que las personas se tornen hacia una alimentación emocional e inconsciente, que luego se convierte en un patrón que parece imposible de eliminar.

Dado que el estrés se agrega a nuestras vidas todos los días, y la gente no se detiene y se toma el tiempo para procesar los sentimientos o tal vez ni siquiera pensar en ello, la mayoría recurre a la comida en busca de consuelo. Esto también influye en la alimentación emocional, que tiene efectos extremadamente negativos en el cuerpo a largo plazo, ya que también contribuye a una de las principales causas de obesidad.

Dado que la obesidad es una enfermedad increíblemente grave y que cada día se diagnostica a más personas con la enfermedad, es algo que debe abordarse. Si la hipnoterapia de banda gástrica puede prevenirlo o reestructurar nuestros patrones de pensamiento para no actuar sobre nuestras emociones, sino invitarlas y procesarlas, entonces es una solución que todas las personas que necesitan perder peso deberían probar.

Una vez que un hipnoterapeuta reconoce el motivo por el cual está luchando para implementar un control adecuado de las porciones, lo abordará con el tratamiento de banda gástrica virtual a un nivel subconsciente. Durante esta sesión de visualización, habrá imaginado que se ha sometido a la operación y que le han colocado la banda gástrica alrededor de la parte superior del estómago. Esto le llevará a pensar que se sentirá más lleno más rápido, lo que le servirá como una opción más segura a diferencia de la cirugía.

Cómo Funciona la Hipnoterapia de Banda Gástrica

La hipnoterapia para bajar de peso, especialmente para el control de las porciones, es excelente porque le permite concentrarse en crear una versión más saludable de sí mismo de manera segura.

Cuando a las personas se les recomienda la cirugía con banda gástrica, es generalmente porque las dietas, los suplementos para bajar de peso y las rutinas de ejercicios no parecen funcionar para ellos, es posible que se muestren escépticos sobre la realización de la cirugía.

Nadie quiere someterse a una cirugía innecesaria y usted tampoco debería tener que hacerlo. El hecho de que tenga dificultades para seguir una dieta, rutina de ejercicios o falta de motivación, no significa que un procedimiento extremo como la cirugía sea la única opción. De hecho, pensar que es la única opción que te queda, es una locura.

Algunos hipnoterapeutas sugieren que las dietas no funcionan en absoluto. Bueno, si está motivado y le resulta fácil seguir un plan de dieta y una rutina de ejercicios, entonces debería estar bien. Sin embargo, si sufre de obesidad o sobrepeso y no tiene el impulso y la motivación necesarios, es probable que falle. Cuando las personas encuentran el coraje y la determinación para reconocer que necesitan perder peso o realmente se esfuerzan por hacerlo, pero fallan continuamente, es cuando tienden a darse por vencidos.

La hipnoterapia de banda gástrica utiliza técnicas de relajación, que están diseñadas para modificar su forma de pensar sobre el peso que necesita perder, le proporciona una base sobre la que pararse y alcanzar sus objetivos, y también le recuerda constantemente por qué de hecho está haciendo lo que está haciendo. Es necesario desarrollar su forma de pensar más allá de dónde se encuentra en este momento actual y evolucionar mucho más allá de sus expectativas.

Las dietas también se centran más en cambios temporales de estilo de vida que en cambios permanentes y sostenibles, por lo que no se considera realista en absoluto. A menos que cambie de opinión, siempre permanecerá en una rutina que implica primero perder y luego posiblemente volver a subir de peso repetidamente. Algunos incluso pueden tirar la toalla por completo.

Dado que su mente es increíblemente poderosa, esta le permitirá aceptar cualquier idea o sugerencia hecha durante su sesión de hipnosis de banda gástrica. Esto puede resultar en un cambio permanente de su comportamiento, ya que las ideas practicadas durante la sesión se traducirán en la realidad de su mente consciente. Al educarse sobre hábitos saludables, nutrición adecuada y ejercicio, también tiene más posibilidades de alcanzar sus objetivos de pérdida de peso de manera sostenible.

El procedimiento de ajuste de la banda gástrica requerirá una consulta con su hipnoterapeuta donde discutirá qué es lo que le gustaría obtener de la hipnoterapia. Después de establecer su estado de salud actual, hábitos positivos y negativos, estilo de vida, luchas diarias y metas, recomendarán la duración de la hipnoterapia que necesitará para ver resultados. Durante este tiempo, debe informar a su hipnoterapeuta sobre su dieta y su historial de actividad física. Es probable que le hagan preguntas sobre su estilo de vida actual y si lo cambió a lo largo de los años. Si ha tenido un estilo de vida saludable antes, entonces ellos intentarán encontrar y abordar las razones por las que se abandonó a sí mismo y a su salud. Si siempre ha vivido su estilo de vida actual poco saludable y desequilibrado, lo examinarán a través de los años con la esperanza de descubrir las razones detrás de él. Durante su sesión inicial, se abordarán sus intentos de pérdida de peso, hábitos alimenticios y cualquier problema de salud que pueda experimentar. También se explorará su actitud hacia la comida, así como su relación con ella, con las personas y con su entorno.

Ahora su terapeuta tendrá una mejor idea del tipo de tratamiento que necesita. El procedimiento está diseñado para que experimente la cirugía de banda gástrica inconscientemente, como si realmente hubiera tenido lugar. Se le hablará en un estado profundo y relajado, exactamente igual que en la hipnosis estándar. Durante esta sesión, estarás al tanto de todo lo que sucede a tu alrededor. Las sugerencias para ayudar a aumentar su autoestima y confianza a menudo también se incorporan en la sesión, lo que también puede ayudarlo en lo que le gustaría lograr conscientemente.

Se le guiará paso a paso a través del procedimiento. Su hipnoterapeuta también puede hacer ruidos de teatro para convencer aún más a su subconsciente. Después de su sesión, su hipnoterapeuta puede brindarle guías y técnicas de auto hipnosis para ayudarlo a practicar una sesión similar para que los resultados sean más efectivos. A veces, la hipnoterapia de banda gástrica solo requiere unas pocas sesiones, dependiendo de cuáles sean sus necesidades.

La hipnosis con banda gástrica no solo implica tener que ir a sesiones físicas de hipnoterapia, sino que también requiere que implemente algún tipo de programa de control de peso que aborde específicamente sus hábitos de nutrición, adicción y ejercicio. Aborda los hábitos entre su cuerpo y mente y le ayuda a implementar nuevos hábitos constructivos.

Después de la hipnosis de banda gástrica, puede esperar sentir que tiene una relación mucho más saludable con la comida, así como un enfoque más consciente en todo lo que hace. Durante el proceso de visualización de la cirugía de ajuste de banda gástrica, llegará a creer que su estómago se ha encogido, lo que engañará a su cerebro para que piense que necesita menos comida. Esto también le hará pensar que no necesita mucha comida, lo que le ayudará a familiarizarse más con el consumo de porciones más saludables.

La hipnoterapia de banda gástrica tiene éxito ya que te hace pensar que estás lleno después de comer la cantidad diaria recomendada de alimentos para tu cuerpo. También se considera mucho más saludable que comer en exceso o en atracones. Aprenderás a reconocer la sensación de hambre versus estar lleno, lo que te ayudará a articularte entre los dos y a cultivar hábitos alimenticios más saludables.

CAPÍTULO 21:

Hipnoterapia para Diferentes Tipos de Banda Gástrica

Todas las personas que adoptan una dieta convencional están perdiendo peso cuando están a dieta. Pero cuando la comida termina, el valor vuelve inevitablemente, ¡a veces haciéndolas más gruesas que antes del menú! El 95% de las personas que comen se proyectan en este período. Observa este proceso. La mayoría de las dietas contienen algún tipo de deficiencia y rechazo; Consiste en calorías o sistema de puntuación, pero ambos se utilizan principalmente para programar la mente para preocuparse por la comida. Entonces, cuando un humano abandona una dieta, ¡habla más de comida que nunca! ¡Mucho antes de eso! Y al evitar la comida casera, al consumir dietas específicas, ocurren tres cosas: el cerebro lucha contra ella, el cuerpo lucha contra ella y la atmósfera lucha contra ella todos los días. Cuánto no escuchas a aquellos que dicen: Todos los lunes: "¿Eso es todo? ¡Eso es todo! Dejaré de comer. Dejaré de comer en cuanto coma el Snack. Y luego sólo comeré ensalada". ¡Por supuesto, el bueno! Perderá rápidamente, y ha vuelto a la primera temporada y el dolor ha terminado. ¡Empezar de nuevo! Debido a que la mayoría de los alimentos están profundamente arraigados en el inconsciente, cada vez que un conjunto específico de resultados es el mismo, hay condiciones que prevalecen. La abnegación consciente a menudo puede estimular la demanda de algo un poco menos de lo que solíamos comer. Todo lo que queremos puede llevarnos a perder peso.

Reducir los alimentos favoritos es una mala idea, pero para ellos, la comida es práctica y segura. Todo el mundo está de acuerdo en que menos calorías y más ejercicio conducirán a una mejor forma corporal, una mayor aptitud física y salud en general. Es de lo que estamos hablando. El programa utiliza una banda gástrica virtual y una técnica mental diferente para el entrenamiento que ciertamente NO es una dieta.

Permite a los consumidores establecer patrones saludables que pueden mantener, privación. Por lo tanto, los consumidores no pueden aprender que comen deliberadamente y pueden escuchar lo que usan todo el tiempo. Le están diciendo a sus estómagos. El efecto es una pérdida de peso gradual y suave, sin comer.

Tu estómago se redujo hipnóticamente al tamaño de una pelota de tenis. Debes obedecer las pautas adjuntas para regular tu peso que pueden ayudar con el efecto psicológico de su banda gástrica. Tu compromiso con la dieta también respalda la falta de peso. Toma una decisión para asumir la responsabilidad y obedecer estas pautas, y el logro será tuyo. "Cualquier transformación lo suficientemente grave como para cambiar tu autodefinición no solo la implica - cambios menores en la vida y la percepción, sino una metamorfosis final.

1. COMPRAR TODO Nuevo - uno de los métodos terapéuticos más potentes que utilizo es la regla del Enfoque centrado. Enfoque centrado. Dice que hay algo en la vida sobre lo que quieres hacer, así que lo tienes - y lo eres. De hecho, es muy probable que lo tengas. Por lo tanto, obtén la oportunidad más rápida de comprar un artículo de ropa. Mide lo que te gusta ser. Debe ser nuevo y no algo que ya tengas que no encaje con tu experiencia. Eso no será todo tan costoso. Sostenlo en tu armario, FUERA, en una posición donde lo obtengas. Lo verá a veces.

2. Escucha el disco - el CD utiliza varias estrategias modernas de control mental y es algo esencial en nuestra cooperación. Es interesante de escuchar. Durante los próximos 28 días, como mínimo una vez al día (más si puedes y debes). El CD produce Mecanismos neuronales frescos en tu cerebro que rodean tus variaciones y comportamientos como combustible. También mejorará las sesiones en vivo a las que asistas. Si

escuchas el CD con un estéreo, aumenta diez veces el efecto Auriculares, desde un iPod o un reproductor portátil de CDs. Debes sentarte en una silla cómoda o acostarte boca arriba. O siéntate boca arriba.

3. Come despacio - descubre cada bocado de comida, simplemente reduce la velocidad de tu ingesta; rigurosamente (15-20 veces una cucharada aproximadamente). Coloque el cuchillo hacia abajo. Vuelve a colocar el sándwich aquí entre bocados. No te sientes frente al televisor ni leas porque no eres consciente de lo que comes, de lo que ingieres. Vuelve y concéntrate únicamente en la comida que tiene ante ti.

4. Evite la alimentación TAN PRONTO como estés bien

5. Solo tres comidas pequeñas al día después, elige la proteína, ya que se requieren 50-70 gramos de proteína todos los días.

El tamaño de las porciones puede reducirse drásticamente. Invertir en piezas tan pequeñas podría valer la pena Tablas y tazas. Platos y tazas.

6. Compra y toma MULTIVITAMÍNICOS para asegurarte de que consigues tomar todos los suplementos que necesitas.

7. Bebe bebidas bajas en calorías

8. Entrena

También es fundamental que participes en el rol de la unidad gástrica virtual. Treinta minutos diarios de entrenamiento; puede ser tan fácil como dar un paseo.

Como tú comes menos que el propósito de tu cuerpo, debes compensar la diferencia con la quema de grasa. Si no haces ejercicio todos los días, tu cuerpo puede metabolizar el músculo fatigado y perderás energía y masa muscular. El ejercicio debe hacerle saber al cuerpo que desea usar las fortalezas y presionarlo en lugar de consumir la grasa. ¡Corre, salta y camina en casa! Controla de cerca tus niveles de azúcar en sangre si tienes diabetes. Es posible que debas cambiar la insulina u otros medicamentos para la diabetes. Abordar el Hambre Mental significa un estado en el que sientes que no te falta nada excepto lo tuyo. Afortunadamente, el cuerpo no es el que necesita electricidad. Otra cosa que hace que la comida te permita.

A continuación, se muestran SEIS formas de lidiar con la "inanición cerebral":

1. Toma una bebida fría.
2. Salga por (10 minutos más o menos).
3. Entrenamiento - ciclismo, descanso, etc.
4. Énfasis en la respiración suave y constante.
5. Pregúntate qué sensación va a ocurrir.

Ten un poco de algo bueno.

Ayúdate a ti misma. Es importante considerar cómo te estás moviendo a través de este plan y las mejoras requeridas por la Banda Gástrica Virtual para ser tuya con regularidad. Propio patrocinio. Tu dinero. Para hacerlo, debe hacerte cargo de la operación.

Considera este plan de control de peso; en otras palabras, siéntete orgullosa de lo que estás haciendo y disfruta de cada objetivo. Puede ser beneficioso si anotas que desea perder peso y tener metas a largo plazo. Identifica las deficiencias y habilidades y cuáles son esas vulnerabilidades. Lo vas a hacer. Para empezar, si tienes una debilidad, ¡busca no dejar entrar a ninguna a la habitación! Y felicítate por los pequeños triunfos que has logrado. ¿Por qué no lidiar con eso? ¡¿Perdiste medio kilo?!!

CAPÍTULO 22:

El Poder de la Afirmación

¿Qué Son Afirmaciones Positivas?

Para todos aquellos que no están acostumbrados a los beneficios de las afirmaciones positivas, me gustaría aclarar un poco sobre ellas. Una declaración es realmente lo que dices o piensas. Mucho de lo que generalmente informamos y pensamos es bastante peligroso. No tiene experiencias fantásticas para nosotros. Tendremos que volver a entrenar nuestra justificación y también hablar con ejemplos positivos si necesitamos cambiarnos por completo.

Una afirmación abre la entrada. Es un punto de partida sobre la mejor forma de modificar. Por lo general, le estás diciendo a tu mente: "Estoy asumiendo la responsabilidad. Soy consciente de que hay algo que puedo hacer para cambiar". Mientras hablo de hacer afirmaciones, sugiero seleccionar intencionalmente palabras que pueden ayudar a eliminar algo de su vida o hacer algo nuevo en ella. Cada noción en la que crees y cada palabra que dices es una afirmación. La totalidad del diálogo interno, nuestro mercado interno, es una avalancha de juramentos. Estás utilizando declaraciones cada segundo siendo consciente de ello o no. Estás insistiendo y creando tu escritorio con cada palabra y consideración.

Tus convicciones son solo ejemplos regulares de justificación que escuchaste cuando eras niño. Las enormes cantidades de estas funcionan bien para ti. Diferentes creencias e ideas pueden estar restringiendo tu capacidad para generar la mayoría de las cosas que dices que deseas. Todo lo que deseas y lo que anticipas como tu mérito puede resultar inusual. Tienes que prestar atención a tus contemplaciones para que sea posible empezar a eliminar aquellas experiencias que no deseas en tu vida.

Si no es demasiado problema, comprende que cada queja es una afirmación de algo que crees que no necesita en tu vida. Cada vez que descargas, estás diciendo que simplemente necesitas más molestias en tu vida. Cada vez que te sientes como una víctima, estás confirmando que tienes que seguir sintiéndote como una víctima. En el caso de que pienses que la Existencia no te está dando lo que necesitas en tu realidad, en el punto, ciertamente, no tendrás las golosinas que la Vida proporciona a los demás antes de que cambies tu forma de hablar y pensar.

No eres una persona terrible, por instinto, cómo puedes pensar. Últimamente nunca has descubierto cómo hablar y conversar. La gente de todo el mundo está empezando muy recientemente a encontrar nuestras contemplaciones para crear nuestras experiencias. Tu gente probablemente no tenía la más remota noción al respecto, por lo que no podrían de ninguna manera, darle forma o educarte a ti personalmente. Te mostraron exactamente cómo deben verse las cosas en la vida de la forma en que tu gente les dijo. Entonces, nadie no es perfecto. Cualquiera que sea el caso, es la oportunidad perfecta para que todos despertemos y comencemos a hacer nuestras propias vidas intencionalmente de una manera que nos convenga y nos fortalezca. Ciertamente puedes hacerlo. Lo haré. Nosotros, como un todo, podemos realizarlo, solo debemos determinar cómo. Entonces, ¿qué tal si lo hacemos de inmediato?

En cualquier situación, hacer afirmaciones es solo una parte de este proceso. Todo lo que recojas de la noche y el día es elocuentemente significativo. El truco para que tus cuentas funcionen rápida y fielmente sería crear una atmósfera para que crezcan. Las afirmaciones se asemejan a las semillas plantadas tierra adentro: suelo pobre, mejora inadecuada. Suelo fértil, oportunidad sin fin. Cuanto más optas por pensar en contemplaciones, que te permiten sentirte bien, más rápido y mejor funcionan las afirmaciones.

Entonces, créanme en las reflexiones optimistas, es así de simple. Es más, es posible. La forma en que elijas considerar, en el presente, es asi de sencillo - una decisión. Puede que no lo sepas porque has pensado en este sentido durante mucho tiempo. Sin embargo, es una elección. Actualmente... ahora... en este momento... puedes optar por modificar tu razonamiento. Tu vida no girará por ahora. Sin embargo, eres confiable. Tu decides con regularidad pensar en los factores que te permiten sentirte fantástica y, sin duda, desarrollarás progresos favorables en cada parte de tu vida.

Afirmaciones Positivas y Cómo Usarlas

Las afirmaciones positivas son articulaciones favorables que retratan una circunstancia perfecta, propensión o meta que deberás lograr. Repetir con frecuencia estas explicaciones favorables afecta profundamente a la mente y el cerebro y hace que, sin dudarlo, entregues lo que estás reelaborando en la verdad.

La demostración de repetir las afirmaciones, intelectualmente para que todos puedan escucharlas, inspira a la persona que las reelaboran, construye la inspiración y el deseo y abre puertas para el avance y el logro. Esta demostración también programa la mente para que se comporte de acuerdo con las palabras repetidas, aplazando a la mente interna para tener una oportunidad, para ofrecerte las expresiones positivas.

Las afirmaciones son beneficiosas para construir nuevas preferencias, desplegar desarrollos favorables durante la vida, también para alcanzar metas.

Las afirmaciones ayudan en las dificultades de peso, participar progresivamente, concentrarse mejor, alterar las preferencias y realizar fantasías.

A veces son útiles en diferentes regiones, como el deporte, los negocios, la mejora de la salud, el entrenamiento con pesas y también en una variedad de zonas diferentes.

Estas articulaciones favorables afectan de manera adecuada a todo el cuerpo, la mente y los pensamientos.

Repetir afirmaciones es bastante justo. Sin embargo, muchas personas no comprenden este hecho. La gente, en su mayor parte, reafirma declaraciones negativas, no positivas. Esto se conoce como diálogo interno negativo.

En la remota probabilidad, te has estado demostrando a ti misma cuan infeliz que eres que no puedes considerar desear más dinero o lo molesta que es la vida, has estado repitiendo afirmaciones negativas.

En este sentido, creas más obstáculos y más dificultades, ya que te estás enfocando en los problemas, y de esta manera, expandiéndolos en lugar de enfocarte en las estructuras y cómo resolverlos.

Muchos hombres y mujeres repiten dentro de las frases y proclamas pesimistas de su psique sobre las condiciones y eventos opuestos en sus propias vidas, creando condiciones cada vez más molestas.

Las expresiones operan de dos maneras diferentes, para construir o borrar. Es cómo las usamos, lo que determina si traerán resultados formidables o dañinos.

Afirmaciones Positivas en Tiempos Modernos

Se afirma que el analista y profesional de la medicina francés Emile Coue es quien llevó este tema al pensamiento abierto desde mediados del siglo XX.

Emile Coue descubrió cuando informó a sus pacientes cuán viable era un elixir, que los resultados eran excepcionales si no completaba una palabra. Comprendió que las reflexiones que tienen nuestras psiques se convierten en un hecho, que las teorías repetitivas y preocupaciones son una especie de autosugestión.

Emile Coue está conectado con su aclamada proclamación: "Constantemente, por todas partes, estoy mostrando signos de progreso y mejora".

Afirmaciones Positivas en la Vida Diaria

Tu mente reconoce con claridad lo que sigues diciendo y trae eventos y condiciones contrastantes a tu vida. Entonces, ¿por qué no seleccionas solo articulaciones positivas para que sean resultados positivos?

Imagina que estás nadando junto a tus compañeros en una piscina. Flotan quince rondas, algo que no has completado, y como quieres ganarte su respeto, tienes que darles lo que puedes hacer también.

Empiezas a nadar y, al mismo tiempo, continúas repitiendo mentalmente: "Lo haré, lo haré...". Continúas creyendo y aceptando que completarás las quince rondas. ¿Qué haces? Estás repitiendo afirmaciones positivas.

En otra circunstancia, podrías terminar repitiendo palabras negativas, por ejemplo:

- "No puedo hacerlo"
- "Es demasiado grande para mí"
- "No saldrá bien"

En la remota posibilidad de que simplifiques estas frases, eliminas la paciencia, la energía y la confianza y, a la larga, lo que temes y sigues haciéndote saber, resulta legítimo. Significativamente, educas para creer en contemplaciones cruciales y repites palabras favorables. La gran mayoría usa palabras cada vez que creen y dirigen conversaciones hacia adentro sobre sus problemas, desafíos y también los inconvenientes que superan. Esto se asemeja a repetir afirmaciones negativas. Esto produce problemas y problemas cada vez más extremos e indeseables. Por el contrario, es más astuto tener un diálogo interno favorable que despierte, impulse, también apoye.

Todo lo que necesitarás es prestar más atención a las palabras que usas en tu mente, en tus conversaciones internas y si conversas con otras personas.

Es más inteligente constantemente esforzarse por hablar y considerar las estructuras, el avance, y la victoria.

Las Afirmaciones Positivas son Significantes

Podría ser una buena idea concentrarse en las palabras que repites en tu mente, para descubrir si estás empleando motivos contrarios, por ejemplo:

- No puedo hacerlo
- Soy excesivamente apática
- Quiero calidad interior
- Me quedaré corta
- Nunca tendré suficiente dinero.

En caso de que descubras estas o palabras similares, ten en cuenta que debes planificar algo para cambiarlas. Tienes que suplantarlos con declaraciones y palabras positivas. La gran mayoría usa palabras que crean y lideran conversaciones internas sobre sus problemas, desafíos y también los obstáculos que superan. Esto se asemeja a repetir afirmaciones negativas. Esto produce los problemas y cuestiones más extremos y desagradables. Por el contrario, es más prudente tener un diálogo interno positivo que despierte, estimule y también apoye.

Todo lo que necesitarás es prestar más atención a las palabras que usas en mente, en tus conversaciones internas y si conversas con otras personas. Es más inteligente continuamente intentar hablar y considerar las estructuras, el avance, y la victoria.

Tu voz y contemplaciones aplican a tu mente de manera similar a la que contenidos y comandos aplican a una PC. Esto significa que puedes reevaluar tus pensamientos, metafóricamente, que puedes utilizar otro programa en su computadora.

Repetir afirmaciones te motiva a crear imágenes mentales relacionadas en tu conciencia, lo que también afecta al cerebro de la psique. En ese sentido, planificas tu alma interior, dependiendo de tu voluntad.

Esto significa que lo que crees y repites en tu psique consciente afecta tus pensamientos internos, que, en consecuencia, asume responsabilidad y te induce a realizar cambios durante tu vida y también a lograr tus objetivos.

Al aplicar este proceso intencionalmente, afectas tu psique mental interna y logras que altere tus propensiones, estado de ánimo y reacciones, y también remodele tu vida exterior.

¿Cuánto se necesita para lograr beneficios?

Esa es una pregunta difícil de responder. Los resultados pueden aparecer rápidamente, en unas pocas horas, en unos pocos días, o simplemente tomar semanas o incluso más. Esto depende de tu centro, seguridad, calidad de deseo, las emociones que pones en palabras y también cuán grande o pequeño es tu objetivo.

CAPÍTULO 23:

Meditación Guiada para la Pérdida de Peso

A hora estoy a punto de llevarte en un viaje de imágenes visuales y relajación a un lugar lejano. Al disfrutar de imágenes vibrantes y convincentes, escucharás declaraciones poderosas y positivas que respaldarán muchas afirmaciones para sentirse bien que mejorarán tu percepción de ti misma y mejorarán tu bienestar general.

Tendemos a recurrir a la comida cada vez que estamos estresados en la vida. Cuando los problemas nos abruman, la mayoría de nosotros tendemos a comer por estrés, y luego experimentamos un ciclo de culpa y arrepentimiento. Con el tiempo, este ciclo puede afectar cómo nos sentimos con nosotros mismos.

Durante esta meditación guiada, recordarás cómo sentirse bien y comprenderás tu conexión con la comida. En momentos de estrés, aprenderás a soltar la tensión y a experimentar todo lo que es natural y espontáneo.

La experiencia de esta meditación guiada se verá reforzada si te encuentra en un lugar cómodo y ventilado.

Asegúrate de que no haya molestias de nada ni de nadie durante treinta minutos.

Debes elegir una posición para acostarte o sentarte cómodamente durante esta duración del ejercicio.

Debes cerrar los ojos y prepararte para una profunda sensación de relajación y bienestar. Recuerda que este es tu momento y aprovecha la oportunidad de escapar del mundo estresante. Ahora puedes renunciar a todos los hábitos poco saludables y aprender a estimular tu espíritu interior.

No necesitas preocuparte por nada. Estás en armonía y eres humilde. Dejarás que todos los factores estresantes del día disminuyan para que puedas conectarte en tu yo interior. Con los ojos cerrados, respira profunda y lentamente por la nariz y luego exhala por la boca. Cuando inhalas, estás tomando todo lo bueno y positivo de este mundo en tu cuerpo, y cuando exhalas, estás soltando todas las tensiones y miedos innecesarios.

Ahora inhala de nuevo. Contando hasta cuatro, inhala lentamente por la nariz.

Uno, dos, tres y cuatro.

Con los pulmones ahora llenos de oxígeno, contén la respiración durante dos segundos.

Uno y dos.

Y ahora exhala lentamente por la boca. Necesitas exhalar contando hasta cuatro.

Uno, dos, tres y cuatro.

Cuando inhalas, puede sentir que tu diafragma se expande lentamente cuando sientes que el aire ingresa a tus pulmones. Respira aire lentamente y espera hasta que notes que tus pulmones están llenos de aire.

Esfuérzate por controlar la exhalación de aire y asegúrate de exhalar de manera constante

Necesitas continuar este ciclo de respiración rítmica.

Inhala contando hasta cuatro.

Aguanta la respiración y cuenta 1, 2.

Exhala tu respiración contando hasta cuatro.

Puedes reanudar la respiración normalmente y sentirás que toda la tensión en tu cuerpo se disipa lentamente.

Reconoce que tu cuerpo ahora comienza a sentirse más relajado. Puedes sentir una sensación masiva en tus brazos y piernas.

Relaja la tensión en la espalda baja, media y alta de la espalda. A menudo tendemos a acumular presión sobre nuestros hombros. Aprende a liberarlo. Cuando dejas ir el estrés, lo sientes en tu cuerpo, puedes sentir que tu cuerpo se relaja.

Estira el cuello para que haya espacio entre las orejas y los hombros. Cuando alargas lentamente tu cuello, puedes sentir que el colchón en el que estás acostada o la silla en la que estás sentada sostienen tu espalda.

Ahora, escanea tu cuerpo y verifica si quedan áreas de tensión. Si sientes que hay algunas, entonces necesitas tensar los músculos en esas áreas y soltarlos deliberadamente. Una vez que hagas esto, podrás sentir que tu cuerpo se relaja. Puedes sentir la tensión abandonando tu cuerpo.

Ahora, debes entrar en un estado de meditación profunda.

Para hacer esto, debes continuar con el ejercicio de respiración rítmica.

Imagina que ahora estás parada en un hermoso prado con suaves rayos de sol cayendo sobre ti.

Puede ver una entrada arqueada que está tallada en un acantilado.

Tu entorno parece relativamente pacífico y te sientes bien.

Puedes ver playas de arena dorada detrás de ti y un cielo azul celeste por encima de ti.

Ahora, te diriges lentamente a la entrada arqueada. La puerta está a tu alcance; la madera se siente caliente bajo tus dedos. Al pasar los dedos por la puerta, puedes sentir una sensación de emoción y asombro al imaginar lo que hay detrás de la puerta.

Para ingresar, debe mantener la mente abierta a las maravillas que se avecinan. Extiende la mano y gira lentamente la manija de la puerta.

A medida que emerge, puedes ver una selva tropical exuberante y hermosa, de color verde brillante.

El aire se siente tranquilo y agradable bajo la antepuerta y la bienvenida cambia, de la playa bañada por el sol de hace unos momentos.

Respira profundamente y luego exhala para abrazar esta sensación de paz.

Al comenzar a caminar hacia adelante, notarás un sendero que atraviesa esta hermosa selva tropical.

Al mirar hacia arriba, puedes ver los destellos de un hermoso cielo azul que está salpicado de nubes suaves como el algodón.

Continúa explorando el cielo a tu alrededor.

Estás rodeada de majestuosos árboles de caoba que se elevan hacia el cenit.

Te maravillas de la corteza marrón oscura de los árboles que parece tener un agradable olor dulce.

El espacio es limitado aquí, pero estás agradecida por el sendero estrecho que te lleva a través de este lugar de maravilla natural.

Puedes escuchar el melodioso canto de los pájaros a tu alrededor.

Te sientes como si el bosque hubiera cobrado vida a tu alrededor.

Todo esto apela a tus sentidos y podrás experimentar la naturaleza en su forma prístina.

Considera despojarte de tu propia vida y vives de manera más natural, cuánto mejor te sentirás.

Solo un pequeño porcentaje de la luz solar puede penetrar en el suelo de esta selva tropical. Entonces, te alejas en el desierto y puedes ver los destellos de exóticas mariposas azules bailando a tu alrededor.

Puedes escuchar el sonido melódico del agua corriendo a lo lejos y te sientes obligada a moverte hacia él.

A medida que te metes en la duda de la hermosa naturaleza que te rodea, te mueves hacia la extensión más masiva del área de bosque que conduce a una fina corriente de agua.

Hay escalones naturales que te llevan a un charco de agua que parece cristalina. Las plantas verdes rodean la piscina natural.

Caminas más cerca de la piscina y ves plantas con bayas de colores alrededor.

Hay varias plantas frutales y todo parece rico, exótico y tentador.

Tomas un bocado de estas deliciosas bayas y puedes sentir una explosión de sabores.

Las bayas tienen un sabor delicioso y puedes sentir esta delicia mientras baja hasta tu estómago.

Observas escalones cuidadosamente tallados en las rocas y comienzas a escalar.

La escalada es relativamente fácil y se siente casi sin esfuerzo.

Sientes un maravilloso estiramiento en tus músculos cuando agarras las rocas para mantener el equilibrio.

No hay miedo a caer.

Mientras agarras las rocas y subes, te sientes más delgada, saludable y tonificada.

Te sientes exactamente cómo quieres sentirte y cómo quieres ser.

Te levantas más y más alto. Avanzas lentamente hacia la antepuerta.

Puedes sentir que el aire se vuelve más puro.

Empiezas a respirar oxígeno puro y sueltas las tensiones que tienes.

Tu "normalidad" parece estar a kilómetros de distancia.

Considera lo bien que te sientes en este momento.

Continúas avanzando hacia la antepuerta.

No tienes que temer a la altura ya que es seguro y no puedes caer.

No te sientes cansada ni agotada. En este mundo, te sientes en forma, saludable y experimenta una gran cantidad de energía. Estás decidida a llegar a la cima y ver la vista desde la parte superior del dosel.

Imagínate caminar por todos estos pasos hasta llegar a la etapa final y llegar a la cúspide de tu viaje.

Te llegas a una gran plataforma que domina las copas de los árboles.

Justo enfrente de ti, hay una pared rocosa con agua cayendo en cascada. El agua forma espuma en su camino por las rocas y la vista es fascinante.

Puedes alcanzar y tocar las nubes. Puedes sentir las nubes a tu alrededor.

El cielo se ve hermoso.

Visualiza todas estas hermosas sensaciones que recorren tu cuerpo en este caso.

Experimenta una sensación de relajación. Cada centímetro de tu ser se siente bien.

Aprovecha este momento y visualízate estirándote.

Estírate alto y siente la increíble sensación mientras alargas la columna. Ahora, mantén la espalda plana y muévete hacia adelante y hacia abajo. Tu condición comienza a relajarse, desde la parte baja de la espalda hasta el cuello mientras levanta los brazos. Tu cuello y tu cabeza se relajan mientras te acuestas en la plataforma cubierta de musgo.

Mantén los brazos en la parte posterior de la cabeza y los codos conectados. Involucre los músculos centrales e intenta levantar el hombro y la cabeza hacia las nubes.

Visualízate levantando y activando esos músculos centrales mientras tensas el estómago y aprietas el abdomen. Todo esto te hace sentir tan bien.

Ahora empieza a relajarte una vez más.

Empieza a concentrarte en tu respiración. Traga saliva mientras abres el pecho y exhala lentamente.

Es hora de que empieces a sentirte bien con la persona que eres. Es hora de sentirte contenta y abrazar la paz interior pura. Aquí, en esta selva tropical, eres libre de explorar y ser la persona que quieres ser.

Deja de lado los hábitos alimentarios poco saludables. Es hora de ser amable con tu cuerpo, cuidarlo y protegerlo.

Repítete estas afirmaciones y cree en cada palabra.

Cree en el mensaje y en el poder que estas palabras deben cambiar tu vida.

Cambiaré la percepción de mi cuerpo.

Reconozco mi autoestima.

Cambiaré mis hábitos alimenticios para ver mi comida como combustible y nutrientes en lugar de comida reconfortante.

Cambiaré los atracones por técnicas de respiración y visualización guiada.

Comenzaré a hacer ejercicio y a cambiar cómo me veo y me siento.

Crearé un diario de actividades y planearé cómo adoptar el ejercicio.

Estoy lista para enfrentar mis miedos internos y hacer los cambios positivos necesarios.

Siéntate en silencio por un momento y deja que estas afirmaciones formen parte de ti.

Es hora de sentirte optimista acerca de tu vida.

Es hora de enfrentar de frente cualquier problema de peso.

Tienes el poder para hacerlo.

CAPÍTULO 24:

La Comida Adecuada que Te Ayudará

Lo bueno de nuestra salud es que estamos listos para equilibrar nuestros cuerpos y con la ayuda de algunos alimentos que comemos. A menudo, comer los alimentos incorrectos es la razón por la que nos encontramos con un montón de problemas en nuestra salud. La dieta estadounidense típica está llena de conservantes, azúcares, carbohidratos y mucho más, que sabrán bien, que quizás anhelemos en el camino, pero que no son saludables para nosotros en lo más mínimo. Por otro lado, una vez que estemos listos para cambiar nuestra dieta, mejoraremos nuestra salud. No siempre es instantáneo porque nuestros cuerpos necesitan tomarse un tiempo para sanar y mejorar. Pero cuanto más comamos los alimentos correctos con alto contenido de vitaminas y nutrientes, carbohidratos saludables y proteínas adecuadas, más sano estará nuestro cuerpo. Hay toneladas de alimentos excelentes que estamos listos para disfrutar, que nos ayudarán a sentirnos mejor y pueden llevarnos a una mejor salud. Pero hay toneladas de alimentos que estamos seguros de que no están causando problemas y haciendo que nuestros niveles de azúcar en sangre y de insulina, o tal vez nuestros niveles de colesterol, se mantengan sanos. Algunos de los diversos alimentos que siempre debemos considerar adecuados para mantener nuestro cuerpo sano y que pueden ayudar a nutrir nuestro cuerpo y nuestra mente de manera saludable incluyen:

Frutas y Vegetales

No podemos iniciar un plan de dieta saludable y mejorar nuestra mente y nuestro cuerpo dentro del proceso con muchos equilibrios, sin hablar de frutas y verduras. El mundo de hoy ofrece muchos programas de dieta, y todos ellos mencionan la importancia de comer muchos productos para equilibrar y ayudarnos a impulsar las vitaminas y nutrientes que nos gustaría.

Primero, mencionaremos los vegetales. Hay toneladas de alimentos saludables que estamos listos para consumir, y cada uno de ellos se está volviendo útil para mejorar nuestra salud, llenándonos con menos calorías, y luego muchas más. Es mejor recorrer en busca de toneladas de variedades una vez que detectas tus vegetales. Te ayuda a sacar más nutrientes de tus comidas y te asegura de que tampoco te canses de lo que estás comiendo.

Entonces es el momento de pasar a las frutas que nos gustaría comer. Hay muchas opciones deliciosas cuando se trata de frutas que también nos gustaría comer. Cosas como bananas, fresas, arándanos, uvas, manzanas, duraznos y más son a menudo una adición exquisita a nuestros planes de dieta. Necesitan vitaminas y nutrientes y muchas cosas maravillosas en su interior. Además, son dulces para ayudar una vez que tengas algunos antojos por los viejos productos azucarados que no disfrutarás.

Había demasiados métodos dietéticos existentes que están comenzando a mencionar todas las frutas y verduras saludables que simplemente estás lista para comer, y es mejor si también incluye montones de ellas en tu dieta. Cuanto más, mejor, en la gran mayoría, siempre y cuando se mantenga dentro de las pautas de calorías. Incluso hay algunas dietas, como la mediterránea, que te animarán a consumir hasta 9 raciones al día. Todos sabemos que son súper útiles para nuestra salud y todos nuestros objetivos dentro del proceso.

Sin embargo, con varias dietas, al igual que la dieta baja en carbohidratos, debes cuidar la cantidad de los que comes. La realidad de que simplemente estás lista para consumir frutas y vegetales bajas en carbohidratos y puedes agregarlas a tu dieta, por lo que siempre que tengas cuidado con varias de las opciones opuestas, podrás obtener todos los nutrientes que necesitas en el camino.

Lo único que debemos recordar aquí cuando se trabaja con muchas frutas y vegetales saludables es que nos gustaría especializarnos en la variabilidad de la alimentación. Si solo consume las mismas frutas y, por lo tanto, los mismos vegetales todo el tiempo, entonces te encontrarás con muchos problemas en el camino. A menudo puede volverse aburrido rápidamente, y siguiendo este proceso es probable que te ofrezca un déficit de nutrientes en algún momento.

Agrega muchos colores al plato que estás usando. Cuantos más colores estés lista para aumentar en cada plato, mejor, porque esto asegura que estás preparada para obtener muchos nutrientes sin tener que contarlos todos o preocuparte por cómo esto irá a funcionar. Además, es una de las formas más sencillas de estar seguros de que estamos listos para ver algunas mejoras en la proporción en que disfrutamos del plan de dieta en el que estamos en primer lugar.

Granos Saludables

Cuando se trata de un plan de dieta que se especializa en algunos granos saludables, estos suelen ser excelentes. Estos consiguen aportarnos con la energía que necesitamos, sin todos los altibajos, que le pasan a nuestro organismo una vez que nos apegamos a los alimentos procesados y, por tanto, al pan ligero. No querrás comer demasiados de esos. Causarán algunos problemas con tu salud y tienen demasiados carbohidratos. Pero consumir granos integrales con nuestras comidas a menudo es un agradecimiento honesto para equilibrar nuestro azúcar en la sangre y ayudarnos a sentirnos mejor en general.

Recuerda que sí debemos cuidar algunos granos que comemos. Hay granos buenos y también granos malos. Los granos malos son los que se procesan y tienen toneladas de azúcares añadidos. Sugiere cosas como las galletas, los caramelos, la comida y, por tanto, el pan ligero y las pastas. Una vez que consumimos muchos de esos, estamos consumiendo montones de azúcar mala en el cuerpo y dificultando la necesidad de nutrientes. Estos causan grandes caídas de azúcar durante el día y pueden fácilmente volvernos atontados y hambrientos, aunque hayamos ingerido muchas calorías durante el proceso.

Hay montones de granos excelentes y saludables que estamos listos para comer. Estos tienen bastantes nutrientes beneficiosos dentro de ellos. Se digieren bien de manera de que nos mantengamos llenos y satisfechos durante períodos más prolongados de tiempo. Elige el grano entero y, por tanto, las opciones multicereales, y estarás unido al cuidado de tu cuerpo y le proporcionarás varios de los nutrientes y, en consecuencia, las demás bondades que necesita.

Productos Lácteos

Ahora es el momento del calcio. Tener mucho calcio en tu dieta es esencial para ayudarte a mantenerte saludable y feliz. Comer fuentes saludables de proteínas, como leche, yogures, quesos y más, a menudo es una adición bienvenida a cualquier plan de dieta en el que estés. Proporcionan a tu cuerpo muchas proteínas, calcio e incluso vitamina D que el cuerpo necesita.

Una cosa a tener en cuenta es que con frecuencia escuchamos a nuestros cuerpos cuando se trata de productos lácteos. Algunas personas están listas consumir varios de estos y estar bien. Pero otros son sensibles a esos productos, lo que los hará sentir un poco enfermos. Si perteneces al último grupo, entonces es mejor evitar los productos lácteos en la mayor cantidad posible y buscar otras fuentes (algunas excelentes verduras también tienen mucho calcio), para ayudarte a obtener esos nutrientes saludables.

Fuentes de Proteínas

Cuando intentas equilibrar tu cuerpo y hacerlo sentir mejor, a menudo es muy importante agregar algunas fuentes de proteínas de mayor calidad. La proteína es tan buena para equilibrar nuestros niveles de glucosa en sangre y ayudarnos a estar lo más saludables posible. Y son buenos para llenarnos, permitiendo que nuestros músculos se mantengan fuertes y mucho más. Y si estamos listos para elegir los tipos correctos de proteínas, que nos ayudarán a impulsar otras vitaminas y minerales, tú también estás preparada para mantenerte aún más saludable.

Muchos pescados y cortes magros de pollo y pavo son útiles para ayudar con esto. Cosas como el jamón, el tocino y la hamburguesa no son necesariamente tan malas, pero tendrán niveles más altos de grasas saturadas, así que debemos encargarnos de ellas. Tenerlos no hace daño en exceso, por lo que a menudo son fuentes a considerar. Pero los cortes más magros, el pollo, el pavo y el pescado, a menudo son mejores opciones para ayudar a su cuerpo a estar lo más saludable posible.

Algunas personas prefieren seguir una dieta vegana y les puede preocupar no estar listas para encontrar las fuentes de proteínas que están tratando de conseguir en el proceso. A menudo es una preocupación legítima, ya que tendrás que eliminar varios de los tipos habituales de proteínas al momento de seguir una dieta vegana. Pero hay una variedad de alternativas saludables que simplemente estás lista para acoplar a tu dieta también, como el tempeh o el tofu, por lo que aún obtendrás la proteína que necesitas.

Recuerda que la proteína va a ser muy importante una vez que estés equilibrando tu cuerpo y tu dieta ya que numerosas partes del cuerpo trabajan con estas para sus propias necesidades. Los músculos la utilizan para mantenerse sanos; las hormonas pueden usarla; la sangre y las células sanguíneas pueden usarla mucho más. Apenas hay una parte en todo el cuerpo que no disfruta usando la proteína que simplemente consume, por lo que vale la pena dedicar un tiempo a averiguar más sobre la forma de incorporarla a una dieta saludable.

Grasas Saludables

Una cosa que muchas personas abandonan, una vez que están preocupadas por su salud y por perder peso, es requerir la cantidad adecuada de grasas saludables. Te gustaría reiterar que la dieta incluye algunas grasas en las comidas que consumes. Existen diferencias entre las grasas saludables que ayudan a tu cuerpo a absorber las grandes vitaminas y nutrientes que necesitas y, las grasas malas que se encuentran en las comidas rápidas y procesadas que son tan malas para tu cuerpo.

CAPÍTULO 25:

Las Visualizaciones y el Perder Peso

Las Fases de la Visualización

Al entrar en el trance hipnótico, usar todos nuestros sentidos, incluida la imaginación y la visualización creativa, puede ayudar a internar las sugerencias hipnóticas. Al visualizar tus metas como ya completadas cada día mientras estás en trance hipnótico, puede construir un hábito o rasgo positivo en tu mente subconsciente.

Es un factor crítico y crea un conflicto entre la visualización y lo que tienes actualmente en tu vida.

El cerebro o "mente consciente" no sabe la diferencia entre algo imaginado vívidamente o algo real. Por lo tanto, cuando visualizamos con suficiente intensidad, nuestro cerebro comenzará a crear esa nueva realidad buscando las cosas que la apoyan.

Tu mente subconsciente resolverá este conflicto convirtiendo tu realidad actual en la visión nueva, positiva y exitosa que has creado durante el trance hipnótico.

Tu mente consciente comenzará a actuar "como si" esta nueva realidad ya estuviera en su lugar. Este conflicto repetido una y otra vez con intensidad emocional a través de una visualización constante durante el trance hipnótico hará que sucedan varias cosas.

1 El sistema SAR (sistema de activación reticular) del cerebro está ahora programado para dejar entrar en tu conciencia cualquier cosa que le ayude a alcanzar sus nuevos objetivos.

2   La mente subconsciente ahora está activada para crear soluciones para lograr las metas que desea. Cuando te despiertes para comenzar tu día, tendrás nuevas ideas en tu mente consciente. Estos pueden aparecer mientras te duchas o te vistes, mientras conduces al trabajo, o tal vez mientras haces ejercicio en el gimnasio.

3   Este conflicto crea un nuevo nivel de motivación. Notarás un cambio inesperado a medida que comiences a hacer cosas que te acerquen a tu objetivo. Sin una conciencia consciente, comenzarás a comer de manera más saludable y te volverá más activa físicamente. Además, ofrecerte como voluntaria para trabajar en nuevas tareas o deberes en el trabajo e incluso hablar en reuniones, pedir de manera más directa las cosas que deseas, ahorrar dinero para financiar tus ideas, cancelar tarjetas de crédito y deudas y asumir más riesgos en tu día a día. vida. Harás estas cosas con relativa facilidad y sin pensarlo.

En resumen, tu yo consciente o despierto comenzará a actuar de acuerdo con lo que la mente subconsciente le diga que haga.

A menos que la mente subconsciente esté activa, los malos hábitos siempre triunfarán y continuaremos haciendo lo mismo, aunque sabemos que no es lo mejor para nosotros.

Sin embargo, cuando la mente subconsciente está activa y programada para saber que un hábito es terrible, entonces la mente consciente o el yo despierto no tendrán otra alternativa que actuar en consecuencia y detener ese mal hábito.

Imaginación Creativa para perder Peso

Tu personalidad subliminal responde bien a las imágenes. La representación es un método fantástico para utilizar imágenes ideales e increíbles para programar tu cerebro. Intenta imaginar escenas ventajosas que te incluyan a ti y a tu entorno durante 10 a 15 minutos todos los días.

Aquí hay algunas cosas que debes imaginar:

- Cumplimiento de conexiones

- Trabajo apasionado

- Una excursión extraordinaria a casa exquisita

Cualquier otra cosa que necesites traer a tu vida. Al hacer esto siempre, terminas redibujando las imágenes desfavorables que guardaste de tus encuentros pasados, preocupaciones, y preguntas. Asegúrate de emanar increíbles emociones positivas mientras imaginas estas cosas extraordinarias en tu cerebro para expandir aún más la calidad de la representación. Permite que el amor, la satisfacción, el aprecio y la armonía se muevan a través de ti como si realmente tuvieras estos encuentros.

El mensaje será consumido por tu personalidad subliminal, ¡como si fuera real! Es la excelencia genuina de la percepción - el experto en eludir los mensajes confinados y se enfoca en hermosas imágenes que se retienen por completo en tu subliminal para reproducirlas más tarde.

Cómo Usar las Visualizaciones para Perder Peso

Existen varios enfoques para iniciar una sesión de tratamiento lógico (también llamado tratamiento de mente creativa), pero es necesario llevar al sujeto a un estado receptivo. Intenta ponerlos en un cómodo sillón/sofá y cerrar los ojos. ¿En ningún momento van a irse a dormir?

Cada vez que hables con el punto, utiliza un tono suave y calmante. Puedes intentar ir bajando desde 100 gradualmente. Puedes tensar, sujetar y descargar de forma intencionada y metódica todos los músculos de los pacientes con ansiedad progresiva.

También puedes funcionar con relajación controlada. El punto pone las manos sobre el pecho y el abdomen (a veces, el especialista en trance puede hacer esta parte) mientras el sujeto inhala gradualmente por la nariz y la boca.

Los elementos visuales que necesitas utilizar se enfocan en algo.

Cuando tu sujeto está en un estado de respuesta, debes limitar los conjuntos de imágenes. En la medida en que seas cautelosa, puedes realizar algunos exámenes vigorizantes. Para obtener una respuesta ideal correspondiente del sujeto, selecciona imágenes positivas, como una fiesta ocasional, una graduación, una boda o una combinación de diferentes imágenes en un grupo.

Si deben relajarse, puedes ayudarlos a "construir" las fotos con sentimientos y recuerdos ideales a partir de los atributos que señalan.

En caso de que ayudes a un caso de lesiones, puedes hacer que busquen bellas imágenes para reemplazar las horrendas.

Elige cómo expresar estas imágenes

Es necesario hacer un gran esfuerzo para adaptarse, por lo que debes adaptarte a las necesidades de tu punto y tal vez se debata antes de la sesión.

Puedes hacer que el modo de articulación sea parte de la investigación con tanto alcance. Quizás hacer que tu tema conduzca estas fotos en un vehículo o hacer una película de sus recuerdos más alegres sería algo que puedas intentar. Posiblemente, tener al sujeto en sus fotos podría ser un encuentro difícil.

Busque un método innovador para deshacerse de imágenes antagónicas de manera emblemática. Permita que las imágenes positivas permanezcan en el área. Considera algo estricto como tirar las fotos pobres a la basura o anticiparlas en una pantalla, para que el simbolismo encantador tenga espacio en la psique.

Habla de la estrategia hacia tu tema

Tu sujeto está en condiciones de letargo, pero no duerme. Tú lo controlas. Dirige las fotos del asunto de una manera excelente. Sin embargo, echa un vistazo a sus respuestas por si acaso se levantaron.

Mantenga el tono de voz suave y constante durante toda la sesión. Propón un simbolismo que se mezcle positivamente con sus respuestas actuales. Está preparada en caso de una reacción física adversa para sacarlos del estado hipnótico.

Utiliza algunas reuniones

Puedes hacer un esfuerzo para descubrir qué técnicas e imágenes funcionan mejor con el tema para las condiciones de prueba. Además, ni el inductor del trance ni el sujeto deben anticipar una solución rápida, especialmente en casos de lesiones o cuando se maneja un sufrimiento de tormento extendido. La estrategia para inducir el sueño puede requerir numerosas sesiones desde el punto de partida más inicial.

El horario de la sesión intermitente es temporal/interino. Si las sesiones no funcionan como esperan, las dos partes deberían plantear los problemas.

CAPÍTULO 26:

La Meditación y el Perder Peso

Meditación para Perder Peso

La meditación es un ejercicio diario en el que aclaras tu mente y regresas a un lugar de pensamientos y emociones tranquilos. Algunas personas solo practican 5 minutos al día, pero la mayoría de los especialistas en meditación recomiendan trabajar hasta 20 minutos al día.

La meditación no es difícil. Si recién estás comenzando, levántate inmediatamente y dedica 5 minutos a limpiar tu mente antes de un día ajetreado. Cierra los ojos y concéntrate sin intentar cambiar tu patrón de respiración. Solo concéntrate en tu respiración. Si tu mente divaga y probablemente sea lo primero que haga, simplemente vuelve a respirar sin juzgar.

Libshtein recomienda practicar 10 minutos al día (5 minutos por la mañana, 5 minutos por la noche) pero encuentra que "el tiempo no es tan importante como hacerlo con regularidad". Desarrollar nuevos hábitos puede resultar difícil. Entonces, si comienzas con 5 minutos al día, está bien. Si te resulta más cómodo, no dudes en sentarte y acostarte.

"La meditación es eficaz para las personas que quieren perder peso", dice Libshtein. ¿Qué hizo que la meditación fuera tan poderosa con respecto a esto? "Aceptar los cambios que queremos aplicar a nuestro comportamiento reconcilia la conciencia y la inconsciencia", explica. Estos cambios incluyen controlar los antojos de alimentos poco saludables y cambiar las dietas. Es fundamental tener el subconsciente. La razón es que los comportamientos dañinos y de aumento de peso, como la alimentación emocional, son fijos. La meditación puede ayudar a reconocerlos, anularlos en algunos ejercicios e incluso reemplazarlos por un hábito adelgazante.

Pero la meditación pronto dará sus frutos. "La meditación puede reducir directamente los niveles de la hormona del estrés", explica Libshtein. Las hormonas del estrés le indican al cuerpo que ingiera alimentos y luego deje que las calorías se conviertan en grasa. Si se bombean grandes cantidades de cortisol a través de su sistema, será difícil perderlo incluso si toma una decisión saludable. Eso parece difícil. Todos estamos estresados y parece imposible sacudírnoslo de encima. Sin embargo, una investigación realizada por la Universidad Carnegie Mellon encontró que se requerían 25 minutos de meditación durante tres días consecutivos para reducir significativamente el estrés.

CAPÍTULO 27:

Causas del Aumento de Peso

Comer sin pensar puede hacer que cualquiera coma demasiado, lo que nos pasa a la mayoría de nosotros. El problema es que cuando la gente come, apenas piensa en lo que está haciendo. En cambio, sus mentes están en otras cosas, lo que los lleva a no ser conscientes de cuánto están comiendo. Conectado a esto está el hecho de que la mayoría de las personas también comen mientras hacen otras cosas. Comer se convierte en una actividad sin sentido. A menudo se realiza mientras se ve la televisión o se habla con amigos. Al final, se consume mucho más de lo que se haría si la persona estuviera plenamente consciente.

Hay muchas razones por las que comemos sin pensar, así que veamos algunas de estas razones a continuación.:

Disponibilidad

Una de las principales razones por las que comemos sin pensar en cuánto estamos cmomiendo es porque la comida está disponible. Cuando estás sentado en el sofá, no estás prestando atención a lo que comes; estás prestando atención a la película, las papas fritas están justo frente a ti, así que sigues comiéndolas simplemente porque están ahí.

Sentimientos

A menudo comemos para adormecer cualquier sentimiento negativo que tengamos, como ira, tristeza y frustración. Es un mecanismo de defensa popular que ayuda a las personas a creer que se sienten mejor ante cualquier negatividad que les haya afectado. También comemos debido a muchos otros sentimientos que tenemos, como sentirnos aburridos, solos o evitar algo. Si sufrimos de ansiedad, es más probable que comamos porque la presión a menudo puede hacernos sentir que tenemos hambre. Algunas personas piensan que comer les ayuda a lidiar con el estrés, por lo que siempre que se sientan ansiosos, recurrirán a la comida.

Aburrimiento

La gente come cuando está aburrida y esto pasa mucho. Cuando la gente está en casa y no tiene nada que hacer, es fácil para ellos abrir el refrigerador o tomar un bocadillo de la despensa. Incluso cuando sale a la calle, comer es una de las actividades más populares que las personas realizan cuando quieren hacer algo. Se puede comer casi en cualquier lugar y en cualquier momento del día. Muchas personas descubrirán que dedican gran parte de su tiempo a hacerlo.

Estrés y Ansiedad

El estrés y la ansiedad se encuentran entre las principales razones por las que las personas comen en exceso. Cuando una persona se siente frustrada o enfrenta problemas e inquietudes, la comida se convierte en una solución predeterminada. No es que resuelva el problema, pero comer da una sensación de alivio y seguridad.

Lidiar con las Emociones

En lo que respecta a hacer frente al estrés y la ansiedad, comer en exceso también suele ser causado por otros sentimientos o emociones fuertes. Aquellos que están deprimidos, por ejemplo, se encuentran ahogando sus penas en platos de comida. Incluso aquellos que estaban eufóricos se encuentran celebrando con grandes porciones de comida.

Por Confort

El término "comida reconfortante" no es solo algo para persuadir a la gente a comer. Ya sea que lo reconozcas o no, es satisfactorio tener una porción o dos de tus platos favoritos.

Comer por comodidad es muy común, ya que la comida produce sensación de saciedad, bienestar y, por supuesto, felicidad.

Por Costumbre

Comer es parte de la vida y es necesario para sobrevivir, pero la mayoría de las veces la gente come simplemente por hábito. Si bien es correcto que comamos con regularidad, hay momentos en que las personas comen simplemente porque están acostumbradas a hacerlo. Las personas comen después de despertarse, durante todos sus descansos en la escuela o el trabajo, o solo cuando encuentran comida o no tienen nada más que hacer. Al igual que las otras razones por las que la gente come en exceso, comer por costumbre no tiene sentido y no es una necesidad.

Socialización

La comida siempre está en el centro de las situaciones sociales y, por esta razón, muchas personas se encuentran comiendo más de lo que deberían. Cuando sales con amigos o cuando celebres ocasiones especiales, la comida siempre estará involucrada. También hay muchos eventos en los que la comida es parte de la ecuación. Fiestas con mesas siempre presentes llenas de comida, los cines siempre traen palomitas de maíz y bocadillos, e incluso el lugar de trabajo está lleno de bocadillos, café y bebidas, o esa cadena alimentaria cercana donde los empleados seguramente pasarán gran parte de su tiempo.

Condicionamiento Infantil

Otro punto del que me gustaría hablar es cómo tus hábitos alimenticios infantiles afectan tu problema actual de comer en exceso.

A los niños se les enseña, es muy probable que a ti también, de que la comida es una recompensa. No es de extrañar que piensen que se les da a los niños comida poco saludable como recompensa por su buen comportamiento, un logro, un cumpleaños, unas vacaciones. Se llama acondicionamiento, y el acondicionamiento es difícil de romper, especialmente cuando comienza desde la infancia. Sin embargo, va incluso más allá. Por ejemplo, si un bebé recién nacido llora, una de las primeras reacciones es alimentar al bebé; debe tener hambre. Cuando el bebé crece, los padres lo llevan a comprar helado después de que le vaya bien en el juego escolar. Las fiestas de cumpleaños del niño y las fiestas de sus amigos son otra excusa para comer pastel y helado. Las bodas e incluso los funerales se utilizan como excusa para comer en exceso o para ingerir alimentos poco saludables.

Cansado y Privado

La gente come porque está cansada, y aunque esto suena lógico, hay momentos en que el cansancio los lleva a comer incluso cuando no tienen hambre.

La comida se convierte en una herramienta estimulante que ayuda a las personas a superar la fatiga. Sin embargo, el agotamiento no es lo mismo que el hambre. Si bien la comida puede proporcionar una solución temporal, también puede provocar un aumento de peso y otros problemas de salud relacionados con comer en exceso.

Comida Por Todas Partes

Comer en exceso es sencillo porque hay comida en todas partes. Hay comida dentro de la casa, puestos de comida en casi todas las calles y cadenas de comida en casi todas las esquinas. Incluso hay vendedores de comida que se acercan a ti para que ni siquiera tengas que buscar comida tú mismo. El resultado es que las personas comen incluso cuando no lo necesitan simplemente porque hay comida.

Antojos

Los antojos se encuentran entre las principales razones por las que las personas comen en exceso. Hay momentos en que las personas simplemente sienten la necesidad de consumir ciertos tipos de alimentos. En la mayoría de los casos, ni siquiera podemos explicar estos impulsos, pero están ahí. Es posible que desees una hamburguesa o un helado de chocolate caliente, o un buen bistec grande y jugoso. Cualquiera que sea tu antojo, el efecto es que comas más de lo que necesitas y, con frecuencia, comerás aún más solo porque no puedes obtenerlo.

CAPÍTULO 28:

Preguntas Frecuentes Acerca la Hipnosis

¿Puedo Usar la Hipnosis para Perder Peso?

La hipnosis para bajar de peso puede ayudarte a perder el exceso de peso si es parte de una estrategia de adelgazamiento que incluye dieta, asesoramiento y una dieta adecuada. La hipnosis generalmente se completa con la ayuda de un hipnoterapeuta que usa palabras repetidas e imágenes espirituales.

¿Es la Hipnosis Efectiva para Perder Peso?

Para quienes tienen la intención de perder peso, la hipnosis puede ser más eficaz que solo comer y hacer ejercicio. La idea es que puede afectar la mente cambiar hábitos como comer en exceso. Los investigadores concluyeron que la hipnosis podría promover la pérdida de peso, pero no hay suficiente investigación para apoyarla.

¿Es la Hipnosis Peligrosa?

La hipnosis realizada por un terapeuta capacitado o un profesional médico se considera una alternativa segura y complementaria. No se aconseja a las personas con enfermedades mentales graves que se sometan a hipnosis. Los efectos secundarios de la hipnosis son poco comunes.

¿Puede la Hipnosis Cambiar Tu Personalidad?

No, la hipnosis no lo hace en lo absoluto. Pero esa es una premisa divertida. Dicho esto, la hipnosis ayuda con el estrés, los hábitos malos (y útiles), la falta de sueño y la calidad y el manejo del dolor. En ese caso, no, la hipnosis no puede cambiar la personalidad.

¿Cómo Puedo Saber Si Alguien Está Hipnotizado?

Los siguientes cambios no siempre ocurren en todos los sujetos hipnóticos, pero la mayoría se ven en algún momento durante la experiencia del trance.

- Mirar fijamente.
- Dilatación de pupila.
- Cambio en el reflejo parpadeante.
- Movimiento rápido de ojos.
- Los párpados se mueven.
- Suavización de los músculos faciales.
- La respiración se ralentiza.
- Reducimos el reflejo de deglución.

¿Cuánto Tarda en Funcionar la Hipnosis?

Dependiendo de cuál sea el objetivo del cliente, este aparecerá en promedio entre 4 y 12 sesiones. Imagina por algún tiempo que eres mi cliente y que estás sentado en mi cómoda "silla hipnótica".

¿Cuáles son los Efectos Negativos de la Hipnosis?

Existen varios riesgos asociados con la hipnosis. La más peligrosa es la posibilidad de crear recuerdos falsos (llamados confabulaciones). Otros posibles efectos secundarios incluyen dolor de cabeza, mareos y ansiedad. Pero estos suelen desaparecer inmediatamente después de la sesión de hipnosis.

¿Cuál es la Tasa de Éxito de la Hipnosis?

El estudio encontró que la hipnosis tenía cambios a largo plazo en un promedio de seis sesiones de hipnosis, mientras que el psicoanálisis tomó 600 veces. Además, la hipnosis resultó beneficiosa. Después de seis sesiones, el 93% de los participantes tuvo una tasa de recuperación de solo el 38% en el grupo de psicoanálisis.

¿Funciona la Hipnosis Mientras Duermo?

La hipnosis no duerme (una meditación con un objetivo), pero si estás cansado, puedes quedarte dormido mientras escuchas la hipnosis. Afortunadamente, la hipnosis llega al subconsciente incluso si te quedas dormido.

¿Cuánto Peso Puedo Perder con la Hipnosis?

La mayoría de los estudios muestran una ligera pérdida de peso, con una pérdida promedio de aproximadamente 6 libras (2,7 kilogramos) durante 18 meses. Sin embargo, se ha cuestionado la calidad de algunos de estos estudios y es difícil determinar la efectividad real de la hipnosis para bajar de peso.

¿La Meditación hace que Pierda Peso?

Aunque no hay muchas investigaciones que demuestren que la meditación puede ayudarlo directamente a perder peso, la meditación puede ayudarlo a comprender mejor sus pensamientos y acciones, incluidos los relacionados con la comida. Por ejemplo, las revisiones de investigaciones han demostrado que la meditación puede ayudar tanto con la bulimia como con una dieta emocional.

¿Puede Ser Inducido Alguien a Hacer Lo Que No Quiere?

Aunque varios autores niegan esta posibilidad, nuestra práctica solo con fines experimentales nos muestra que SÍ. Todo depende de muchas variables diferentes, pero si el sujeto inducido tiene un grado suficiente de profundidad hipnótica, puede aceptar, total o parcialmente, la posibilidad de rechazar las sugerencias impuestas por el hipnotizador. Los casos de violación y manipulación mental bajo estados de hipnosis no son nada nuevo - Es por eso que no debemos ser hipnotizados por personas que no tienen nuestra confianza.

¿Existe la Hipnosis Instantánea?

Si. Por ejemplo, en programas hipnóticos, el inductor se da cuenta de que alguien entre la audiencia es muy sugerible. Incluso muestra algo de miedo al acercarse a él, su miedo, y el hecho de que se vea al hipnotizador luciendo un poder superior hará el menor indicio de ello. El espectador cae inmediatamente en la hipnosis (normalmente será un trance leve o medio y tendría que ser profundizado).

El otro caso sería cuando una vez se logra la inducción. El sujeto queda implantado con un orden post-hipnótico. Tales como: "Cuando te despiertes. En las próximas ocasiones cuando te lo diga. Inmediatamente caerás en este mismo estado". Si el estado alcanzado es lo suficientemente profundo, se implanta en la mente profunda del sujeto. Puede durar incluso un período indefinido.

¿Puedes Hipnotizar a Distancia?

Es uno de los campos de investigación de Nantes con mayor afasia en el campo. Es inquietante ver que en muchas ocasiones bajo hipnosis la actividad mental, su alcance y alcance de conocimiento excederá el espacio y el tiempo. Nuestro sistema nervioso es una red dedicada a través de la cual circula la electricidad de bajo voltaje; donde hay electricidad, se puede dar electromagnetismo. La estructura de las neuronas extendidas a lo largo de nuestra anatomía se convierte en un transmisor de frecuencia virtual que puede incorporar cierta información.

CAPÍTULO 29:

Auto Hipnosis y la Pérdida de Peso

Auto Hipnosis (Qué es y Cómo Funciona)

Autohipnosis - esto conlleva a algunas interpretaciones bastante estúpidas. Entonces, esto no es lo que es la autohipnosis, para aclarar esto:

- La autohipnosis no pone un péndulo ante tus ojos.
- La autohipnosis no te deja inconsciente o en un trance involuntario del que sea difícil recuperarte.
- La autohipnosis no te hace perder el control.

Por el contrario, la autohipnosis implica:

- Inducirte a ti mismo a un estado muy sugerente (esto se explorará a continuación).
- Supervisión total y conocimiento de tus acciones.
- La libertad de dejar tu condición mental genéticamente modificada en cualquier momento que desee.

La autohipnosis implica inducirse a un estado muy tranquilo y dócil de alerta concentrada. Aumenta la respuesta de una persona a las sugerencias, por ejemplo, "Me siento fuerte, confiado y tranquilo", "Mi cuerpo está relajado y tranquilo", "Soy libre. Estoy bien". Estas sugerencias deben reflejarse mejor en la vida diaria de la persona.

No obstante, la autohipnosis es una técnica tan útil que se ha demostrado que resuelve una variedad de problemas, incluidos exitosamente:

1. Asuntos de estrés y ansiedad.
2. Problemas de peso.
3. Dolor crónico.
4. Depresión.
5. Alteraciones del sueño.
6. Adicciones.
7. Dudas sobre la autoestima.

Cómo Prepararse para la Auto Hipnosis

- Deberías sentirte físicamente confiado y seguro para comenzar el ciclo. Trata de utilizar un método calmante rápido.

- Elige un elemento en el que puedas concentrar tus ojos y tu mente - con suerte, este elemento te llevaría a mirar directamente hacia arriba en la pared o el techo frente a ti.

- Libera tu mente de todos los pensamientos y concéntrate solo en tu objetivo. Es difícil de hacer, así que tómate tu tiempo y deja que tus emociones te abandonen.

- Sé consciente de tus pupilas, habla de hacer que tus párpados se vuelvan pesados y de cerrarlos gradualmente. Concéntrate en respirar con los ojos cerrados, respira de manera profunda y uniforme.

- Repítete cada vez que exhales, y te relajarás más. Disminuye la velocidad de tu respiración y deja que cada respiración te relaje más y más profundamente.

- Utiliza el ojo de tu mente para visualizar un movimiento suave de un objeto hacia arriba y hacia abajo o hacia los lados. Tal vez la mano de un metrónomo o un péndulo, algo con una dirección estándar, larga pero estable. Observa cómo el objeto se balancea hacia adelante y hacia atrás en tu mente o hacia arriba y hacia abajo.

- Empieza la cuenta regresiva desde diez en tu mente de forma suave, gradual y monótona, diciendo después de cada conteo, 10 me estoy relajando. 9 me estoy calmando, etc.

- Créelo y recuerda que habrás alcanzado tu estado hipnótico cuando termines la cuenta regresiva.

- Es cuando entras en la condición hipnótica para reflexionar sobre los mensajes específicos que has escrito. Concéntrate en cada declaración - vela con los ojos de tu mente, repítela en tus pensamientos. Relájate y mantén la concentración.

- Relájate y aclara tu mente antes de salir nuevamente de su estado hipnótico.

- Cuenta de manera constante pero enérgica hasta 10. Invierte el proceso que utilizaste cuando estabas contando hacia atrás hasta tu estado hipnótico. Usa algunos mensajes complementarios, mientras cuentas, entre cada número. '1, me sentiré como si hubiera dormido una noche completa' cuando me despierte '... etc.

- ¡Cuando llegas a los 10, te sientes completamente despierto y renacido! Deje que tu mente consciente se ponga al día lentamente con los eventos del día y continúa sintiéndote renovado.

Técnicas de Auto Hipnosis (La Auto Hipnosis y el Poder de la Sugestión)

En la condición hipnótica, el subconsciente se vuelve mucho más accesible a la persuasión. El estudio también ha demostrado que surgen varias mejoras notables en el cerebro durante la hipnoterapia, lo que te ayuda a saber sin preocuparte objetivamente por el conocimiento que estás obteniendo.

Estás separado de la mente escéptica. Por tanto, la mente racional vital no duda de lo que piensas cuando buscas un consejo hipnótico. En pocas palabras, así es como la hipnosis te ayudará a derribar los obstáculos que impiden la pérdida de peso.

Sin embargo, la perseverancia es clave para el progreso. Por eso, después de una sesión inicial, muchos hipnoterapeutas te envían con cintas de autohipnosis. En tu mente, los obstáculos son sustanciales. Solo mediante una investigación continua podrás desenredar esos supuestos de manera efectiva y reformularlos.

Cómo Usar estas Técnicas para Mejorar la Vida

Rompe el ciclo de la comida reconfortante resolviendo el problema en el punto que está arraigado en la mente inconsciente. Puedes ver algunas mejoras esenciales que se llevan a cabo durante el proceso de tratamiento de hipnoterapia:

- Te estás sintiendo más cómodo y tu pensamiento es más sencillo.
- Separar las necesidades emocionales y sociales comenzará a sonar familiar y, por lo tanto, sucederá inevitablemente.
- Debes buscar formas más innovadoras de canalizar los pensamientos y trabajar con ellos.
- Aumentarás el apetito por alimentos más saludables y aumentarás significativamente la dieta.
- Continuarás sintiéndote más optimista, más cómodo y satisfecho con tu vida diaria sin una cruz implacable.

Auto Hipnosis para la Pérdida de peso (Beneficios, Estudios)

Beneficios

Pero escuchar declaraciones periódicas y consejos alentadores sobre una alimentación equilibrada es la primera fase hacia la pérdida de peso. Estás enseñando a la gente a pensar de manera diferente. Incluso esas suposiciones te apoyarán:

- **Controlar los Antojos**

¿Qué pasa si puedes desprenderte de los antojos? ¿Separarlos y dispersarlos? Los métodos de hipnosis para la reducción de peso te permiten lograrlo. Por ejemplo, es posible que se te pida que te imagines quitando tus antojos – tal vez en el mar en un barco. Las sugerencias también te ayudarán a enmarcar correctamente tus deseos y comprender cómo controlarlos adecuadamente.

- **Espera el Éxito**

Las percepciones determinan la verdad. Naturalmente, dado que anticipamos logros, es más probable que tomemos las medidas necesarias para alcanzar ese desempeño. La hipnoterapia para bajar de peso puede sembrar las semillas del logro en tu subconsciente, que puede ser un poderoso motivador inconsciente para mantenerlo en el camino.

- **Practica la Positividad**

La negatividad a menudo estropea la pérdida de peso. Hay cosas que no se pueden comer. La comida poco saludable te "mata". La hipnoterapia nos permite volver a enmarcar estas ideas de una manera más positiva. No te mueras de hambre; pierdes lo que no necesitas.

- **Prepárate para la Recaída**

Nos han enseñado a pensar que hay recaídas humillantes - excusas para rendirnos. Sin embargo, la hipnosis le dice a uno que hable de manera diferente sobre una recaída. Una recaída es una oportunidad para analizar lo que salió mal, beneficiarse de ello y estar más equipado el momento de ser tentado.

- **Modifica Tu Comportamiento**

Un pequeño paso a la vez cumple objetivos importantes. La hipnoterapia nos anima a realizar pequeños cambios que se traducen en objetivos más amplios. Dite que te estás recompensando con alimentos ricos en azúcar y calorías; es posible que te estés enfocando en encontrar un incentivo saludable mediante la hipnosis.

- **Visualiza el Éxito**

La visión hipnótica, finalmente, es un gran motivador. La visualización te permite "sentir" las consecuencias y discutir cómo te hacen sentir. También puedes visualizar tu yo futuro, diciendo que tienes lo necesario para tener éxito.

Estudios

La hipnosis puede ser más eficaz para quienes intentan perder peso que la dieta y el ejercicio por sí solos. El objetivo es poder manipular la mente y alterar comportamientos como comer en exceso. No obstante, siempre está en discusión cuán poderoso puede ser.

Un ensayo controlado anterior examinó la hipnoterapia en personas con apnea obstructiva del sueño para perder peso. La investigación exploró dos tipos diferentes de hipnoterapia y recomendaciones nutricionales básicas para la pérdida de peso y la apnea del sueño. En tres meses, los 60 participantes perdieron del 2 al 3 por ciento de su peso corporal.

El participante de hipnoterapia había perdido, en promedio, 8 libras adicionales en el seguimiento de 18 meses. Si bien esta pérdida adicional no fue significativa, los investigadores concluyeron que la hipnoterapia justificaba más estudios para tratar la obesidad.

Un estudio de reducción de peso que involucró hipnoterapia, principalmente Terapia Cognitivo-Conductual (TCC), encontró que esto culminó en una ligera caída en el peso corporal en relación con la comunidad de placebo. Los investigadores han planteado la hipótesis de que, aunque la hipnoterapia puede mejorar la pérdida de peso, no hay suficiente trabajo para persuadirlos.

La reducción de peso a favor de la hipnosis sola aún no está probada. La mayor parte de lo que aprenderás junto con la alimentación y el ejercicio o el tratamiento se encuentra en la hipnoterapia.

.

Conclusión

Gracias por llegar hasta el final. Cuanto más permitas este tipo de ejercicios en tu vida, más en forma y activa estará tu mente. Tener un cuerpo sano es esencial, pero si tu mente no está sana primero, será una lucha mucho mayor.

Estas son declaraciones o pensamientos automáticos que debes hacerte conscientemente. El diálogo interno positivo es un paso importante, ya que puede influir en cómo actúas o cómo te sientes.

En lugar de decirte a sí mismo declaraciones negativas, adopta las afirmaciones positivas que vengan con algunas ideas constructivas.

Una vez allí, tu diálogo interno positivo puede actuar como tu ángel de la guarda, destruyendo ese diablo molesto y destructivo que ha estado sentado en tu hombro, impidiéndote alcanzar tus metas.

Si has luchado para mantenerte en el camino correcto en el pasado, esto se debe principalmente a ese molesto diálogo interno negativo, que una vez allí, trae fracaso, por lo que es más probable que te rindas.

Por esta razón, di sí al diálogo interno positivo. Lo más poderoso de adoptar el diálogo interno positivo es que esas afirmaciones positivas y declaraciones positivas que te dices tienden a quedarse en tu mente, por lo que estás rodeado de sentimientos y pensamientos positivos.

Para comenzar a practicar el diálogo interno positivo, debes comenzar a escuchar lo que está sucediendo en tu mente y reconocer tus sentimientos, deseos y miedos, ya que estos influyen en tu travesía de pérdida de peso.

El mejor concepto es llevar un diario de pérdida de peso donde anotarás lo que comiste ese día, cuántas horas hiciste ejercicio y tus sentimientos y pensamientos a lo largo del día.

Si algunas declaraciones negativas están dando vueltas en tu cabeza, asegúrate de escribirlas. Una vez que los hayas escrito, debes convertirlas en afirmaciones o en un diálogo interno positivo donde en lugar de no puedo o no lo haré, dirás que puedes y lo harás.

A medida que adoptas el diálogo interno positivo, es más probable que te mantengas en el camino correcto. Además, a medida que transformas tu diálogo interno negativo en uno positivo, también puedes cambiar tu autodefinición única de una persona que no puede lograr algo a una persona que puede lograr todo.

¡Espero que hayas aprendido algo!

CPSIA information can be obtained
at www.ICGtesting.com
Printed in the USA
BVHW082048030521
606340BV00005B/1343

9 781802 677126